本成果受北京语言大学校级项目资助（中央高校基本科研业务费专项资金），项目批准号20HQ01

童媒
· 跨文化传播
· 讲好中国故事

王壮　刘晓晔 ◎ 著

Children's Media,
Inter-cultural Communication,
Telling China's Stories Well

我国首部研究童媒跨文化传播的学术专著
聚焦热点 / 案例丰富 / 论述详实 / 观点新颖

江苏人民出版社

图书在版编目（CIP）数据

童媒·跨文化传播·讲好中国故事 ／ 王壮，刘晓晔
著 . -- 南京：江苏人民出版社，2024.1
ISBN 978-7-214-26834-1

Ⅰ. ①童⋯ Ⅱ. ①王⋯ ②刘⋯ Ⅲ. ①儿童－大众传
播－传播媒介－研究－中国②中华文化－文化传播－研究
Ⅳ. ① G219.2 ② G125

中国版本图书馆 CIP 数据核字（2021）第 280458 号

书　　　名	童媒·跨文化传播·讲好中国故事
著　　　者	王　壮　刘晓晔
责 任 编 辑	汪意云
装 帧 设 计	徐立权
责 任 监 制	王　娟
出 版 发 行	江苏人民出版社
地　　　址	南京市湖南路 1 号 A 楼，邮编：210009
照　　　排	江苏凤凰制版有限公司
印　　　刷	江苏凤凰数码印务有限公司
开　　　本	718 毫米 ×1000 毫米　1/16
印　　　张	18
字　　　数	250 千字
版　　　次	2024 年 1 月第 1 版
印　　　次	2024 年 1 月第 1 次印刷
标 准 书 号	ISBN　978-7-214-26834-1
定　　　价	68.00 元

（江苏人民出版社图书凡印装错误可向承印调换）

当今社会，媒介已经完全渗透于我们的日常生活。美国著名的传播学专家斯坦利·J.巴兰认为："媒介告知我们、娱乐我们、取悦我们、烦扰我们。""媒介在定义我们，在塑造我们的现实。""媒介是这个社会的主要文化力量。"[①] 据世界银行数据显示，2020 年全球人口总量为 77.60 亿，其中儿童（0-14 岁）人口总量为 19.8 亿，占人口总量的 25.50%。[②③] 随着整个人类文明程度的提升，随着科学技术的进步和时代的发展，在全球绝大部分国家和地区，儿童正在成为大众媒介受众的重要组成部分，儿童传播媒介已经成为全球媒介浪潮中一股迅速崛起的力量。"童媒崛起"是 21 世纪一道亮丽的风景线。

习近平总书记在党的二十大报告中提出要"增强中华文明传播力影响力。坚守中华文化立场，提炼展示中华文明的精神标识和文化精髓，加快构建中国话语和中国叙事体系，讲好中国故事、传播好中国

---

① 斯坦利·J.巴兰.大众传播概论——媒介素养与文化（第 8 版）.何朝阳，译.北京：中国人民大学出版社.2016：5.

② The World Bank. Population Total [EB/OL]. [2021-12-08]. https://data.worldbank.org.cn/indicator/SP.POP.TOTL.

③ The World Bank. Population Ages 0-14, Total [EB/OL]. [2021-12-08].https://data.worldbank. org/indicator/SP.POP.0014.TO.

声音，展现可信、可爱、可敬的中国形象。"这一指导思想为我国媒介产业的跨文化传播提出了新要求，提供了新视角。以儿童为专有对象的童媒，对儿童而言无所不在，在儿童的成长过程中提供大量必不可少的精神食粮，决定了儿童的人生观、世界观，塑造了儿童的文化人格。提高我国童媒的跨文化传播能力，不仅可以为中国文化的内部传播提供支持，更能帮助更多国家和地区的世界儿童及其家庭、学校、社区了解、熟悉、接受"中华文明的精神标识和文化精髓"，在全球更大受众范围构建"可信、可爱、可敬的中国形象"，并在此基础上为人类 21 世纪实现多元文化的相互弥合和融合共生提供可能性。

本研究分以下八大章展开研究和论述：

第一章　童媒的媒介属性及功能

第二章　童媒在跨文化传播中的独特价值

第三章　我国童媒跨文化传播的发展历程——童书出版视角

第四章　中外童媒跨文化传播的互鉴共生（上）——童书出版视角

第五章　中外童媒跨文化传播中的互鉴共生（下）——童书出版视角

第六章　童媒"讲好中国故事"的理论探索

第七章　童媒"讲好中国故事"的实践探索

第八章　如何打造"讲好中国故事"的全球化超级童媒 IP

我国关于童媒研究的学术成果比较匮乏，研究内容分散、不系统、不深入；近十年以童媒为研究对象的理论著作凤毛麟角。因此，本研究第一章从童媒概念、媒介属性和功能入手，完成对于童媒理论的基础性研究工作。第二章从六个方面论述童媒在跨文化传播中的独特价值，一方面说明本研究的理论意义和实践价值；另一方面希望童媒在中华文化"走出去"方面的独特优势能够被"看见"，能够在已有的基础上发扬光大。第三章、第四章和第五章以在跨文化传播方面取得重大成就、在童媒各种媒介形态中最具有代表性的童书出版为研究视角，详细梳理童书出版"引进来"和"走出去"的发展历程及二者之间互鉴共生的辩证关系，从而以历史观和国际大市场观的经纬两条线研究童媒在跨文化中的发展态势和变化规律。第六章汲取我国在"讲好中国故事"方面已有的研究成果，从关键词、话语体系、基本原则、传播路径、国家形象构建五个方面尝试建构童媒"讲好中国故事"的理论框架。第七章从研究"引进来"童书如何讲好故事入手，以节日类童书和科普类童书为重点研究对象，从童媒的内容维度及市场维度研究如何"讲好中国故事"，充分关照童媒作为大众媒介具有文化属性和商业属性的媒介特点，探索在遵循媒介产品基本属性的基础上"讲好中国故事"的内在逻辑和成功路径。第八章深入剖析全球化超级童媒 IP 的内容特质、产生的内在动因及发展模式，研究如何打造"讲好中国故事"的全球化超级童媒 IP，这一章内容是对前面章节内容理论、方法和规律的综合运用和实践升华。

学无止境，沉浸于任何一个研究领域，都可能会使研究者们无法自拔。投入源于热爱，对事业的热爱，对国内外所有儿童的热爱，也是我们两位作者对于高校新闻与传播专业和学前教育专业教师职业的热爱……在本课题的研究过程中，我们深感理论水平有待提升，需要运用更加丰富的方法进行更为深入的思考和调查研究，目前本书呈现的是阶段性研究成果，研究内容尚存诸多不足之处，恳请业内专家学者和有识之士给予批评指正！

王壮　刘晓晔

2023 年 1 月于北京

目 录

第一章

童媒的媒介属性及功能

一、童媒概念及受众的年龄界定

二、童媒的主要类别划分

三、童媒的媒介传播属性

四、童媒的媒介传播功能

当前我国对于童媒的研究资料比较匮乏，还没有形成较为丰富的、系统性的研究成果。关于童媒概念的内涵和外延、基本属性和传播功能等基础性研究内容更是少之又少。本书以童媒为研究对象，为了在本书的整个研究过程中一直拥有一双慧眼，避免"水中望月"和"雾里看花"，而是要"清清楚楚""明明白白"地研究童媒，本章将围绕童媒概念、分类、传播属性和传播功能等基本问题展开研究和论述。

一、童媒概念及受众的年龄界定

在概念研究中，学者们提出有规定性内涵和认识性内涵两种定义模式。规定性内涵是人们根据实践需要，通过人为规定方式加以确立的内涵。[①] 规定性内涵只有满足"一、规定者具备法定性和权威性；二、规定本身具有合理性"两个条件，其所确立的内涵才能得到承认和接受。[②] 规定性内涵又被称作"法定内涵"。认识性内涵，其构成性质是通过对象间性质的比较而确立的，它是人们关于概念所指称的那类对象认识的成果。认识性内涵，或曰"意定内涵"，区别于规定性内涵，更多体现为"仁者见仁、智者见智""百花齐放、百家争鸣"的学术观点，有助于人们从不同角度、不同方面、不同层次去理解和认知概念所指称对象的独有属性。从目前的政府各项规章制度及相关文件角度查找，还没有发现关于童媒的规定性内涵；专家学者关于童媒的研究文献中也很少涉及概念问题，只有海飞在《童媒概念与童媒崛起》一文中，对童媒概念从内涵、外延角度进行了说明和解释。

海飞认为童媒是儿童传播媒介的简称。"童媒"是专门为0—18岁儿童制作有益信息、进行有益传播的大众媒介。[③] 这个定义方式对童媒的受众对象、童媒的信息性质及媒介种类进行了限定；充分参照全球有200个左右国家和地区成为缔约国的《儿童权利公约》，从而使我国"童媒"概念对标国际标准。海飞是中国出版工作者协会前副主席、少读工委前主任，是我国较早进行童媒研究的专家，出版有

---

① 雍琦. 法律逻辑学 [M]. 北京：法律出版社，2004：23-35.

② 张新新. 数字出版概念述评与新解——数字出版概念20年综述与思考 [J]. 科技与出版，2020（07）：43-56.

③ 海飞. 童媒概念与童媒崛起 [J]. 传媒，2004（05）：28-29.

《童媒观察》《童书大时代》等专著，并发表多篇关于童媒、童媒产业研究的论文。笔者在其定义基础上，结合对于儿童媒介的分析和研究认为，童媒是专门针对 0—18 岁儿童进行传播的各种媒介的总称。童媒是以儿童为受众媒介的集合概念，随着科技进步和媒介形式的不断丰富变化，童媒所包含的媒介形式也在发展变化中。

（一）童媒概念中的受众对象

1989 年 11 月 20 日，联合国第 44 届联合国大会第 25 号决议通过了《儿童权利公约》（以下简称《公约》），这是第一部有关保障儿童权利且具有法律约束力的国际性约定，并于 1990 年 9 月 2 日在世界生效。1991 年 12 月 29 日，我国第七届全国人民代表大会常务委员会第 23 次会议批准了《公约》，并于 1992 年 4 月 1 日开始在中国正式生效。从此《公约》成为在我国被广泛认可的国际公约。《公约》将"儿童"界定为"18 岁以下的任何人"。[①] 医学界将儿童规定为 14 岁以下作为医学观察年龄段，而儿童发展心理学界又通过研究人类个体在儿童期（从出生到成熟）的心理发展，揭示儿童心理发展的一般规律和儿童各年龄阶段的心理特征，认为儿童年龄阶段应该划分为：乳儿期（出生至 1 岁）、婴儿期（1 岁至 3 岁）、幼儿期（3 岁至 6、7 岁）、童年期（6、7 岁至 11、12 岁）、少年期（11、12 岁至 14、15 岁）、青年初期（14、15 岁至 17、18 岁）。由于处于少年和青年期的儿童已经具备了自我选择媒介的能力，一般而言已经形成了初步的阅读兴趣，在媒介接受方面受父母、老师及同学的影响和控制相对较少，他们在阅读、观影、听音乐、网页浏览、选择游戏和通过 AR/VR 进行虚拟现实情景体验等方面都具有一定的自主性，因此本研究中童媒针对的年龄段主要指 0 至 14 岁之间，就是儿童发展心理学所指的少年期及其之前的阶段。

---

① 联合国儿童基金会. 儿童权利公约 [R/OL].（1989-11-20）.［2020-03-09］. https://www.unicef.org/zh/media/61136/file.

（二）童媒所具有的信息属性

《公约》第 17 条规定："缔约国确认大众传播媒介的重要作用，并应确保儿童能够从多种的国家和国际来源获得信息和资料，尤其是旨在促进其社会、精神和道德福祉和身心健康的信息和资料。"《公约》还详细规定儿童有媒介接近权、媒介参与权、有益信息知晓权，具体内容如下："（A）鼓励大众传播媒介本着第 29 条公约精神散播在社会和文化方面有益于儿童的信息和资料；（B）鼓励在编制、交流和散播来自不同文化、国家和国际来源的这类信息和资料方面进行国际合作；（C）鼓励儿童读物的著作和普及；（D）鼓励大众传播媒介特别注意属于少数群体或土著居民的儿童在语言方面的需要；（E）鼓励根据第 13 条和第 18 条的规定制定适当的准则，保护儿童不受可能损害其福祉的信息和资料之害。"

从上述介绍和分析可以看出，童媒概念尽管简单，但是具有丰富的内涵。随着现代科技日新月异的发展，童媒的类别也日益丰富。

二、童媒的主要类别划分

媒介的主要形式有图书、报纸、期刊、电影、电视，无线广播、音像制品、视频游戏、手机及互联网和万维网等等，这些媒介就是塑造我们的现实和控制、影响人类社会文化发展进程的主要力量。根据童媒的概念和我们大众所熟悉的各种儿童媒介形态，可以将童媒分为儿童图书（童书）、儿童期刊、儿童报纸、儿童电影和电视节目、儿童动漫、儿童广播、儿童游戏、儿童移动出版、儿童网络社交媒体等九大媒介类别。

一般家庭和学校都限制儿童使用手机，本研究中的儿童移动出版主要指利用家长手机、平板电脑、蓝牙音箱等设备下载的各种给儿童提供听书、阅读、游戏、课程学习等的 **APP** 内容；儿童网络社交媒体主要指一些针对儿童开设的公众号、社群、儿童电子游戏等。这种类别分类不是一成不变的，随着新技术的进步，尤其是 **5G** 时代所引爆的各种技术、文化、商业等领域的不断创新和发展，童媒的媒介形态会更加丰富并且会呈现更多的复合媒体形态。目前的九个类别，既包括传统媒介，也充分体现新的媒介形态；而这些媒介形态也在交叉融合，衍生出更加丰富多彩的复合型产品形态，每种媒介又可以有很多细分类目。

（一）儿童图书

这一媒介形态包括婴幼儿启蒙读物、故事绘本、科普与百科读物、少儿文学、立体书、玩具书、分级读物等。这是儿童最喜闻乐见的童媒形态，具有悠久的历史。

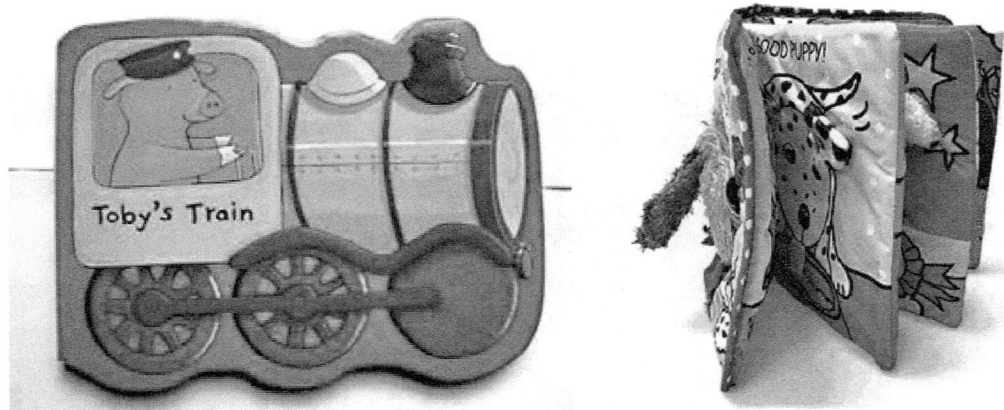

图 1-1　异形书（玩具书）和布艺书

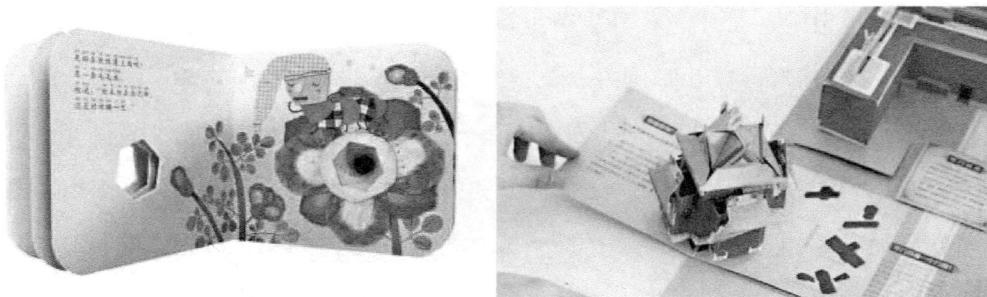

图 1-2　洞洞书和立体书

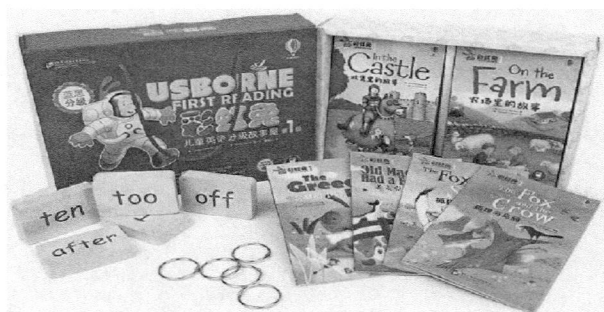

图 1-3　从英国引进的少儿双语分级读物

图 1-4　剑桥双语分级阅读 · 小说馆

（二）儿童期刊和报纸

这种媒介形态包括婴幼儿杂志、儿童报刊、小学生报刊和中学生报刊等，在我国比较著名的刊物和报纸有《婴儿画报》、《幼儿画报》、《儿童画报》、《儿童文学》、《我们爱科学》、《意林》(少年版)、《中国少年报》、《中国儿童报》等。

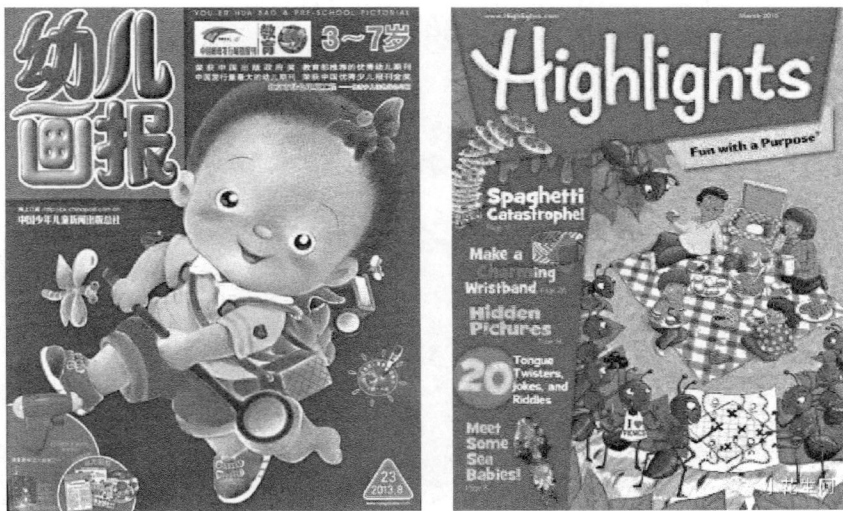

图 1-5　中外儿童期刊

（三）儿童电影、电视和儿童动漫

指孩子们可以在电影院观看或者在视频网站观看的儿童电影、动画片、电视节目，以及通过电视收看的电视台儿童频道、儿童电视节目等，比如迪士尼的动漫电影《白雪公主》《冰雪奇缘》《玩具总动员》《花木兰》等，日本的动漫电影和连续剧《天空之城》《哆啦 A 梦》《蜡笔小新》《神探柯南》等，我国的《大闹天宫》《哪吒闹海》《喜羊羊和灰太狼》《熊出没》系列等，这些都是孩子们的最爱，有些动漫电影和电视剧也深受成年人喜爱。

（四）儿童广播

指通过收音机或者车载频道收听儿童电台或者成人电台播放的儿童节目。目前这种通过广播媒介传播的儿童节目收听率已经越来越低了，但是很多线上听书节目类似于儿童广播，正在风靡全球。在我国，"凯叔讲故事"等线上平台听书资源和传统的儿童广播节目就有很大相似之处；喜马拉雅 APP 上的儿童节目，更是有宝宝胎教、国学、名著趣读、动画、科普、益智、逻辑思维、英语等各种内容类别的听书节目，丰富多彩，趣味盎然。其中《父与子》故事、《西游记》儿童广播剧节目，播放量都突破了一个亿。

（五）儿童游戏

指通过互联网、手机和 PAD 移动端、电子游戏机等给孩子们提供的儿童游戏。游戏永远对孩子们充满吸引力，儿童游戏种类很多，一些商家会根据儿童性别、儿童年龄等开发各种游戏，比如"豆豆游戏"平台就把游戏分为男生游戏、女生游戏，酷跑、动作、冒险、射击等不同主题的游戏；"泡泡车"游戏网则提供儿童游戏学数学、婴儿钢琴、蝌蚪音乐世界等益智和艺术培养类游戏。

（六）儿童移动出版和网络社交媒介

这两类媒介形式是指通过计算机和手机等移动终端传播的、以儿童为受众的网络内容。在我国，随着电信网、计算机网和有线电视网三网合一，随着 5G 时代的到来，网络媒介给儿童认知、娱乐、学习和生活等提供了无限可能，传统媒介形态受到冲击，媒介功能得到丰富、补充和延展。比如类似传统儿童广播节目的儿童听书节目数量庞大、精彩纷呈，喜马拉雅、蜻蜓网 APP、荔枝电台等都提供大量专门为儿童录制的听书节目，这些通过新媒体呈现的听书节目与传统儿童广播节目相比具有互动性、选择性、丰富性、灵活性等多种特点，很多儿童在父母的允许和帮助下，通过电子手表等硬软件结合的设备，能够参与一些简单的媒介社交活动。

图 1-6 "凯叔讲故事"宣传图片

对于童媒而言，在每一个大的类别下，又可以进行二级分类。比如童书，可以按照年龄分为婴幼儿图书、儿童图书、少儿图书、青少图书；按照印刷形式和载体形式，可以分为纸板书、立体书、玩具书、洗澡书、彩绘书、黑白书、平装书和精装书等；按照内容，可以分为低幼认知类读物、绘本故事读物、儿童文学读物、儿童科普和百科读物、儿童工具书等。几乎每一种童媒都涉及一个文化产业，同时这些产业也不断地进行融合发展，因此关于童媒的分类形式非常丰富，童媒自身形成了一个特殊的大众媒介体系。

随着媒介融合向纵深方向深入发展，童媒的各种分类形式正在互相影响、互相渗透、与时俱进、不断变革和创新。儿童图书、儿童报纸和期刊及儿童电影、电视节目和儿童动漫是传统意义上的强势媒介，但是到了当代，儿童听书节目、电子游戏和网络媒介，正在以强劲的势头占据越来越多的受众时间。美、英、日、韩、澳等国家由于一直推行儿童阅读政策，因此儿童图书仍然是所有媒介中最具影响力、最强势的媒介形式。在我国，2014—2021年，"全民阅读"连续八年被写入政府工作报告，已经上升为国家战略，全国上下积极响应，面向儿童的阅读推广更成为一种深入到各个省、自治区、直辖市和学校及家庭的轰轰烈烈的活动。毫无疑问，童书是我国最强势的儿童媒介形态，其社会影响最大，受众覆盖面最广，产业发展成熟稳定。在5G时代，媒介融合向纵深方向发展，各种媒介形态的相互转化更加普遍，童书IP能够衍生儿童电影、电视、动漫、游戏、舞台剧、虚拟场景等各种媒介产品，童书在所有童媒中最具有代表性，因此童书也是本书的重点研究领域。

三、童媒的媒介传播属性

童媒是伴随儿童成长，帮助儿童接受教育、认识人生和社会的主要信息来源，同样也是儿童娱乐自己、享受生活的重要媒介。通过对各种童媒进行考察和分析，本研究认为童媒的媒介传播属性如下：

（一）具有大众传播媒介属性

童媒属于大众媒介，因此与其他大众媒介一样，是向目标受众进行信息传递的载体。传统童媒具备传播者是从事信息生产和传播的专业化的媒介个体和组织，运用先进的传播技术和产业化的手段进行信息生产和传播活动，具有儿童受众广大、传播渠道广泛、信息内容呈现单向性传递等特点。以互联网为传播平台的新媒体童媒，其信息内容打破单向性传递的传统模式，能够通过互动和反馈机制形成双向传递，同时信息生产者也不一定是专业化童媒生产者。但是无论在任何情况下，童媒作为大众媒介的集合概念，都兼具文化和商业两种属性。在我国，因为人们普遍重视儿童培养，婴幼儿养育成本高，很多家庭是二胎甚至是三胎家庭，所以出现一批全职妈妈。一些受过高等教育的妈妈，边育儿边经营自媒体，或者参加自媒体制作团队，成长为童媒内容制作和内容传播的推手。这些家长尽管不是专业化童媒生产者，但是也逐步成长为半专业化的童媒信息生产和传播者。

（二）具有以儿童为受众的专业化传播属性

童媒最大的特点就是受众的集中性和专注性。因为受众定位是 0 至 14 岁左右的儿童，而儿童在不同的成长阶段对于媒介内容的接受和理解能力具有很大差异，对于不同媒介的使用能力也同样有差别，因此童媒具有很强的儿童属性，具有专业化特点。如，出于对儿童信息环境构建和保护的初衷，我国腾讯新闻于 2017 年 4 月紧急上线了专门针对儿童用户的儿童版新闻插件，终止对 0 至 12 岁儿童用户推送社会新闻，改为专门推送儿童版的新闻内容。这款儿童新闻产品至今已经运营近五年，推送内容超过几千余条，目前的栏目命名为"大嘴巴新闻"。栏目内容在儿童群体、家长群体都收获很好的口碑。专门为儿童定制新闻，充分体现了内容制作者对于童媒专业化的设定和对于儿童受众的需求把握。①

图 1-7 腾讯儿童的官网页面

---

① 金颖 . 腾讯新闻儿童版的内容生产与传播策略研究 [D]. 长沙：湖南大学，2018：9.

图 1-8　腾讯儿童官网的"大嘴巴新闻"栏目

（三）具有内容及载体受到限定的媒介传播属性

根据《儿童权利公约》的第 17 条规定："确认大众传播媒介的重要作用，并应确保儿童能够从多种的国家和国际来源获得信息和资料，尤其是旨在促进其社会、精神和道德福祉和身心健康的信息和资料。""鼓励大众传播媒介本着第 29 条公约精神散播在社会和文化方面有益于儿童的信息和资料。"世界各国几乎都鼓励童媒要传播有益于儿童身心健康的内容，同时对童媒的传播内容进行了严格管理。例如，美国在 1966 年《儿童保护法案》（The Children Protection Act）中期待保护儿童免受有害消费类产品和娱乐影响及免受被认为对儿童心理产生危害的新闻媒体的影响；1990 年的《儿童电视法》（The Children's Television Act）要求电视台把时间用于教育与增进知识的节目；1998 年的《儿童在线保护法》（The 1998 Child Online Protection Act）也作为约束儿童获取网络色情的几项立法努力之一。[①] 不仅仅美国，世界各个国家都针对童媒的内容进行了不同程度的限定，充分保护儿童的合法权益。

---

① 林玲. 美国儿童媒介素养教育法律法规分析——基于各州立法的比较 [J]. 山东理工大学学报（社会科学版），2019（2）：34-40.

在互联网和移动互联网高速发展的时代，全球的少年儿童群体往往从婴幼儿时期就开始接触数字阅读产品，伴随着年龄的增长，他们作为数字媒介受众的时间也越来越长。由于儿童身体各器官的生长发育尚未成熟，又缺乏自我保护意识，电子屏幕容易对他们的眼睛造成辐射性伤害，屏幕色彩如果过于鲜艳也容易造成儿童焦躁不安，更有一些儿童沉迷电子游戏，形成网瘾，因此世界各国也对儿童上网时间、网络游戏上网运营数量及音频、视频产品标准体系等进行限定和管理。比如，2018 年 4 月 20 日，我国教育部发布《关于做好预防中小学生沉迷网络教育引导工作的紧急通知》，要求各地教育行政部门组织中小学校对学生网络沉迷情况迅速开展全面排查，会同相关部门采取针对性措施予以整治；2018 年 8 月 30 日，教育部、国家卫生健康委员会、国家体育总局、财政部、人力资源和社会保障部、国家市场监督管理总局、国家新闻出版署、国家广播电视总局等八部门联合印发了《综合防控儿童青少年近视实施方案》。将"实施网络游戏总量调控，控制新增网络游戏上网运营数量，探索符合国情的适龄提示制度，采取措施限制未成年人使用时间"[1]。2021 年 8 月 30 日，国家新闻出版署下发《关于进一步严格管理 切实防止未成年人沉迷网络游戏的通知》，在这份文件中，我国政府明确提出："严格限制向未成年人提供网络游戏服务的时间。自本通知施行之日起，所有网络游戏企业仅可在周五、周六、周日和法定节假日每日 20 时至 21 时向未成年人提供 1 小时网络游戏服务，其他时间均不得以任何形式向未成年人提供网络游戏服务。"[2]

（四）具有辅助儿童教育的媒介传播属性

儿童受众具有成长性，处于接受教育的关键期，对于天天接触的媒介内容自然具有教育需求；童媒的传播内容具有文化属性，在某种程度上承担了向儿童传播

[1] 张立，王飚，李广宇．2018—2019 中国数字出版产业年度报告 [M]．北京：中国书籍出版社，2019（8）：16.
[2] 中华人民共和国中央人民政府．国家新闻出版署关于进一步严格管理 切实防止未成年人沉迷网络游戏的通知 [EB/OL]．[2021-08-30]．http://www.gov.cn/zhengce/zhengceku/2021-09/01/content_5634661.htm.

各种知识，辅助托育机构、幼儿园、中小学进行课外教育的使命；儿童受众市场是一个大的媒介市场，大众媒介的商业属性又决定其必须把满足受众教育功能作为营利目标。因此，童媒在传播中承担了社会教育的职能，甚至被称为是一所特殊的媒介学校。在"十四五"时期，我国在5G、云计算、人工智能、大数据、虚拟现实、区块链、物联网、超级计算等基础技术资源领域的发展将更加令人期待和瞩目，也为我国童媒的创新发展带来更大的机遇和挑战。

2021年7月24日，中共中央办公厅、国务院办公厅印发《关于进一步减轻义务教育阶段学生作业负担和校外培训负担的意见》[①]；同年10月，全国人大表示：双减拟明确入法，避免加重义务教育阶段学生负担。"双减政策"为童媒内容和功能定位进行了规范，避免课程化和学科化，是童媒运营的管理者和内容生产者需要高度重视的基本原则之一。儿童有更多的时间通过童媒实现娱乐和接受教育，但是这种教育是寓教于乐，是以提升儿童综合文化素养、充分享受人类文明成果为前提的。近几年，我国童媒产业整体而言一直呈现高质量发展态势，我们的参照对象是国际上童媒产业最发达、最成熟的美国、英国、日本和韩国等国家的童媒产业。如何在童媒的产品功能上把握娱乐和教育两方面的平衡，在这方面国外一些优秀的同业者们为我国童媒产业从业者做出了很好的示范，值得我们思考和借鉴。而立足中华民族深厚的文化土壤，融合现代中国高速发展的科技成果，充分尊重儿童受众的心理和生理特点，将促进我国童媒产品在教育属性方面得到创新发展。

（五）具有被遴选的媒介传播属性

因为童媒的受众是儿童，尤其对于低龄儿童，其接受童媒的选择权基本来自父

---

① 中华人民共和国教育部. 中共中央办公厅、国务院办公厅印发《关于进一步减轻义务教育阶段学生作业负担和校外培训负担的意见》[EB/OL]. [2021-11-25].http://www.moe.gov.cn/jyb_xxgk/moe_1777/moe_1778/202107/t20210724_546576.html.

母、亲人、学校教师及图书馆员等成人群体。因此童媒在传播过程中的第一受众往往是与儿童抚养与教育相关的成人，那些符合社会对儿童发展期望的童媒产品，才能够实现对儿童受众的有效媒介传播。在我国，除了企事业单位及民间组织制定各种面向不同年龄段儿童的推荐书目，教育部会在全国范围内组织开展面向全国中小学图书馆（室）推荐优秀图书的活动，经出版社申报、专家审读、结果公示以及中央宣传部推荐等环节，研制出《全国中小学图书馆（室）推荐书目》。如在 2019 年 10 月 22 日教育部办公厅就公布了《2019 年全国中小学图书馆（室）推荐书目》（以下简称《推荐书目》）。[①] 从官方角度推荐中小学阅读书目，实际上是对于童书媒介进行了遴选，确保童书这种最重要的童媒能够对儿童产生积极影响，在保障我国所倡导的儿童阅读内容充分尊重儿童的"儿童性"的同时，也体现出社会对儿童发展的基本要求。世界上很多国家都积极开展由政府教育机构或者民间机构组织的童书推荐活动，这种活动对于推动儿童多读书和读好书起到积极作用，得到学校和家长的普遍认可。

（六）具有受众细分的媒介传播属性

传播按目标受众面的大小与性质，可分为大众传播和分众传播。

脑和神经系统是儿童心理发展的基础。脑和神经系统的发展主要体现在脑重量的增加、脑皮层结构的复杂化和脑电波的改变上。从大脑皮层的发展情况来看，儿童从出生到小学阶段，其脑和神经系统一直在不断地发展变化中，形成动态的、变化的、有着不同个体差异的开放系统。在小学阶段，大脑皮层逐渐趋于成熟。大脑皮层的成熟奠定了记忆、思维等高级心理活动的基础。

---

① 中华人民共和国教育部 . 教育部办公厅关于印发《2019 年全国中小学图书馆（室）推荐书目》的通知 [EB/OL]. [2020-06-06].http://www.moe.gov.cn/srcsite/A06/s3321/201911/t20191112_407873.html.

生命个体由初生（乳儿期）到成长为青年（青年初期），随着年龄的增长，其心理、生理都发生各种不同的变化，在不同年龄段会发生并明显呈现各种典型的行为变化和认知、情感社会性发展特点。因此，作为受众，不同年龄段的儿童所接受的媒介内容和媒介形式具有极大的差别。比如，婴儿期儿童喜欢阅读小童话、小故事、简单的童谣和儿歌，开始喜欢动画片，能够聆听儿童歌曲和朗诵的古诗词等媒介内容；幼儿期儿童会喜欢纸板书、玩具书、布艺书，喜欢看电视、投影和各种玩具类媒介载体；到了少年期，儿童会喜欢读少儿文学、章节书、分级读物，甚至部分成人作品，喜欢玩游戏，喜欢看校园题材的电影和电视剧，能够上网浏览自己喜欢的百科知识及各种新闻，有的甚至能够网聊，参加各种评论等。尽管都被称为"儿童"，但是不同年龄段的儿童明显具有完全不同的媒介素养。因此相对于成人的大众媒介，童媒必须针对不同年龄段受众进行细分。通常童媒的经营者会认为14岁以下即少年期之前的儿童才是真正的童媒服务对象，而在青年初期的儿童已经完全具备和成人使用共同媒介的能力。

四、童媒的媒介传播功能

传播功能是指传播活动所具有的能力及其对人和社会所起的作用或效能。拉斯韦尔在1948年发表的《传播在社会中的结构与功能》一文中，将传播的基本社会功能概括为环境监视功能、社会协调功能和社会遗产传承功能；赖特继承了拉斯韦尔"三功能说"，并在此基础上围绕大众传播的社会功能问题提出了"四功能说"，他认为大众传媒的传播功能体现在环境监视、解释与规定、社会化功能和提供娱乐四个方面。威尔伯·施拉姆在《传播学概论》一书中，在对不同学派研究传播功能观点进行批判和继承的基础上，认为传播功能包括社会雷达功能、管理功能、传授功能、娱乐功能。[①] 童媒不仅像其他大众媒介一样发挥着重要的社会传播功能，更重要的是对于尚处在难以分辨真假阶段的儿童阶段，童媒是儿童的"早期窗口"。童媒不仅通过显性的内容向儿童受众传递信息，使儿童理解并继承社会的文化和遗产；同时也会通过符号和语言隐性地影响儿童受众的喜好和思想；童媒的图像化特征潜移默化地塑造着儿童的审美，并赋予了儿童新的休闲和娱乐方式；以电子游戏和各类 APP 为特征的童媒使儿童得以突破体力劳动的范畴，走向以深度学习为基本特征的智力劳动时代。

（一）德——童媒具有道德引导功能

人类用来传达心灵意义的语言符号系统是人际交往的产物，具有社会性。米德认为："如果某个个体的言行能够为一个共同活动所涉及的任何其他个体所理解、接受或信任的话，他的言行便有了一种新的普遍性——社会普遍性。"[②] 因此童媒本身必然包含和渗透着社会的价值观，是特定群体精神文化的反映。而经由成人筛选、加工的童媒信息和事件更是渗透着社会对儿童成长的期待。当前，以"立德树人"为根本目标已经形成家庭、学校、社会协同育人的基本体系，德育不再仅仅是学校教育的命题，无论学校、家庭还是各类社会组织、机构，都应当对之有所贡献，童媒业者需要关注由媒介所构成的社会虚拟环境对儿童成长所产生的重要影响。

事实上，媒介对儿童的影响已经日益凸显，儿童年龄越低越缺乏道德判断和信息选择的能力，因此嵌套在童媒中的符号以及符号所表现的价值观和思想就越容易对儿童的道德认知形成基本的影响。有学者认为学校德育和社会德育就像 5+2 的关系，整个社会若不重视社会德育，就可能导致"5+2 ＝ 0"的效果。[③] 因此童媒在本

---

① 威尔伯·施拉姆，威廉·波特 . 传播学概论（第二版）[M]. 何道宽，译 . 中国人民大学出版社，2010：31.

② 乔治·H. 米德 . 心灵、自我与社会 [M]. 赵月瑟，译 . 上海：上海译文出版社，1992：22-23.

③ 戴锐，曹红玲 ."立德树人"的理论内涵与实践方略 [J]. 思想教育研究，2017（6）：9-13.

质上是社会教育的重要组成部分，是"立德树人"目标的重要一环，承担着对儿童受众的道德引导功能。无论图画书《叶圣陶》，还是动画电影《花木兰》都通过对人物的刻画向儿童受众传递了社会所鼓励的道德品质，并透过人物故事向儿童传递"胸怀天下""关爱他人"等社会精神价值。

童媒不仅是传播工具，更是"德育"工具，是社会教育最为敏锐和有效的领地。童媒可以在信息、事件、内容中巧妙地揉入对儿童成长的期待，让儿童受众置于一个由被筛选的信息所营造的"拟态社会"之中，潜移默化地感受、理解、认同社会道德观念，形成一道无所不在的、强大的德育力量。儿童阅读的童书、聆听的儿童歌曲和童谣、观看的动画片和儿童电影、通过手机和游戏机玩的小游戏等，这些童媒所呈现的内容都会对儿童形成正确的世界观和养成正直、诚实、包容、善良、勇敢等优秀品格产生潜移默化的影响。反之，如果童媒中充斥着暴力、低俗、冲突等内容，或者潜藏着"无政府主义""虚无主义"等与主流社会价值观念相悖的思想内容，同样会对儿童的世界观和人格养成带来负面影响。我国童媒是社会主流思想价值观念的传播领地，是以儿童喜闻乐见的内容和形式，以"亲儿童"的方式唤醒儿童道德种子，助力儿童道德品质形成的重要力量。童媒传播应首先服务于整个社会"立德树人"的核心目标，通过合理地选择传播内容、巧妙地信息加工，使媒介为培养社会主义事业的接班人服务，实现童媒的德育引导功能。

（二）智——童媒发挥着社会教育的功能

儿童的发展依托于家庭、学校和社会的共同教育，是三种力量协同作用的结果。童媒能够建立起学校和家庭之外的教育学习空间，帮助儿童接受丰富多彩的文化知识并打开儿童认知世界的窗口，在本质上同样发挥着社会教育的功能，是社会教育的重要组成部分。童媒内容几乎囊括人类精神文明成果的方方面面，天文、地理、历史、文学、社会、科学、艺术……可以说，童媒不仅在内容上是超容量的复合体，在样式品种上也是超越任何文化形式的复合体，有效激发了儿童的创造性、主动性和参与性。① 任何国家的国民教育体系都不可能完全满足儿童成长所需要的全部文化知识，童媒所传播的知识内容是对于儿童成长所需人类文明精神成果的有效补充和完善。而随着人工智能的发展，当今儿童已经成为名副其实的"数字原住民"，他们不仅更早地进入媒介世界，他们活动的主要类型及其发生的空间也从自由玩耍转变为符号互动，从日常生活空间转移到基于媒介的符号空间。② 我国儿童接触各类童媒的年龄日趋低幼化，大部分儿童在学龄前就有使用电子产品的经历，各类学习类 APP、小程序、听读教育类童媒产品的使用已经极为普遍。在数字媒体的冲击下，"识字"而后读书和学习的时代已经渐行渐远，"耳朵经济"和"眼球经济"使得童媒更早地渗入了儿童教育，包括图画书在内的各类童媒已经成为我国儿童早期教育的重要影响力量。现如今，童媒与家庭教育互动日益紧密，童媒已经成为比托育机构、幼儿园和小学学校更早对儿童产生认知影响的重要社会教育力量。在跨文化教育方面，童媒更发挥出巨大优势。儿童不出家门和国门，不进入学校就可以通过各类童媒了解其他国家的风土人情、社会风貌，领略异国他乡的自然风光和名胜古迹，获取广泛的信息。可以说，童媒为儿童打开了了解世界的窗口，对儿童的认知发展产生了重要的推动作用。童媒的社会教育功能不容小觑。

（三）体——童媒具有娱乐身心的功能

利用娱乐精神的情绪传播，已经成为现代媒介传播所惯常使用的策略和方法，情绪的适应和唤醒功能可以积极地调动受众的认知参与。童媒传播中尤为如此，儿童与外部世界的连接趋于感性和直接，他们倾向于直观的"感受"，他们并不会像成人那样试图分清楚现实和虚构，而只是尽情享受它们，媒介在儿童面前是想象和

---

① 侯岩. 论儿童传媒的特殊功能 [J]. 河南教育（中旬），2012（9）：68-69.
② 张越. "图像人"的诞生：儿童媒介生活的变迁及其教育意义 [J]. 教育发展研究，2021（10）：78-84.

真实的统一。寻求娱乐是人的一种本能，儿童期是最喜欢"玩"的人生阶段。正因为如此，国际童媒传播中大部分关于现实世界的内容均经过娱乐化的改造，比如"驾着马车的圣诞老人"和"散发着勇敢和冒险精神的海盗"，儿童接受这类媒介信息的过程也就成了一种自我愉悦的过程。童媒通过其娱乐化传播影响着儿童的身心和情绪发展。

充满乐趣的媒介信息，有助于儿童身心放松并感受生活美好。即便是在道德引领过程中，童媒也不能板起脸来对儿童进行说教，更不能粗制滥造、求全求多，更不能急功近利、错误百出。优秀的童媒产品是成人智慧与儿童审美高度结合的产物，像苏斯博士的系列歌谣体和幽默画风的图画书，英国作家 J. K. 罗琳的《哈利·波特》系列魔幻童书、电影及周边产品，由英国阿斯特利（Astley）、贝克（Baker）、戴维斯（Davis）创作、导演和制作的英国学前电视动画片 *Peppa Pig*，我国童话大王郑渊洁创作的童话故事和动画连续剧，凯叔讲授的故事等，这些童媒内容之所以受到儿童的喜爱，是因为儿童在成为这些媒介传播对象的过程中能够享受其中，身心感受到快乐和满足。

（四）美——童媒具有提升儿童审美能力的功能

童媒由文字、符号、图画、音频、视频等组成，尤其是其丰富的图画和视频内容成为图像化传播时代独特的传播优势，将纷繁多样的信息内容通过直观、形象、感性的方式呈现在儿童受众面前。儿童在注视图像获取信息的同时，也在接受图画所传递的艺术之美。童媒在线条、造型、色彩等方面的运用不仅传递信息和情感，更是透过视觉艺术向儿童传达情意的重要艺术语言，视觉信息可以影响儿童对知觉对象的感知，渲染情感氛围，甚至可以成为媒介叙事的第二条线索或情节，使儿童感受到巨大的艺术冲击力，逐步形成并塑造其审美情趣。

在童媒产业中，马太效应十分明显，优秀的绘本和儿童文学作品、儿童电影和动画片，不但会在全球形成传播效应，而且具有长期流传的经典性。风靡全球的宫崎骏动画片、李欧·李奥尼（Leo Lionni）创作的绘本、曹文轩的少儿文学图书等，无不体现出动画和插画艺术之美、文学艺术之美和音乐艺术之美等多重美感。总之，优秀的童媒作品能够帮助儿童提升文化品格，由于童媒具有儿童受众依附于成人的选择传播属性，因此在提升儿童文化品格和审美素养方面，家长、学校教师、图书管理人员及课外阅读辅导员等需要充分尊重儿童的审美特点并具有一双发现童媒之美的慧眼。

始创于 1964 年的意大利博洛尼亚国际童书展（BCBF）是业内公认的全球规模最大、最具权威和影响力的专业童书博览会，于 1967 年首次在书展中举办博洛尼亚插画展，发掘插画领域最新潮流趋势和最具潜力插画师。来自全球各地的杰出插画艺术家的作品齐聚博洛尼亚，展示一系列虚构、非虚构类优秀插画作品。博洛尼亚插画展还形成了艺术品牌，每年在全球巡展，比如日本、中国及美国都曾举办巡展，为当地童书插画专业人士和插画爱好者及儿童呈现一场场精彩绝伦的视觉盛宴。此外，随着科技进步所带来的媒体融合，书展中又设立博洛尼亚图书出版结合数字技术产生的新童媒特别展区，诸多国际知名出版商、影视制作公司、动画工作室、创意类初创公司、艺术家以及作家汇聚一堂，共同探讨以儿童数字内容为中心的众多议题，包括增强现实、前沿技术、创新印刷和数字服务等等。可以说，童媒能够给儿童带来立体化、综合型的艺术之美，更能够帮助儿童从小培养起发现美、欣赏美、享受美的综合素养及能力。对儿童的美育教育是人类文明高度发展的体现，也是童媒作为大众媒介的一份重要使命。

图 1-9　2018 年博洛尼亚国际插画展中国巡展宣传海报

图 1-10　博洛尼亚国际童书展会场举办的插画展

　　上述所列出童媒具有的传播功能都是正向性的，也就是童媒在传播过程中应该产生的媒体影响和作用，但是这样的传播功能是具有理想化色彩的。在现实社会中，一些童媒所传播的内容充斥色情、暴力、低俗甚至宣扬战争和分裂等内容，是反人类的，为各个国家和社会所限定、禁止甚至被判定为犯罪行为；还有一些童媒的传播内容盲目追求娱乐化，花样翻新、多变求奇、粗制滥造、追风模仿，这样的童媒产品同样应该逐步退出童媒市场。

（五）劳——童媒具有劳动教育的功能

童媒是文化产业的重要内容，更是现代信息技术发展的综合呈现体。信息产业、文化产业等新兴劳动的不断涌现，产品与技术、知识与价值、信息与文化、时间与空间等劳动要件的耦合比任何时代都更加复杂、多样，并日益挑战传统的劳动形态。[①] 伴随着新的时代发展，"劳动"早已突破了传统体力劳动的概念范畴，具体表现为脑力劳动的比重不断增加、新形态的劳动不断形成。[②] 新时代儿童的劳动已经突破了传统的体力劳动范畴，走向与儿童生活、学习和闲暇生活息息相关的智力劳动时代。而新时代的童媒正在成为儿童参与智力劳动的重要活动形式。

2020 年 3 月 20 日《中共中央国务院关于全面加强新时代大中小学劳动教育的意见》中指出："劳动教育是中国特色社会主义教育制度的重要内容，直接决定社会主义建设者和接班人的劳动精神面貌、劳动价值取向和劳动技能水平。"对于身为"网络原住民"的儿童来说，他们的劳动越来越表现为参与各类儿童 APP、游戏、图书阅读等活动的脑力劳动过程，在这些劳动中，儿童不仅获得道德、认知、身心、审美等方面的发展，更获得了个体得以在人工智能时代安身立命的基本技能，而这些技能是童媒劳动教育价值的集中体现。

即便是年幼的幼儿，也大多开始接触儿童媒介，他们使用电脑、手机、平板电脑、电子阅读器等进行阅读，观看并参与儿童影视节目等媒介活动，甚至参与图画书、童谣和儿童诗的创作。这些经历既是儿童劳动能力的体现，又能促进其劳动能力和劳动精神的发展。上海宋庆龄幼儿园 2012 草莓五班一群 5 岁的孩子非常喜爱阅读图画书，在家长和老师的鼓励下他们动手创作了图画书作品——《想看海的乌龟》，书中五彩斑斓的拼贴画挥洒无限想象，描绘孩子心中美丽的世界和对梦想的

---

① 班建武．"新"劳动教育的内涵特征与实践路径 [J]．教育研究，2019（1）：21-26.

② 檀传宝．劳动教育的概念理解——如何认识劳动教育概念的基本内涵与基本特征 [J]．中国教育学刊，2019（2）：82-84.

执着。这本书充满童真童趣，一举摘得由信谊基金会主办的第一届艾瑞·卡尔拼贴画创意大赛的一等奖——斑斓蝴蝶奖。《想看海的乌龟》于2014年11月在明天出版社出版，是信谊基金会在中国大陆出版的第一本由儿童自己动手创作的原创图画书。事实上，不少儿童在阅读后，都曾经产生创作冲动，尝试进行图书的创作。他们这些作品并不一定能够出版，可能也有很多模仿的痕迹，却是儿童智力劳动和思想的体现，让儿童能够充分体验到智力劳动的成果和价值。

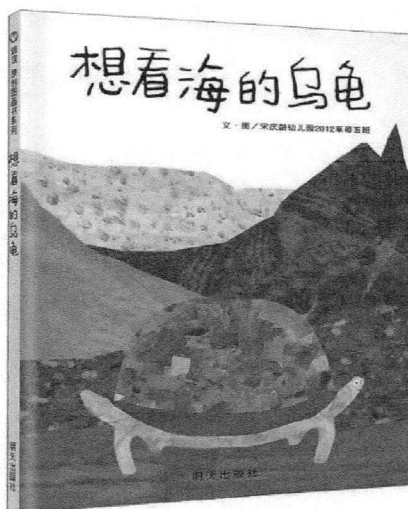

图1-11 《想看海的乌龟》封面

小结

本章从童媒概念、童媒种类、童媒的传播属性和传播功能四个方面认识童媒、剖析童媒、解读童媒，力图从多种维度把握童媒这种针对儿童受众的媒介集合概念的内涵、外延及传播的特殊性和传播影响。本章内容为全书的研究奠定了基础。

第二章

童媒在跨文化传播中的独特价值

一、"大众媒介"视角的童媒研究

二、"跨文化传播"视角的童媒研究

三、我国成人媒介跨文化传播中面临的困境

四、童媒在跨文化传播中的独特价值

2006年9月,《国家"十一五"时期文化发展规划纲要》出台,这部纲要指出,国家"十一五"时期文化发展的重点之一是抓好中国文化"走出去"重大工程项目的实施,推动中华文化走向世界。童媒产业跨越出版、影视、动漫、网络游戏、移动出版、互联网社交媒体、在线教育等多种产业,是我国文化产业的重要组成部分之一,在中华文化"走出去"方面取得了令人瞩目的成就。"十二五"和"十三五"期间,童书出版"小童书做大文章","走出去"产品覆盖全球200多个国家和地区,成为中国出版"走出去"的先锋队和生力军,为我国出版产业缩小版权贸易逆差、赢得国际出版市场话语权和传播中华文化、树立国家文化形象做出巨大贡献。本章聚焦童媒跨文化传播领域的研究,通过对成人媒介跨文化传播中的传播障碍和难点分析,进而发掘童媒在跨文化传播中的独特价值。

一、"大众媒介"视角的童媒研究

童媒是一个媒介集合概念，因为包含童书、儿童期刊、儿童报纸、儿童电影和电视节目、儿童动漫等九种媒介类别，每个类别下又可分为二级子类目甚至三级子类目，因此童媒的研究内容相当丰富，研究领域跨越多种产业。通过中国知网（CNKI）文献数据库查阅，我们发现收录最早的童媒类学术论文是佩云 1998 年发表的《五味太郎绘本作品以点子取胜独具特色》，这篇文章研究了日本儿童作家五味太郎绘本的创作特色[①]；最早从产业视角研究童书的学术论文是海飞 2002 年发表的《中国童书出版：新时代、新挑战、新超越》。[②] 围绕童书出版所发表的研究论文已经有 2000 余篇，研究成果比较丰富，但笔者通过"传播""媒介"主题词对截至 2021 年 8 月 9 日的期刊论文和硕博论文进行二次筛选，仅得到媒介学术论文 82 篇，硕博论文 11 篇。可见从媒介角度研究儿童童书、报刊、电影电视等的文章数量并不多。

目前从"大众媒介"视角看，我国学者更多关注儿童媒介的传播功能及其相关性研究，主要体现在：

（一）儿童媒介素养研究

如《儿童媒介素养评价探析》（李树培）、《儿童校外媒介素养教育的现状与策略研究》（黄小春、僎嬅）、《2003—2018 年儿童媒介素养研究的知识图谱分析——基于

---

① 珮云 . 五味太郎绘本作品以点子取胜独具特色 [J]. 出版参考，1998（16）：3-5.
② 海飞 . 中国童书出版：新时代、新挑战、新超越 [J]. 编辑之友，2002（3）：15-18.

CNKI 数据库的文献分析》（祖静、封孟君、郝爽）、《全媒体视域下儿童媒介信息素养研究设计》（胡雅萍）等文章，都以儿童媒介素养为研究议题。媒介素养确实是一个非常值得关注的研究领域，因为当前人类个体几乎从出生就浸润在媒介环境中，刚刚出生的婴儿就开始聆听莫扎特音乐，接触到网络媒介、光盘媒介等。随着个体成长，在从婴幼儿期到青少年的各个年龄段，已经无法适应没有媒介的生活，所以儿童媒介素养研究可谓方兴未艾。

（二）媒介对儿童受众的影响研究

如《浅谈家庭传媒对儿童的发展作用》（李巧惠）、《交互涵化与游戏范式：媒介文化批判视野下短视频对儿童影响的双重维度》（刘国强、张朋辉）、《电子媒介对儿童信息世界的影响审视及回应路径》（冷田甜）、《大众传媒对农村留守儿童教育的影响——以苏北地区为例》（周成波、徐勤）、《电视传媒与农村留守儿童社会化——基于辽西地区个案研究》（李欣阳，硕士论文）等。这些研究内容从媒介受众角度入手，研究不同媒介形式（有些研究内容包括成人媒介）对儿童的影响。很多研究者非常关注失去父母看护的农村留守儿童，大众媒介对这类儿童群体的影响尤其特殊，产生的负向效果更加触目惊心，是一个十分严肃的社会话题。

（三）媒介对童媒产品创作的影响研究

如《媒介融合背景下儿童教育产品的创新——以〈乐智小天地〉为例》（王振伟）、《传媒时代的儿童文学创新与传播》（王倩）、《大众传媒视阈中杨红樱儿童文学创作研究》（韩红卿，硕士论文）、《当代传媒对儿童游戏的建构性影响》（宋晓燕、孙琳）等文章都是从媒介角度研究儿童媒介产品所受到的来自传媒环境、媒介融合的影响。随着大众传媒深入生活，儿童的阅读习惯发生了很大的变化，一是对平面媒介的阅读选择在数量上逐渐减少；二是阅读心理发生了根本变化；三是阅读方式被彻底改变。①儿童文学是儿童最喜爱的阅读内容，但是好的内容同样要有好的媒介形态，因此很多研究者超越儿童文学创作本身，从媒介维度进行探讨，这是对文学类童书研究的一个新维度。

（四）其他类别的童媒研究

除上述三方面比较集中的研究议题外，对于童媒研究还有关于童媒概念及功能的研究，这类文章数量有限，比如《童媒概念与童媒崛起》（海飞）、《论儿童传媒的特殊功能》（侯岩）等。童媒和成人的大众媒介相比，具有特殊性，因此对于童媒概念、类别、属性、功能等研究还很不充分，是目前关于童媒研究的短板。关于童媒的研究还涉及国外童媒研究，比如《西方传媒保护儿童权利的法律规范与自律体系分析》（董淑华）、《澳大利亚：聚焦大众传媒与儿童健康成长》（张安梅）等文章。这类文章虽然不是专门对国外童媒进行研究，但是关于国外媒介针对儿童进行保护的法律法规、媒介对于儿童成长的关照，对于我国与童媒相关的实践工作非常具有借鉴意义，对于学界开展相关主题的比较研究同样具有特殊价值。

总之，"大众媒介"视角的童媒研究内容比较分散，不成体系，而且缺乏深度。但是可以看出，2020年以来，相关研究论文数量有了显著提升，这个领域的研究已经引起重视。随着新科技的不断发展和媒体形式的不断创新，媒介对人们的学习、生活、娱乐等影响将日益深远，因此童媒"大众媒介"视角的研究将会进一步得到关注。儿童的阅读方式日新月异，从传统的"视阅读"走向"听阅读""玩阅读"，最新兴起的"元宇宙"更可能会为孩子们带来更多的"沉浸式阅读"……复合型媒介形态和创新型媒介形态，必然推动童媒的研究涉足更新的研究领域，产生更多创新型研究议题和研究成果。

---

① 何明星.将阅读变为享乐——平面媒介如何应对即将来临的阅读革命[J].传媒，2005（5）：50-52.

二、"跨文化传播"视角的童媒研究

中国正在日益走向世界舞台的中央,世界渴望了解更加真实的中国。通过跨文化传播,依托媒介产业,向世界传达真实的中国声音,体现真实的中国形象,打破西方所主导的国际话语霸权体系,重构中国国际话语权的全球地位,是提升中国软实力的重要抓手。童媒作为我国媒介产业的重要组成部分,在"走出去"方面成绩斐然,在跨文化传播中发挥着重要作用。

从统计结果可以看出,目前从"跨文化传播"视角看,我国对于童媒媒介的研究覆盖多种媒介形式,能够关注中外对比研究、具体案例研究及相关性研究、对中国儿童受众的社会影响研究以及童媒跨文化传播的成功要素研究。具体而言,我国童媒的跨文化传播研究体现在以下几个方面:

(一)研究内容覆盖多种媒体形式

从检索到的研究论文来看,童书、儿童动漫、儿童游戏都有很多研究成果。比如《"马小跳现象"的跨文化传播分析》(罗贻荣)、《原创儿童图画书跨文化传播特点、影响因素与发展建议》(刘晓晔、王壮)等文章从童书角度进行研究;《动画电影〈寻梦环游记〉跨文化传播研究》(殷俊、雅各)、《跨文化传播背景下的动画创作——以〈功夫熊猫〉为例》(赵娜,硕士论文)从儿童动漫电影角度进行研究;《中国网络游戏〈完美国际〉的跨文化传播》(陈芳洁)从网络游戏角度进行研究。但是非常遗憾,关于儿童报刊和儿童手机出版、儿童网络社交媒体方面的跨文化传播研究几乎是空白。从研究论文数量能够看出,我国在童书和儿童动漫两个领域,产业层面的引进和输出都比较成功,实践案例比较丰富,因此两种儿童媒介的跨文化传播研究成果也相对丰富。

（二）注重"引进来"与"走出去"的双向研究

美国学者爱德华·霍尔最先提出跨文化传播（cross-cultural communication）概念并创立一系列相关理论，他认为跨文化传播指的是来自不同文化背景的个体、群体或者组织之间进行的交流活动。[①] 紧随其后，世界各个国家的专家学者开始研究跨文化现象并形成了更加丰富的理论成果。尽管关于跨文化传播有着多种定义方式，但是几乎所有的研究者都认为交流性是跨文化传播最基本的属性之一。因此，童媒的跨文化交流必然涉及"引进来"与"走出去"。在检索到的研究论文中，《跨文化传播视角下的少儿英语读物出版研究——以"剑桥双语分级阅读·小说馆"为例》（王天娇、张轶鋆、王壮）、《跨文化传播视域下动画电影〈寻梦环游记〉的叙事探析》（窦英玉）是对"引进来"童媒产品的研究，研究的对象是内容及文本；《基于文化传播视角的中国原创儿童绘本走出去提升策略》（邓霞）、《"马小跳现象"的跨文化传播分析》（罗贻荣）是对我国"走出去"童媒产品的研究。还有的研究重点关注中西合璧的童媒产品，比如《电影〈功夫熊猫〉的跨文化传播分析——从"编码/解码"角度分析好莱坞电影中他者文化的运用》（陈桃）、《调适与重构——浅谈迪斯尼影片〈木兰〉的跨文化传播》（何晨阳）。

（三）重视对成功案例的分析研究

童媒具有大众媒介的文化传播属性和商业传播属性。在全球多个国家传媒市场商业上的成功，是童媒成功实现跨文化传播的最佳路径。因此研究者们同样高度重视迪士尼、好莱坞、宫崎骏等跨国公司及国际品牌背后，童媒产品跨文化传播的成功要素及内在逻辑，如《论美国动画的文化杂糅及跨文化传播策略》（付振兴，硕士论文）、《跨文化传播背景下迪士尼动画电影创作研究》（李月寒）、《日本动画电影的

---

① 爱德华·霍尔.超越文化 [M].何道宽，译，北京：北京大学出版社，2010：8.

跨文化传播研究——以宫崎骏作品为例》（滕萧扬，硕士论文）等。中国童媒产品在走向世界的过程中，确实面临很多困境，因此对于西方及日本成功作品的文化和商业两个方面的成功要素分析、成功路径探寻，能够为中国童媒产品提供良好的样板及实践思路。《中国电影跨文化传播的困境与对策——以〈哪吒之魔童降世〉为例》（汪思雨）从逆向角度进行分析研究，在跨文化传播视域下寻找我国童媒产品的困境及成因，并试图探索破局对策，具有现实意义。

对于童媒的跨文化研究，不同媒介形式的研究成果很不均衡。如果扩大跨文化传播的研究视域，把童媒研究中关于"引进来""走出去""版权贸易""本土化""国际化"等都看作是"跨文化传播"的研究范畴之内的成果，那么关于童书的研究成果非常丰富，关于儿童动漫的研究成果相对丰富，而关于儿童报纸、儿童期刊、儿童网络游戏等童媒的研究则凤毛麟角。理论研究必然和实践成就相对应，理论来源于实践，由此也可以判断：童书是在跨文化传播领域取得成就最高、表现最活跃的童媒形式；童书出版产业的国际化程度，在我国各类童媒产业中遥遥领先。童书作为本书研究的重点内容，在以后的章节中，笔者会对童书在跨文化传播中取得的成就及其研究成果进行详细介绍和论述。

三、我国成人媒介跨文化传播中面临的困境

2011 年，中国在经济、军事、科技、医药卫生等相关领域蓬勃发展，综合国力不断增强，一跃成为世界第二大经济体，国家"硬实力"得到世界广泛关注和认可。但是，中国在文化、价值观和世界影响力等"软实力"方面，在世界范围内缺乏完整的、客观的呈现，中国在世界的形象是"片面"而非"全面"，是"坚硬"而非

"柔软"，是"古老"而非"现代"①……外界社会对我国的误读一方面是由于彼此长期存在的价值观和政治立场的巨大鸿沟，另一方面是长期处于媒介霸权地位的西方国家对于中国国家形象不断歪曲呈现，甚至进行"妖魔化"塑造，尤其经历 2020 年初开始的全球新冠病毒大流行，有些西方国家对中国的舆论破坏更是明目张胆、甚嚣尘上，严重影响了中国的国家形象。如何改善海外传媒对我国的客观描述与认知，加强我国传媒跨文化传播能力，展现真实、客观、现代的中国国家形象，消除世界人民对中国的刻板印象，消解其疑虑和误解，扶正祛邪，在国际社会提升我国国家形象，是我国媒介应该承担的重要使命之一。

然而，冰冻三尺非一日之寒，在全球范围内提升我国国家形象是一个系统化的浩大工程，是一个具有战略意义的国家外交战略工程，因此必然是一场持久战和攻坚战。跨文化传播主要是通过大众传播活动和日常生活的文化传播这两种传播方式来实现的。起源于西方的跨文化传播研究的核心问题是我们与他者如何交流的问题，不同文化背景的人与人之间的理解与误解如何形成的问题以及交流如何跨越性别、国籍、种族、民族、语言与文化的鸿沟问题。②当前，大众媒介在跨文化传播中的重要作用日益凸显，成为我国在世界舞台提升文化"软实力"、提升国家形象的重要抓手。传播障碍包括结构与功能障碍，如传播制度是否合理、传播渠道是否畅通、信息系统各部分的功能是否正常等。尽管经过不断的尝试，我国媒介在"走出去"方面取得了可喜可贺的成就，但是客观而言，我国媒介在宏观、中观和微观三个层面仍然存在传播障碍，许多问题亟待解决。

---

① 姜瑶.跨文化语境下中国国家形象的视觉符号解析——以"北京8分钟"为中心 [D].保定：河北大学，2019：5.

② 肖珺.新媒体与跨文化传播的理论脉络 [J].武汉大学学报（人文科学版），2015（4）：122-128.

（一）宏观层面：意识形态和文化差异导致传播障碍

1. 政治制度和意识形态的差异和不同，造成媒介传播壁垒

中国是社会主义国家，实行社会主义制度，主张整个社会应作为一个整体，由社会拥有和控制产品、资本、土地、资产等，其管理和分配基于公众利益。新中国的诞生尤其是社会主义制度的建立，为开辟一条现代化新路奠定了基础。毛泽东同志曾明确指出："关于中国的前途，就是搞社会主义"；中国共产党要完成的一个历史任务，就是要"将我国建设成为一个具有现代工业、现代农业和现代科学文化的社会主义国家"。美国、英国、法国等西方国家是典型的资本主义国家，资本主义是资本属于个人所拥有的经济制度，是以私有制为基础，私有制是资本主义最主要的内容，没有私有制就不能称为资本主义。两种政治体制，两大国际阵营，必然导致在意识形态方面存在差异，甚至激烈交锋，因此也使得大众传媒在跨文化传播方面面临困境。

2. 文化差异造成媒介传播隔阂

传播隔阂指由于传播者特定的利益价值、意识形态和文化背景的不同而产生的传播偏差、误解甚至曲解，包括个人之间的隔阂、个人与群体的隔阂、成员与组织的隔阂及组织与组织、世代与世代、文化与文化间的隔阂等等。弗里兹·格雷布内尔在其1911年出版的《民族学方法论》一书中使用"文化圈"概念作为研究民族学的方法论。他认为，文化圈是一个空间范围，在这个空间内分布着一些彼此相关的文化丛或文化群。从地理空间角度看，文化丛就是文化圈；也可以认为，主要文化特质相同或相近、在功能上相互关联的多个文化群体（民族文化、区域文化）共同构成的有机文化体系，也被称为"文化圈"。一般把世界划分为五大文化圈：东亚文化圈、西方基督教文化圈、东正教文化圈、伊斯兰文化圈、印度文化圈。东亚

文化圈的基本要素为汉字、文言文、中国式律令制度与农工技艺、道教、中国化佛教。这些要素给东亚诸国的语言文字、思想意识、社会组织结构、生产力发展水平以深刻影响。美国作为移民国家，融合多种文化圈的文化特点，更多地体现出西方基督教文化圈的文化特点。这种历史形成的、天然的文化差异，比如在中国的高语境环境制作的媒体内容，在美国、英国等国家民众的低语境环境中传播，会造成低语境环境民众的不理解、不喜欢。这种文化差异既为跨文化传播提供必要性，同时也为跨文化传播造成传播障碍。

（二）中观层面：国际传媒市场形态格局造成传播壁垒

从 20 世纪中后期开始，传媒领域出现了明显的全球化趋势。各个文化大国正通过各种媒介向全世界输送自己的文化，并以此作为维护本国在国际上的政治、经济、文化等方面利益的重要手段。[①] 全球资本主义市场体系加快了传媒领域的商品化过程，新技术的创新和使用显然极大地推动了商业社会以资本效益最大化为基本准则的大众文化传播的商品化和全球化，地球村的人们能够有充分的可能享受个体对全球媒介的自由选择及文化间的接触和跨文化的沟通。但是，全球范围内的经济资本和人力资本资源都通过市场竞争和资源整合，越来越集中在少数跨国媒体集团手中，电视、电影、广播、图书、杂志、报纸、音乐、网站几乎全部控制在时代华纳、迪士尼公司、哥伦比亚广播公司、维亚康姆等传媒巨鳄手里。这些媒体集团绝大部分来自美国、西欧、日本、加拿大等国家和区域，少有媒体大鳄产生在发展中的第三世界国家。在过去长达几十年的国际视听贸易当中，西方发达资本主义国家的电视节目的输出，远远超过发展中国家的输出，形成一种单向文化流动趋势（one-way cultural flow）。文化霸权理论相信，影视节目在制作的过程中嵌入大量的文化

---

① 罗朝安. 全球视野下的国家文化对外传播——评《文化媒介与国家使命：现代法国对外文化传播研究》[J]. 传媒，2018（22）：100.

信息，包括制作方的价值观念、传统道德、生活方式，甚至是意识形态，在随后的消费过程中，这些文化信息就会被消费者解读和吸纳，如果长期消费同一或者同类制作方制作的影视产品，受众则会被潜移默化地影响，并成为制作方文化的附庸。①以美国、英国为代表的西方国家对全球传媒资源，包括内容资源、渠道资源、人才资源等的商业控制，必然使中国传媒的跨文化传播面临困境，失去有效的话语权和传播力，这也正是我国媒介实现跨文化传播的巨大障碍。

（三）微观层面：媒介资源和技术形成传播壁垒

随着中国国际地位的不断攀升，不可回避的一个事实就是中国作为东方大国的崛起不可阻挡、有目共睹。因此，国际社会越来越多的国家政府和民众都想要了解中国，不但消费"中国制造"，更对迅速崛起的中华民族所承载的东方文化、当代中国现状产生好奇心，产生基于现代政治、文化、交流和贸易往来所驱动的，了解、熟悉及把握中国的强烈愿望。可以说，中华文化传播具有巨大的需求市场，中国媒介在世界各国的文化传播充满机遇，尽管受到国际政治和意识形态及媒介商业霸权的阻挡和干扰，但是机会同样摆在眼前。市场力量是亚当·斯密（Adam Smith）在《国富论》中提到的"看不见的手"，这是大众传播最有力的推动力量。然而，市场化运作，就需要符合市场化的大众媒介传播规律，我们必须拥有国际社会所需要的优秀的内容资源和人才资源，拥有与国际市场传播方式相适应的企业管理模式及从内容策划到选题制作再到渠道推广的全流程操作方法。

我国在媒介"走出去"方面取得了很多成就，有很多具有代表性的成功案例，同样也存在诸多不足甚至彻底失败的案例，每一个案例的得失后面，都蕴含着颇多引人思考、值得深入探究的跨文化传播议题。

---

① 徐明华 . 国际传播的理论、方法与展望 [M]. 武汉：华中科技大学出版社，2019：10.

案例一：2011 年 1 月 17 日，由国家新闻办公室发起，全球知名广告公司制作了向世界展现当代中国及中国人风采的中国国家形象宣传片——人物篇。这部宣传片聚集了将近 60 位中国各行各业的杰出代表，在美国纽约时代广场进行了 8400 次的密集播放。这是我国国家形象宣传片的首次尝试，但是宣传片效果不容乐观，并没有获得受众的广泛接受，中国国家形象的对外宣传也并没有取得预期效果。究其缘由，主要有以下几点：其一，没有明确受众，我国国家形象在跨文化传播中，没有考虑到受众需求和受众特征；其二，宣传时没有考虑到跨文化语境，采用高语境环境的表达方式在低语境环境播放，很多美国人没有看明白宣传片背后表达的意义；其三，西方人眼中的国家形象宣传片展现的其实是意识形态，宣传片背后蕴含的政治话语较为明显，而欧美民众对政治话语有着天然的排斥。以上三种原因限制了国家形象宣传片的预期效果，使得这场国家形象的跨文化宣传效果受限。①

案例二：2005 年 8 月，英国企鹅出版公司和我国长江文艺出版社签约购得了中国作家姜戎《狼图腾》的英文版权，并邀请著名汉学家葛浩文先生担任译者。该书的英文版于 2008 年全球发行，行销 110 多个国家和地区。2015 年电影版《狼图腾》在中国上映，获得了近七个亿的票房成绩，随后，该影片登陆到荷兰、法国、意大利等国家，在全球又一次刮起中国文化风，可以说《狼图腾》是当代中国大众媒介"走出去"的一个令人瞩目的成功范例。这部作品不但"走出去"，而且实现了"走进去"，其原因有多方面：其一，从创作层面看，最基本、最重要的因素是其内容的原创性、独特性和人类意识。其二，从翻译层面看，译者葛浩文先生在翻译过程中既尊重原著，又充分注重对作品的本土化表达。其三，从国外版权方层面看，英国企鹅公司为小说在全球的出版发行操盘，他们邀请国外知名的书评人在西方有影响力的主流杂志上发表书评文章，对作品进行评价和宣传。② 其四，从推广层面看，

---

① 徐明华. 国际传播的理论、方法与展望 [M]，武汉：华中科技大学出版社，2019：16.
② 张迎肖，刘杰，徐雪莲.《狼图腾》英译十年对中国文学"走出去"的启示 [J]. 北方文学，2017（15）：103-104.

英国企鹅出版公司具有强大的、成熟的市场推广网络。在互联网时代，由于"英语在全球语言网络中居枢纽地位、互联网巨头形成马太效应"，[①] 因此《狼图腾》的内容和品牌得到了覆盖地面与网络的立体化、全球化推广。

四、童媒在跨文化传播中的独特价值

媒介信息展示并被接受是一个"润物细无声"的过程，媒介往往通过对事件和信息的选择与加工，以隐蔽的方式将文化传播给受众，也是在跨文化传播中逐步形成影响力的过程。与成人大众媒介相比，童媒具有鲜明的"儿童"定位特色，媒介传播属性决定了童媒在跨文化传播中具有独特价值。我国童媒，尤其是近年来崛起的童书、影视动漫创作反映着中国源远流长、一脉相承的历史和文化，更反映着现代中国的发展和变革，因此童媒参与跨文化传播将对世界如何理解中国、看待中国具有无法取代的现实意义。

（一）易于规避意识形态方面的传播障碍

媒介产生的历史就是人类精神的表达与交流史，是人类精神与意识的外化，是通过物化的语言、图画、声像等符号系统所表现出来的精神文化。童媒内容必然反映着一定时期、一定社会背景下特定的社会文化和价值观，传递着精神与文化。童媒受众是儿童，因此其内容较少涉及政治、宗教、民族等意识形态领域问题，即使有这些内容，其表现方式也更为隐晦，因此更容易被处于不同文化符号系统中的读者所接受并认同。

童媒内容要充分考虑到"儿童性"，儿童性是童媒内容的生命之所在。"儿童

---

① 段鹏. 我国国际传播中的信息流量：历史、问题及对策 [J]. 西安交通大学学报 . 2022（7）：120-126.

性"就是强调童媒内容要有儿童视角,只有基于真实的社会生活,基于阅读、视频、音频、游戏等具体情境,才能客观而深入地通过童媒实现对儿童受众的传播。事实上,"童年是通过儿童自身的讲述来建构的",儿童不仅是心理现象,同时更是作为历史现象、社会现象及文化现象而存在的。[①] 只有基于真实的社会生活,基于阅读、观赏和游戏等情境,才能客观而深入地通过儿童的媒介反应来感知并理解童媒所应具有的"儿童性"。全球的童媒受众其"儿童性"是相通的,受众所固有的政治文化隔阂比较少,对于低龄儿童,这种隔阂更是微乎其微。因此要想向世界讲好中国故事,就首先要讲那些世人听得懂、听得进、记得住的故事,[②] 因此面临较少的政治、文化壁垒的童媒具有天然的跨文化传播优势。

(二)易于突破文化差异和文化冲突壁垒

跨文化传播中受众的文化背景和经验对传播效果也产生着巨大的影响作用。文化产品的传播本质上是文化符号的传播,在不同的时间和空间下,不同的个人对同一符号的解码方式也是不同的,世界的无限性和符号的有限性决定了传播出现意义偏差的必然性。[③] 霍尔(Edward Twitchell Hall)是跨文化传播理论的奠基者,他指出,文化具有语境性,即高语境文化和低语境文化。美国、加拿大等北美国家是典型的低语境文化体系,这一文化类型是西方同质社会相维系的一种传播模式;中国、日本、韩国等国家是典型的高语境文化体系,这种文化是与东方同质社会相维系的一种特有的传播模式。童媒内容的"儿童性"特点,决定其内容需要对儿童心理成熟度、认知度具有内在关照。尽管童媒作品不能完全脱离文化的语境性,但是比之成人媒介内容,其语境性文化呈现出明显的淡化趋向。

---

① 艾伦·普劳特. 童年的未来——对儿童的跨学科研究 [M]. 华桦,译. 上海:上海社会科学院出版社,2014:57.

② 夏德元. 中国出版全面提升国际传播效能的观念变革与路径选择 [J]. 编辑学刊,2021(6):6-12.

③ 陈亚民. 文化产品的跨文化传播与国家文化安全策略 [J]. 经济社会体制比较,2008(6):122-127.

跨文化传播中还需要注意文化接近性与文化特异性之间的平衡，降低跨文化传播中异质符号系统可能导致的陌生感，致力于营造文化接近性，从而克服目标文化圈的排斥，最终实现传播。自由、平等、团结、责任、包容、人与自然的和谐等，是世界各个国家童媒最常体现的价值观。童媒内容的生产者和传播者，需要关注儿童成长中的共性问题，突出作品的思想性和人文关怀，通过本土化的元素渗透世界性的人文关怀，使童媒作品能够赢得广泛认同。像融合童书、儿童刊物、儿童影视和游戏等多种媒介形态为一体的迪士尼超级动画 IP 就是全球超级童媒作品，其杰出的动漫艺术制作水准和具有"儿童性"的故事及人物形象，助力其突破所有文化差异，成为全球跨文化传播中的童媒作品典范。

（三）童媒文字量少，易于突破语言困境

从图书这种最普及的大众媒介来看，语言隔阂和文化差异是影响我国中文图书版权输出的最大障碍，世界不同国家和地区不同的文化之间彼此关注不够，了解不深，造成中文图书的版权输出缺乏受众群体，即缺乏足够的市场支撑。中文翻译难度大、成本高，优秀的翻译人才缺乏，都使得外方对引进中文版权的作品望而却步。儿童认知心理学研究认为，由于心理和生理发育尚未成熟，儿童在乳儿期、婴儿期、幼儿期和童年期对图画都有特殊的偏爱，处于不同的儿童阶段，对于图画的颜色、线条、大小都会有不同的识别能力，图画是儿童的语言和文字，是他们认识社会的符号系统。

世界著名的儿童作家诺德曼（Perry Nodelman）认为儿童图画书是最常见的少儿图书形式，是"以很少的文字说故事或传递讯息，通常每页都有图画的簿册"[1]。因此，对于儿童最喜闻乐见、接触最广泛的童媒——图画书而言，图画书是儿童最

---

[1] 培利·诺德曼，梅维丝·莱莫.阅读儿童文学的乐趣（第三版）[M].刘凤芯，吴宜洁，译.台北：天卫文华图书股份有司，2009：328.

喜欢的读物形式。比如《聪明的鼠小弟》《你不能带黄气球进大都会博物馆》等甚至完全没有文字，只通过图画就同样可以清晰地表达和传递信息，这些作品都成为畅销全球、让儿童读者欲罢不能的著名绘本。与成人媒介相比，无论是童书、儿童报纸还是儿童期刊，其上面的文字量都少且相对简单，因此在跨文化传播中往往占据语言优势，不需要大量的文字翻译工作。儿童在观看从国外引进的动画片时，即使动漫人物说的是他国语言或者没有提供翻译后的中文字幕，他们依据人物动作、表情和背景等，仍然能够领会动画故事内容，看得津津有味。童媒图像元素占有重要比重的内容特征，铸就了其必然成为跨文化传播的佼佼者。

图 2-1　从日本引进的绘本《可爱的鼠小弟》中几乎没有文字

图 2-2　风靡全球的《小猪佩奇》动画片的语言文字都很简单

我国的文化及形象能够通过童书中的图画很好地展现在国外小读者的面前，这就为原创童书崛起和跨文化传播提供了重要的前提。《2019 年新闻出版业基本情况》数据显示，2019 年全国累计出口图书、报纸、期刊总计 1653.43 万册，总金额达7483.15 万美元。其中，少儿读物类出口 480.95 万册，占总数量的 42.4%。童书在我国大力传播中国文化，让文化产品和文化企业"走出去"的背景下取得了长足发展。

（四）童媒受众量大，承载面向未来的跨文化传播使命

根据世界银行统计，2020 年全球 0—14 岁儿童人数达 19.80 亿人，全球 0—14岁儿童数量呈现增长态势（见图 2-3）。① 这个数字如果加上 15—18 岁儿童的数量，就更为可观。由此可见，童媒受众数量巨大，世界上有 30% 左右的人口，都是童媒的受众，因此其影响辐射面大，是跨文化传播中不可小觑的力量。儿童一直在成长，今天的儿童，即使是刚刚出生的婴儿，在 18 年后就是成人；今天的儿童，就是未来全球的建设者、生力军。

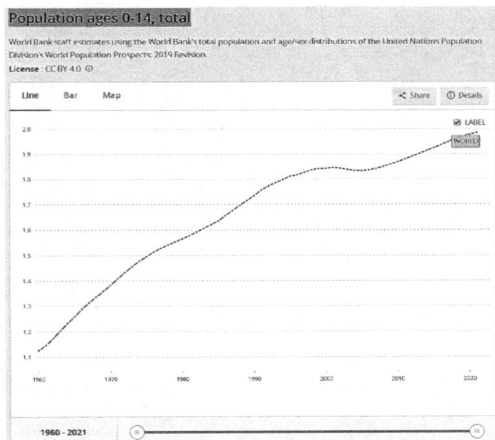

图 2-3　世界银行统计 1960—2020 年全球 0—14 岁儿童人口数量变化曲线

---

① The World Bank. Population Ages 0-14, Total [EB/OL]. [2021-12-08].https://data.worldbank.org/indicator/SP.POP.0014.

由于儿童年龄越小其观念越容易受到影响而固化下来，因此各类媒体都在竞相争取低龄群体的关注与认同。比如，如果一些欧洲国家或者非洲国家的儿童从小就有机会接触到来自童媒所带来的中国故事，他们接受了关于中国国家形象的客观、真实、有趣、丰富的传播内容，那么未来这些成长起来的来自今天的"儿童"，必然会成为能够接受和熟悉甚至热爱中华文化、给予中国国家形象较为正面评价的一代社会公民。在童媒中，童书是普及性最强的大众媒介；在童书中，儿童图画书是最受孩子们喜欢的读物类别，因此在跨文化传播中，儿童图画书作为儿童媒介得到普遍重视。在我国，很多儿童从小阅读大量引进版权或者实物进口的图画书，他们熟悉和接受了来自美国、英国、日本、韩国及部分非洲国家的不同文化和生活习俗，他们从小具有国际视野，这种国际观和跨文化观能够帮助他们在成长为成人后，对世界各个国家和地区的政治、经济、文化等，产生客观、公允的看法，做出公正、包容的判断。因此，童媒的跨文化传播意义深远，在中华文化"走出去"宏伟工程中任重道远。

图 2-4 我国著名儿童插画家熊亮具有浓郁中华特色的绘本

（五）受众覆盖面广，具有进入主流社会的可能性

当前，中国出版物很难进入一些国家的主流社会，世界对中国的了解并未同频深化。中国的全球文化领导权、话语权与自身综合国力和国际地位存在明显的不对称。[①] 童媒能够为中国出版物进入海外主流社会做出贡献。在众多的生态环境中，儿童接触时间最长，影响最大的几个因素，分别是家庭、学校和社区，对于年龄较大的儿童而言，网络空间也对其产生巨大影响。在儿童成长的不同阶段，这些生态环境对儿童的影响是不同的；反过来，儿童的存在，也改变着生态环境本身。我国学者郭庆光认为，传播学的研究对象是社会信息系统本身及传播学，是研究社会信息系统及其运行规律的科学。[②] 其理论根据是钱学森的一段话，把极其复杂的研究对象称为"系统"，既有相互作用和相互依赖的若干组成部分，结合成具有特定功能的有机整体，而且这个系统本身又是它们从属的更大系统的组成部分。

传播学通常把社会传播区分为人际传播、人类传播、群体传播、组织传播、大众传播这五种不同的类型，实际上也是五种不同的传播系统，也称"信息系统"。因此，以儿童为核心的童媒传播，可以通过五种类型的传播系统，辐射覆盖家庭、社区、学校甚至更为广大的人群。当传播媒介将文化习俗、生活方式、价值观念、思想意识悄然镶嵌于媒介细节之中时，就会对受众产生巨大的影响力，增强受众对差异文化的理解和认同。例如，在儿童图画书的跨文化传播中，美国文化也借由作者之手自然而然地表现在图画细节之中，图画书《我妈妈》中就借用"玛丽莲·梦露"、"超人"、阿波罗号登月等典型形象来展示妈妈的行为。大量儿童图画书作品极尽夸张地描绘快餐文化，沙拉、热狗、可乐轮番登场，儿童及其家庭慢慢接受和喜爱这种文化。童媒能够通过儿童的需求和喜爱打破传播隔阂，因此可以说童媒在跨文化传播中具有很大的辐射效应。

---

① 云国强.国际传播中的话语角力：讲好中国故事与"语言陷阱"[J].东方学刊，2021（9）：21-27.

② 郭庆光.传播学教程[M].2版.北京：中国人民大学，2011：5

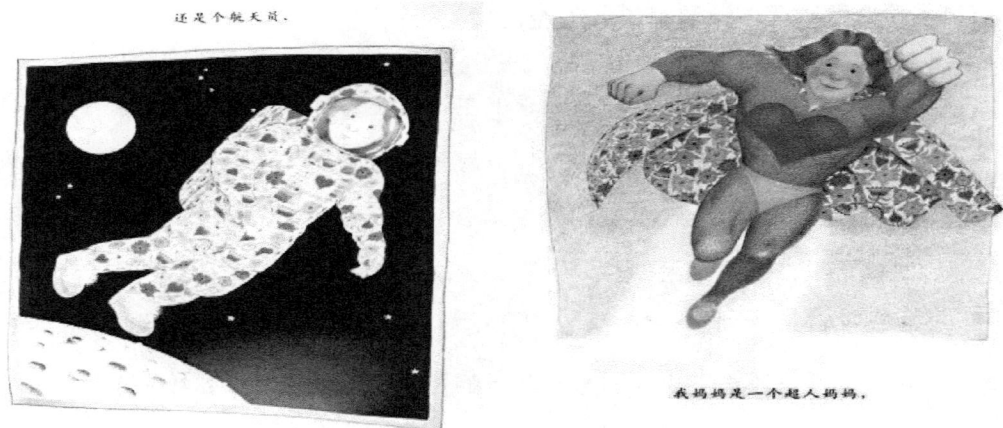

还是个航天员.

我妈妈是一个超人妈妈.

图 2-5　美国图画书《我妈妈》中的美国文化元素

（六）易于形成 IP 品牌，能够产生传播叠加效应

当今社会正处于泛媒介时代，信息技术驱动淡化了"媒介"与"非媒介"之间的界限，在"万物皆媒"的泛媒介时代，媒介融合向着跨行业、跨领域的纵深融合发展，不同的业务载体、行业、市场每天都在发生着融合。[①] 优质的童媒 IP 内容能够被孩子们所喜爱，并被谈论和传播，可持续创造话题，同时，具有从一个产品衍生成其他类别产品的优势和能力，这种能力被称为"势能"。势能能够造就童书 IP 转化成电影、动漫、游戏和玩具等跨入其他产业，并以其内容和形象为核心，形成品牌联动和产品方阵。跨文化传播中的童媒 IP 传播现象十分引人瞩目，各种具有统一品牌和主题人物形象及故事情节的媒介互相干涉，产生品牌叠加效应，扩大了传播效果，形成了独特的传播现象。

---

① 徐桂权，雷丽竹. 理解"泛媒介"时代：媒介环境学、媒介学与媒介化研究的三重视角 [J]. 现代传播，2019（4）：55-60.

小结

科学技术的发展和世界贸易的繁荣，共同推动世界各个国家走出其内部循环的发展模式，逐渐形成了跨越国家与民族的全球经济与文化共同体。本章基于"大众媒介"视角和"跨文化传播"视角对当前我国童媒研究进行了文献整理和内容分析，从宏观、中观、微观三个层面简单分析了成人媒介在跨文化传播中面临的各种障碍和困难，同时揭示了在这场跨文化交流与竞争的洪流之中，童媒因其"儿童性"在跨文化传播中所体现出的独特价值。

第三章

我国童媒跨文化传播的发展历程
——童书出版视角

一、我国童书出版跨文化传播历程的阶段性划分

二、第一阶段（1978—1992）：打开国门、学习借鉴

三、第二阶段（1992—2001）：持续发力，规模成长

四、第三阶段（2001—）：快速增长，双轮驱动

　　中国与世界各国的互容、互鉴、互通是世界经济文化发展的重要基石。习近平总书记要求新闻舆论工作要承担"联接中外、沟通世界""展示真实、立体、全面的中国"的重要任务。广义地看，童媒也是新闻舆论工作的一部分，是文化与文明交流的重要传播载体。在我国童媒的各种媒体形态中，童书以内容含量大、受众接受程度高、使用时间长、品种数量多、充分体现媒介融合等多种传播特征成为童媒中最重要的组成部分。为了能够以史为鉴，为中国童媒产业在国际媒介舞台进一步"讲好中国故事，传播好中国声音"构建起良好的中国国家形象提供借鉴，本章基于童书出版视角研究改革开放40多年来童媒的对外交流与国际合作发展历程。

一、我国童书出版跨文化传播历程的阶段性划分

对于童书出版跨文化传播发展历程进行阶段性划分，不同研究者会基于不同标准产生不同的看法。本研究也不例外，在对童书出版跨文化传播历程的分析中，遵循了一定的原则和标准。

（一）划分标准选取原则

首先，要考虑划分标准的政府背景。如果政府发布的相关文件中制定了明确的划分标准，则本研究选择政府的官方划分标准。

其次，要考虑划分标准的学术权威性。学术权威性体现在两个方面：一方面是研究者在学界具有影响力，学术水平高并长期致力于该领域的研究；另一方面是发表研究成果的学术期刊具有权威性和代表性，指反映当前我国社会科学界各个学科中最新研究成果，且学术水平较高、影响较大、编辑出版较为规范的学术刊物。

再次，要考虑划分标准的反馈性。对于划分标准的提出，如果有很多质疑和反对意见，引起广泛学术争鸣，则即使是权威专家在 CSSCI 期刊刊登的研究成果，本研究也有可能不选择其作为童媒跨文化传播历程的划分标准。

最后，要考虑划分标准的实证性。无论是政府和学术界，对于划分标准都是经过深入调查，建立在大量事实和数据基础上，经过研究和反复论证得出的结论。因此，对于某些学者建立的划分标准，其他研究者也完全可以通过相关数据、案例等信息进行验证。

（二）阶段性划分的标准确定

1978 年党的十一届三中全会为出版产业跨文化发展创造了重要机遇。在短短几年时间里，我国加入世界知识产权组织（WIPO），成为国际知识产权大家庭的成员，随后在 1981 年 10 月，国务院又批转了国家出版局《关于颁发〈加强对外合作出版管理的暂行规定〉的报告的通知》和《加强对外合作出版管理的暂行规定》，这些政策与文件是我国出版产业开展对外文化贸易的基础。

但我国文化产业的国际化、规范化、高速度发展，应该始于我国高度重视对世界知识产权的尊重和保护，遵守世界版权公约这一重大事件。我国出版学方面的著名学者、第十届韬奋奖获得者周蔚华和共同研究者杨石华发表在《中国出版》2018 年第 20 期《中国出版对外交流与国际合作 40 年》一文中认为，"对中国出版业对外开放的阶段划分可以有不同的标准，但根据该领域发生的一些重大事件进行阶段划分是一种可行的方式"[1]。在改革开放 40 多年中，我国于 1992 年加入《伯尔尼公约》和《世界版权公约》，于 2001 年加入世界贸易组织，以这两个时间为分界点形成三个阶段的发展态势，我国出版经历了引进为主、学习借鉴，稳步发展、尝试输出，规模成长、双向发展三个阶段。这个划分标准受到学界和出版行业内人士的普遍认可。

童书出版跨文化传播发展阶段的划分，同样可以依据上述标准。汪菲在其硕士论文《我国引进版少儿图画书出版的实证研究 1978—2008》中，通过对中国版本图书馆编著的现行国家书目《全国总书目》1978—2008 年引进版少儿图画书出版数据进行采集，以实证方式印证了周蔚华、杨石华划分标准的科学性（见图 3-1）。[2]

图画书是童书的主要类别，从广义看，是一个涵盖了绘本的概念。很多研究者

---

① 周蔚华，杨石华. 中国出版对外交流与国际合作 40 年 [J]. 中国出版，2018（20）：19-26.

② 汪菲. 我国引进版少儿图图画书出版的实证研究 1978—2008[D]. 上海：华东师范大学，2010：6-13.

认为，儿童图画书就是图画书，源自 picture book；也有研究者认为儿童图画书等同于儿童绘本。笔者认为，从童书出版角度看，配有丰富图画的、服务于儿童阅读的各类读本都可以看作是儿童图画书，不仅包括故事图画书、童谣图画书、科普图画书、传记图画书、动漫图画书、异形图画书等，还应该包括学龄前及小学阶段阅读的分级读物图画书等等。这些童书的图画除了插画师手绘或者结合电脑绘制的图画，还包括摄影图片、各种布艺、泥塑艺术作品等。汪菲在论文中没有明确定义什么是作为统计对象的图画书，但是结合其硕士论文上下文，其所统计的引进版少儿图画书应该指广义概念，因此统计结果尽管不能包括所有的引进版童书类型，但是这类童书占据引进版童书的绝大部分品种类别，统计结果能够代表童书引进数量发展变化的总体趋势。由统计图可以看出，在 1992 年和 2001 年两个时间节点，引进版童书数量确实呈现明显变化，代表童书"引进来"进入到一个新的发展阶段。

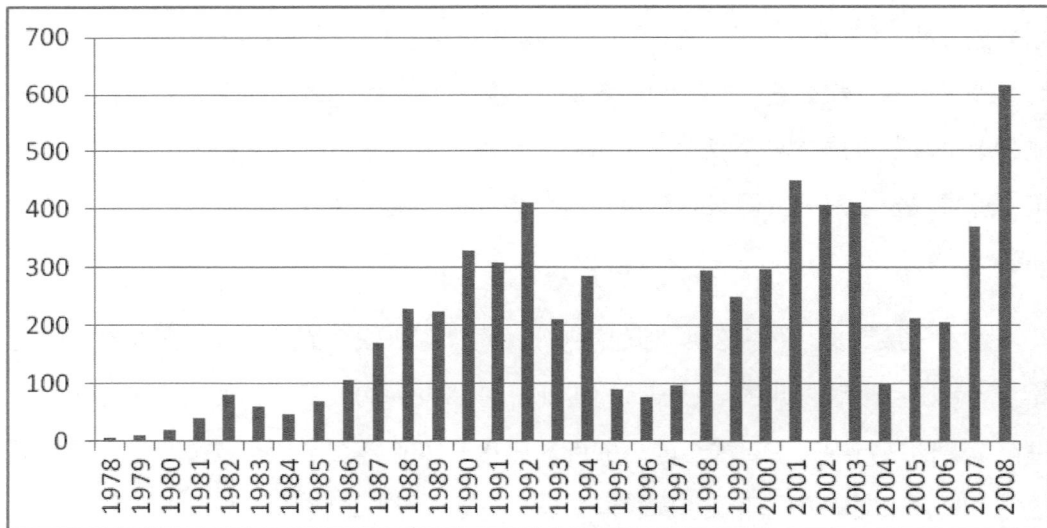

图 3-1　1978—2008 引进版少儿图书的出版数量（单位：种）

二、第一阶段（1978—1992）：打开国门，学习借鉴

1978 年党的十一届三中全会开启了我国改革开放的历程。在这一阶段，整个出版产业的版权贸易都处于"摸着石头过河"的初创期。随着 1980 年中国加入世界知识产权组织（WIPO）成为国际知识产权大家庭的成员，1981 年 10 月，国务院又批转了国家出版局《关于颁发〈加强对外合作出版管理的暂行规定〉的报告的通知》和《加强对外合作出版管理的暂行规定》，这是我国出版行业与境外开展贸易合作最早的指导性文件。我国政府通过加入国际组织及制定各种政策、法规，不但为出版产业走向国际出版舞台搭建了对外文化交流和贸易协作平台，更为出版产业的国际化奠定了制度基础。

这一阶段的童书出版首先表现为出版人才走出去，一些少儿出版工作者在政府组织下外出访问、参与国际出版研讨会、参加书展活动等，学习西方国家少儿出版同行先进的经营管理理念和经营方法。其次表现为把国外少儿出版专家请进来，学习国外先进的少儿出版经验，开展少儿出版方面的业务交流。1986 年，中国加入国际儿童读物联盟（IBBY），并成立国际儿童读物联盟中国分会（CBBY）。1986 年 9 月，第一届北京国际图书博览会在北京展览馆举行，为我国出版界与国外同行进行广泛联系、交流，为版权贸易的大规模开展提供了一个直接交流的平台。1988 年 4 月，中国大陆第一家版权代理机构——中华版权代理总公司挂牌成立，促进了版权贸易的进一步发展。

这一阶段各个出版企业都处于观望和学习期，所以引进的童书出版物比较少。从图 3-1 可以看出，尽管 1978 年我国少儿出版已经开始了对外合作，但规模极小。1978 年，中国大陆出版的引进版少儿图画书只有 4 种；1979 年，国内首次翻译出版了一批国外儿童文学作品，版权贸易逐步受到关注和接纳；1980 年、1981 年版权引进数量一直在增长，到 1982 年迎来小高潮。到 1992 年，出版界迎来了第一个

引进版少儿图画书的高潮，当年该类图书出版种数达到 421 种，实现了一定程度的高速增长。这与我国 1992 年加入两大公约有密切的关系，我国的少儿出版在国际版权公约保护下得到一定程度的接纳和信任，也正是在此时，我国少儿出版业也开始向国际少儿优秀出版物敞开胸怀，欢迎国外优质少儿读物进入中国市场。

在童书出版"走出去"方面的研究中值得大书一笔的是，在 20 世纪 70 年代末、80 年代初，中国少年儿童出版社、（上海）少年儿童出版社以及一些非专业少儿出版社开始尝试版权输出，一大批中国童书开始走出国门。少年儿童出版社的《宝船》等中国原创童话版权输出到日本，中国少年儿童出版社的《大地的儿子——周恩来的故事》《中国民间故事选》等童书版权输出到南斯拉夫，外文出版社的《叶圣陶童话选》被译成多种文字输出海外，这些童书可以看作是中国童书"走出去"的先锋作品。

图 3-2　改革开放后中国最早"走出去"的童书

这一时期中国童书出版的国际化处于尝试和探索过程中，总体特点是版权贸易规模小，合作项目少，合作流于表层，运营不规范，以"引进来"为主。但是在

"走出去"方面也进行了大胆尝试，而且有一些图书品种成功"走出去"，为以后的童书出版规模化"走出去"提供了样板，做出了尝试。

三、第二阶段（1992—2001）：持续发力，规模成长

1990 年 9 月，《中华人民共和国著作权法》发布，并于 1991 年 6 月 1 日起施行。这是新中国成立后制定的第一部著作权法律，为版权贸易的进一步发展奠定了坚实的制度基础。1992 年，中国同时加入两个国际版权公约——《伯尔尼保护文学和艺术作品公约》和《世界版权公约》，从那时起，中国才有了真正意义上的版权贸易。2001 年，我国正式加入世界贸易组织（WTO），作为知识产权贸易重要内容的版权贸易是世界贸易组织三大贸易体系的重要组成部分，中国媒介产业必须遵守国际出版市场中的版权保护和市场竞争规则，这就为我国童书出版的对外交流与国际合作带来了新的起点，迎来了前所未有的挑战和机遇。

1998 年，中国版协少儿读物工作委员会和国际儿童读物联盟中国分会（CBBY）联合组团参加国际儿童读物联盟（IBBY）世界大会和意大利博洛尼亚国际童书展，一些重要国际会议和活动也在中国举行，这是中国童书出版对外交流进入新的发展阶段的重要标志。自此，中国少儿出版迅速进入世界少儿出版圈，中国这个巨大的、发展中的童书市场也吸引了世界大型童书出版商的高度关注。在国际商贸往来过程中，中国童书出版机构和世界童书出版机构开展了深度合作，以资本为纽带的跨国联姻也为国内童书出版市场注入了活力。比如，1994 年由丹麦艾阁萌集团公司（Egmont）和人民邮电出版社合资创建的童趣出版有限公司，是我国第一家合资出版企业，成为我国童书出版领域的佼佼者。2010 年江苏凤凰出版集团与阿歇特图书出版集团合资创立凤凰阿歇特文化发展（北京）有限公司，公司致力于"为中国小读者精挑细选符合童心的好书，这些书既体现国际时尚并赢得了过广大少儿的喜

欢，又历经时间考验，是全人类精神财富的一部分"。合资公司出版国际儿童畅销书——欧美儿童最喜欢的、最新的系列儿童文学作品，为中国小读者插上幻想的翅膀，和欧美儿童同步阅读这个时代最新奇的故事；出版世界儿童新经典——从古代经典到当代被广泛认可的儿童文学，为中国小读者建立一个新经典图书馆，帮助孩子树立这个时代的价值观，让他们尽情领略世界文化的丰富宝藏。中外合资公司的创立，给中国童书出版产业输送了新鲜血液，中国童书出版国际化发展，不但需要引进产品，更需要引进先进的企业管理理念和人才培养机制。

这一阶段也是我国童书跨文化传播的繁荣期，历经第一阶段十几年的磨炼，中国童书出版机构适应了国际版权贸易规则，在对外文化贸易理念上和世界版权贸易接轨，版权贸易能力快速提升，整个童书出版行业版权引进数量呈高速增长态势，版权引进成为童书出版时尚，引发外版童书引进和出版热潮。少儿出版以其独有的"全球观"，成为版权贸易的排头兵。据统计，1992—2001 年间我国引进图书版权约 3.8 万种，占我国这个期间新书出版总品种的 5.3%。[①] 同时图画书开始成为这一时期"引进来"的重要代表。根据汪菲的研究结果，少儿图画书引进总量估算可以占到年均引进版出版物总量的 30% 以上。我国少儿出版"引进来"开始进入规模成长的新阶段，一些外版童书成为当年超级畅销书。比如"哈利·波特"系列的第一部《哈利·波特与魔法石》，其英文原版 1997 年 6 月 26 日在英国出版，中文繁体版 2000 年 6 月 23 日在中国台湾出版，中文简体版 2000 年 9 月由我国人民文学出版社出版发行。这部书一经问世，就引爆少儿图书市场，连续 27 个月位居全国少儿图书畅销榜榜首，拉动中国少儿出版进入不断产生超级畅销书和超级畅销书作家的市场发展新阶段。

这一时期中国童书出版借力国际童书出版资源，迎来了快速发展期。一些非少

---

① 辛广伟 . 1990—2000 年十年来中国图书版权贸易状况分析 [J]. 出版经济，2001（1）：9-11.

儿出版社通过引进版权图书市场份额迅速加大，改变了我国童书市场格局；在对外版童书引进、"拿来"的过程中，中国本土童书出版质量也逐步得到提升；国际童书资本注入中国童书市场，促进了中国童书事业的繁荣发展。但是，这一时期我国童书出版"走出去"处于劣势，形成了巨大的贸易逆差。

四、第三阶段（2001—）：快速增长，双轮驱动

（一）持续发力，经营升级，"引进来"发展进入新阶段

进入 21 世纪，我国童书出版继续与国外童书出版业保持密切交流合作的状态，与全球越来越多的国家建立了版权贸易往来，不但与英、美、法、意、德等西方少儿图书出版强国实现接轨，同时也与邻近的日、韩、泰、新加坡等亚洲国家建立了紧密的合作关系。大量国际优秀少儿图书被引进我国，越来越多的国外少儿出版资源涌入中国市场，图书出版形式日益丰富。2002 年初，接力出版社从美国独家引进以 10—16 岁的青少年为主角和阅读对象的"鸡皮疙瘩"系列图书，这套享誉全球的少儿读物一经出版同样在国内引起了剧烈反响。这一类型图书的引进开创了我国少儿魔幻小说的阅读、引进与出版潮流。而"神奇校车"的成功，则进一步推进了文学与科普的融合，推动了《神奇的小咕噜》等一系列原创叙事型科普作品的问世。2004 年，中国少年儿童出版社引进经典绘本《彼得兔的世界》，南海出版公司从日本白杨社引进了畅销图画书"可爱的鼠小弟系列"，北京少年儿童出版社也从白杨社引进了恐龙故事图画书《你看起来好像很好吃》《我是霸王龙》等。这些外版童书的出版推动了早期阅读理念在中国家庭的广泛传播，蒲蒲兰、信谊和启发等出版机构及朱自强、阿甲、王林等阅读推广人的大力推广，在当当、京东等电商平台的助力下，儿童图画书逐渐成为我国童书市场的主流产品。

（二）国家战略、政府支持，开启"走出去"新里程

2006年的《新闻出版业"十一五"发展规划》明确指出要积极实施"中国新闻出版业走出去"；2011年4月，新闻出版总署发布《新闻出版业"十二五"时期走出去发展规划》；2012年新闻出版总署"一号文件"《关于加快我国新闻出版业"走出去"的若干意见》，全面梳理了已有的"走出去"扶持政策，第一次从国家层面对新闻出版业"走出去"进行全方位布局。2013年9月至10月，国家主席习近平于中亚四国之行期间，首次提出共同建设"丝绸之路经济带"和"21世纪海上丝绸之路"的构想，即"一带一路"。随之，"一带一路"也成为中国出版"走出去"重点布局区域。在国家政策引领和支持下，中国童书出版"引进来"和"走出去"形成了双边互动的贸易形式。

2003年，国务院新闻办公室和新闻出版总署开始联合推出"中国图书对外推广计划"（最初叫作"金水桥"计划），这是我国最早实施的推动中国图书走向世界的推广计划。其主要以翻译费资助的方式，鼓励国内外出版机构在国际市场上翻译出版、发行推广中国图书，旨在帮助外国读者能够用自己熟悉的语言阅读中国主题图书，为了解中国提供便利，架起一座中国图书走向世界的桥梁。截至2018年底，在这项计划资助下，中国出版机构已同美国、英国、德国、法国、荷兰、澳大利亚、俄罗斯、日本、韩国、越南、阿联酋、巴西、南非等82个国家的700余家出版机构开展合作项目3200余项，涉及图书4600余种、50多种文版。2009年，国务院新闻办公室启动"中国文化著作翻译出版工程"，新闻出版总署启动"经典中国国际出版工程"，鼓励和支持外向型图书选题的出版，从更大规模、更多投入与更广领域支持中国图书"走出去"。国家密集出台各种政策措施，形成了强有力的扶持保障体系，在政府、行业和出版社三个层面的通力合作下，我国出版物的版权输出有了较大突破。童书出版成为我国在第三阶段版权输出的主力军和先锋队。

（三）四面开花，成就斐然，走向世界舞台中央

近年来我国原创童书出版取得了举世瞩目的成绩。在 21 世纪初，2006 年的法兰克福书展上中国展团就取得了重大突破，其中原创童书更成为版权输出的焦点。中国少年儿童出版社成功将《古典文学名著画册系列——西游记》输出到了日本；上海世纪出版股份有限公司、少年儿童出版社的原创漫画首次进入欧洲主流市场，与法国小潘出版社、日本福禄贝尔馆等一批海外出版商签订了 6 项 19 种漫画、文学等图书的授权书或意向书；英国企鹅出版集团引进了中国少年儿童出版社的《中国寓言故事》《中国神话故事》等作品。我国童书版权输出已经突破东南亚等传统国家市场，开始成功进驻欧洲的主流出版市场。[①]

1. 原创内容丰富，版权输出取得突破性进展

原创内容是"走出去"的核心资源，优质的原创内容是"走出去"的核心竞争力。出版"走出去"，就是以原创内容推动文化对外传播，实现出版价值的多维度循环增值。童书出版"走出去"要以原创性为根基，遵循"民族精神，世界眼光，传统精髓，现代意识"的原则是中国童书出版界的共识，因此，各个出版机构开始把承载传播中华文化的原创选题作为出版重点。其中图画书的图画直观形象，文字简洁明快，文化差异和语言隔阂较小，翻译难度和成本较低，因此成为版权输出和海外市场拓展的有利条件。中国原创儿童图画书非常适合向海外小读者讲述中国故事和传播中国传统文化。[②] 中国少年儿童出版社、浙江少年儿童出版社、二十一世纪出版社、接力出版社、江苏少年儿童出版社等专业化少儿出版社在大量引进国外儿童图画书的同时，也加强了本土原创作品的开发力度，推出了《团圆》《荷花镇的早市》《熊亮·中国绘本》《盘中餐》《安的种子》《我是花木兰》，以及"中国风·儿

---

① 孟昌.基于 SWOT 分析的我国少儿图书出版的发展战略研究 [D]. 长沙：湖南师范大学，2008：49.

② 冯晓艳.中国原创儿童绘本"走出去"探析 [J]. 出版广角，2018（21）：67-69.

童文学名作绘本书系"等大量优秀原创绘本。

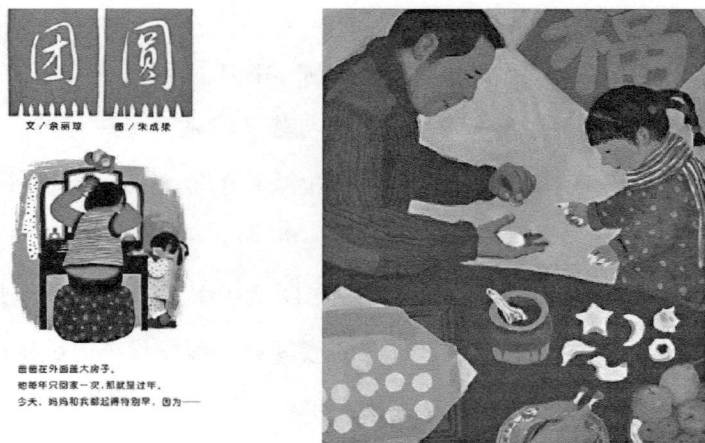

图 3-3　获奖绘本《团圆》的扉页和正文

图 3-4　获奖绘本《我是花木兰》正文

正因为对原创的坚持，江苏少年儿童出版社的原创文学在世界上也是屡创佳绩。作家黄蓓佳的作品《我要做好孩子》，以及反映单亲家庭孩子成长经历的儿童文学作品《黄蓓佳倾情小说系列·亲亲我的妈妈》均被法国比基埃出版社购买欧共体版权。黄蓓佳的作品在韩国、德国都受到了欢迎，并进行了重印。

从版权输出地来看，20 年来我国童书的版权输出从零星输出逐渐到规模性输出，从东亚各国逐步扩展向欧美国家。以苏少社输出的原创儿童绘本为例，大部分图书除了输入到一些周边国家例如韩国、越南以外，主要输入到了一些非华语地区，主要是英、美等欧美国家。2020 年出版的"童心战'疫'·大眼睛暖心绘本"系列图书以"一带一路国家"为中心，授权版权，后逐渐扩大到欧洲、北美洲、非洲和大洋洲。在短时间内，将版权输出到了包括美国、俄罗斯、德国、法国、黎巴嫩、泰国、柬埔寨、匈牙利、尼泊尔、印度、越南、蒙古国、巴基斯坦、比利时、突尼斯、土耳其、新西兰、斯里兰卡、澳大利亚在内的 19 个国家，实现了英语、德语、法语、阿拉伯语、俄语、印地语、越南语、泰语、蒙古语、尼泊尔语、土耳其语、僧伽罗语、泰米尔语、高棉语等 14 个语种的出版，成为国内输出的原创儿童绘本中最具海外影响力的高品质儿童绘本之一。

少儿国际汉语教材和读物，也是原创童书出版物。这类图书出版物走向世界具有先天优势，北京语言大学出版社、北京大学出版社、高等教育出版社、人民教育出版社、华语出版社和外语教学与研究出版社等都推出了优质国际汉语教材，行销全球各个国家。其中北京语言大学出版社以出版少儿国际汉语教材和分级读物在 2001 年至 2018 年底，累计输出版权超过 1000 多个品种，《汉语乐园》被翻译成 43 个语种在全球发售，销售量超过 200 多万册；《轻松学中文》系列被翻译成超过 10 个语种，累计销售量超过 150 万册。这些儿童汉语学习类产品通过全球 300 多销售网点，覆盖将近 200 个国家和地区，有些品种进入一些国家的中小学教材目录，成为国民教育体系选用教材，进入了主流销售渠道。高等教育出版社与美国佐治亚州教育局、美国肯尼索州立大学及其孔子学院深度合作，联合打造"Cool Panda"国际教育品牌，研发适合北美少儿汉语学习者使用的优质汉语教学资源。该项目 2013

年获得国家新闻出版广电总局"经典中国国际出版工程"立项，并于 2015 年 7 月成功列入美国佐治亚州政府教材推荐目录，标志着"Cool Panda 少儿汉语教学资源"正式进入美国基础教育体系，成为我国优质教学资源进入国外主流教育体系的又一成功案例。

一些少儿出版社更是长期经营，把童书出版"走出去"作为长期发展战略，绘本、少儿文学、动漫、科普等各种童书全面开花，形成了"走出去"童书产品线，出版企业朝着国际化童书出版社的方向逐步迈进。例如，中国少年儿童新闻出版总社近年来在推动中国童书"走出去"方面做出了卓有成就的努力，以"伟大也要有人懂"系列为代表的主题出版、以"植物大战僵尸"系列和《中国卡通》系列为代表的卡通漫画、"中少阳光图书馆"和"九神鹿绘本馆"为代表的图画书等更是成绩斐然。其中，主题出版的《习近平讲故事》（少年版）目前已输出阿拉伯语、意大利语、僧伽罗语等十多个语种。"伟大也要有人懂"系列已出版英语版、意大利语版、荷兰语版、尼泊尔语版等，既包含了欧美等主流国家，也覆盖了"一带一路"沿线国家。"中少阳光图书馆"系列立足当代中国价值观，融合国际视野，"九神鹿绘本馆"系列主打弘扬中华文化，两个系列先后出版了 200 余种图画书，90%以上的图书已实现版权输出，目前共已输出英语、德语、韩语、阿拉伯语、波斯语、越南语、瑞典语、丹麦语、西班牙语等 21 个语种，授权区域覆盖加拿大、美国、英国、新西兰、澳大利亚、德国、韩国、马来西亚、新加坡等 30 多个国家和地区。

2. 频获国际童书大奖，亮相博洛尼亚童书展

参与国际性奖项评比是中国原创儿童绘本走向国际舞台的重要途径。"丰子恺儿童图画书奖"首奖作品《团圆》售出全球英文版权后，获得 2011 年美国《纽约时报》年度最佳童书，成为第一本荣获该奖项的华文原创绘本。著名儿童文学作家

曹文轩和巴西知名插画家罗杰·米罗合作出品的《羽毛》，荣获了 2014 年国际安徒生插画奖，并获评"2014 年中国最美的书"。2016 年 4 月，中国作家曹文轩获"国际安徒生奖"，成为中国首位获此殊荣的作家，这是国际组织推进中国优秀儿童文学国际化和中国童书"走出去"的一个标志性成果。曹文轩的代表作《草房子》《青铜葵花》《羽毛》等作品版权已输出到 50 多个国家，其中江苏凤凰少年儿童出版社推出的《青铜葵花》(美国版)，连登美国《纽约时报》《华尔街日报》《出版者周刊》三大图书榜 2017 年度榜单，并荣获"2017 年美国弗里德曼图书奖文学金奖"。

博洛尼亚插画展被誉为"插画界的奥斯卡"，为全球的插画家们提供了一个规格高、影响力大的舞台；博洛尼亚童书展的插画展规模大、水平高、富有权威性和创新性，是童书市场的引领型画展，享誉全球。插画展是博洛尼亚童书展的重要组成部分，是博洛尼亚书展上的独特风景，不可否认，博洛尼亚插画展上很多作品具有先锋性，引领着全球少儿插画的潮流。

2016 年，中国插画家朱成梁凭借《老糖夫妇去旅行》一书的插画作品荣获博洛尼亚插画奖，青年画家于虹呈以传统文化绘本《盘中餐》入选博洛尼亚儿童插画展。2017 年，海燕出版社的原创绘本《安的种子》中英文双语版获"美国弗里德曼图书奖儿童文学银奖"，中国中福会出版社的原创绘本《小兔的问题》英文版获得国际儿童读物联盟美国分会的"国际杰出童书奖"，插画师丰风创作的《珠穆朗玛峰》获得 2019 年最佳童书奖的新人奖。

2013 年，博洛尼亚童书展主办方与意大利出版人协会合作推出"博洛尼亚最佳少儿出版社奖"。截至 2020 年，这个奖项已经成功颁发了八届，最佳少儿出版社的评选分为欧洲、非洲、大洋洲、中南美洲、亚洲、北美洲六个区域，奖项共有六个名额，由参展的童书出版同行们互评的。2015 年，二十一世纪出版社斩获"亚洲年度最佳出版社"称号；2020 年，接力出版社荣获这一奖项。

3. 组团参加博洛尼亚书展，成为 2018 年主宾国

意大利博洛尼亚国际童书展是全球规模最大的儿童书展。从 20 世纪 90 年代初至今，中国连续近 30 年参加博洛尼亚童书展，为推动我国少儿出版产业的国际化发展进程做出了巨大贡献。

2014 年，受国家新闻出版广电总局委托，中国出版协会少儿读物工作委员会统一组团，率 23 家专业少儿出版社赴意大利博洛尼亚参展，中国少儿出版业首次以国家队的名义整体亮相。2015 年，中国展团以 320 平米超大展位亮相博洛尼亚会展中心 26 号馆，展台布置特色鲜明，整体气势上胜过以往各届。

主宾国是指在书展上确定由某一个国家，尤其是该国的文化为主题进行宣传，那么，该国就是书展的主宾国。伦敦书展、美国书展、法兰克福书展、北京书展等全球著名大型图书出版展会，每年都有主宾国活动，博洛尼亚童书展也不例外。博洛尼亚童书展自 1994 年起推出主宾国活动，主宾国的开幕仪式通常设在童书展的第一天上午，一般会有本国的高级文化官员出席活动并讲话，此举无形中提升了书展的格调。①

2018 年，应意大利博洛尼亚展览公司邀请，中国成为第 55 届博洛尼亚国际童书展的主宾国。2018 年 3 月第 55 届意大利博洛尼亚国际童书展，中国首次以主宾国身份参展，中国少儿出版首次在国际舞台上唱主角。在 2018 年的 3 月 26 日，中国少年儿童新闻出版总社社长李学谦以"中国童书市场发展最新趋势"为主题，发表演讲，让全世界看到了中国童书市场的巨大潜力。博洛尼亚国际童书展不仅是童书的版权交易盛会，更是视觉的文化盛宴，"博洛尼亚插画奖"代表了当今世界儿童插画的最高水平。在中国主宾国原创插画展中，蔡皋、熊亮、朱成梁等 30 名画家的 150 件作品入选，从整体上反映中国插画的创作水平。博洛尼亚童书展上

① Tan Teri. Bologna 2018: Guest of Honor China Opens the Fair [J]. Publishers Weekly, 2018: 25.

的主宾国活动，无疑给世界各国提供了展示自己文化和少儿出版行业发展水平的机会，不仅提升了主宾国的童书出版业的世界影响力，也帮助展会方同世界各国奠定了良好的合作关系，助力推动展会平稳发展和获得更多国家认可。展会举办方为了扩大影响，让更多居民了解童书展和关注主宾国国家，通常帮助主宾国在博洛尼亚市中心举办宣传本土文化的活动，进一步利用书展平台让更多的民众熟悉、喜爱其国家的少儿图书、作者和文化。在第 55 届博洛尼亚书展期间，中国作为主宾国以"Dream"为主题参展，举办了多项国际交流活动，向世界展示了中国少儿出版业多年来的发展和成绩。博洛尼亚书展是全球童书出版的盛会，如同明珠，熠熠生辉，为推动全球童书出版界的文化交流与产业发展做出了不可磨灭的贡献。

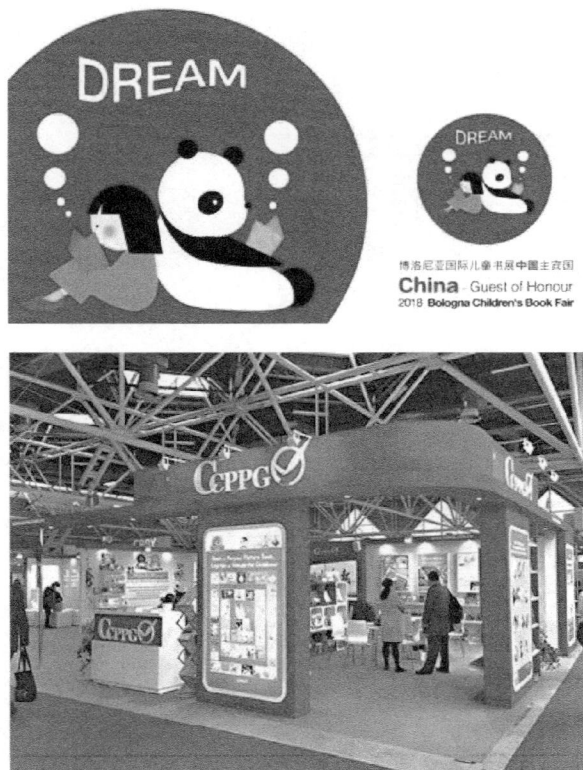

图 3-5　博洛尼亚国际童书展中国主宾国书展标志及展场

4. 建立国际推广渠道，开展国际市场营销

国际图书博览会和书展会聚集来自全世界各地的作家、插画家、出版社编辑、海外销售专员、版权代理等业内人士及观众，童书出版的人才济济。展会场童书出版专业信息量大，传播性强。我国童书出版工作者珍惜每一次参加博洛尼亚书展的机遇。二十一世纪出版社充分借助这一途径，在北京国际图书博览会等多个平台举办版权推介与签约活动，《小飞仙美德图画书》繁体字版权和《巴颜喀拉山的孩子》英文版、马其顿文版、阿拉伯文版等都经由版权推介走出了国门。除了书展，二十一世纪出版社还借助版权代理商意大利地中海香柏公司推动《烟》《恐龙快递》《夏天》等图画书成功实现版权输出。

更值得一提的是，中国一些童书出版机构积极行动起来，利用外媒宣传童书信息。江苏少年儿童出版社与国际主流媒体建立了双向沟通的平台。"童心战'疫'·大眼睛暖心绘本"系列图书中《爱数数的口罩》在美国《出版人周刊》进行了重点宣传；阿拉伯语版本在黎巴嫩《新闻报》进行了报道；尼泊尔当代出版社旗下的《当代周报》，在疫情恢复后的首版中重点宣传了这个系列绘本的尼泊尔语版。出版社抓住时机，对该系列绘本的阿拉伯语、僧伽罗语、高棉语、尼泊尔语等多个语种版本利用当地媒体进行了全方位的宣传。这套书在各个国家主流媒体进行营销推广，形成了多语种同步宣传的强大营销矩阵和网络圈，在童书内容的国际推广和品牌营销方面，形成范式。

党的十八大以来，中国少儿出版完成了由"中国加工"到"中国制造"再到"中国原创"的转型升级。进入我国"十四五"发展阶段，《出版业"十四五"规划》第八部分以"推动出版业高水平走出去"为题，紧扣新阶段、新格局、新生态，从加强出版物原创产品内容建设、渠道建设、管理经营模式等多方面提出新思路和

新要求。① 这一《规划》对我国新时期少儿出版走出去具有重要的指导意义。世界经济文化的发展需要国与国之间的互容、互鉴、互通。我国政府所制定的中国出版"走出去"发展战略为迅速推动我国少儿出版的国际化进程创造了前所未有的发展机遇，同时也使我国原创少儿出版的国际突围面临着全新的挑战。对我国少儿出版"引进来"不同发展阶段和不同发展特点的总结回顾，有助于使我国少儿出版在未来的发展进程中能够以全球化视野和更加科学、理性的态度不断引进优质外版产品并研发创造高质量的原创产品；以更加熟练和创新的思维打通国内、国际两个市场，让"引进来"和"走出去"实现有机互动；以更加开放的文化意识传播中华优秀传统文化，促进各种文化相融相生，为全世界少年儿童构筑优质、绿色的文化教育环境。"引进来"是为了更好地"走出去"，"引进来"和"走出去"共同担当着推动跨文化交流的重要使命，"引进来"和"走出去"的协同发展必将推动中国少儿出版呈现新的发展高峰，全面走向国际化、现代化的成功发展之路！

小结

本章对我国童书出版跨文化传播历程进行了三个阶段的划分，也对于三个阶段童书出版"引进来"与"走出去"的特点进行了概括与总结。本书的研究重点是中国童书出版"走出去"，因此对于第三个阶段我国在童书出版"走出去"方面所取得的成就做了更详细的梳理和总结。习近平在把握国内国际两个大势的基础上，围绕"要不要继续开放？朝什么方向开放？怎样开放？"创造性地提出打造人类命运共同体、实现互利共赢、谋求共同发展的对外开放新思想。② 童书出版"引进来""走

---

① 戚德祥."十四五"时期中国出版走出去：融合创新　提质增效 [J]. 中国出版 . 2022（15）：10-15.
② 杨圣明，赵瑾 . 实施更加积极主动的开放战略 [N]. 人民日报，2015-01-05（007）.

出去"双轮驱动，促进我国童书出版业快速发展，迅速发展为我国出版市场年度增长最快的市场板块，成长为广受全球童书出版业瞩目的一匹黑马，迎来中国童书出版的"大时代"。可以预见，在未来的5—10年，中国童书出版业会继续蓬勃发展，有潜力拉动其他各种童媒形态同步发展，推动中国成为全球童媒强国。

第四章

中外童媒跨文化传播的互鉴共生（上）
——童书出版视角

一、对于互鉴共生的阐释

二、我国童书"引进来"的规模及发展特点

三、"引进来"对童书出版"走出去"带来的启发

四、"引进来"推动我国童书市场国际化发展进程

　　传播与文化的建构理论说明，传播是"一种通过分享、交换信息进行相互识别的互动过程"[①]。这种观点对于媒介跨文化传播的启发在于媒介内容和形式的策划及制作，要充分考虑到"他者"的审美及接受习惯，不同文化背景的媒介要相互借鉴、融合发展。在大众媒介中，童媒是比较不容易受到受众文化差异影响的一种媒介形态，因此中国童媒在"引进来"和"走出去"两个方面都呈现出勃勃生机，尤其是中国童书，在"十二五"和"十三五"期间及"十四五"开局之年，在"走出去"方面一枝独秀，交付了优异的答卷。童书的"引进来"和"走出去"，是一种互鉴共生关系，本章及下一章，对中外童书互鉴与共生的各种外在表现和内部逻辑进行深入探讨。

---

① 孙英春.跨文化传播学 [M].北京：北京大学出版社，2015：63.

一、对于互鉴共生的阐释

2014 年 3 月 27 日，中国国家主席习近平在联合国教科文组织总部发表演讲时强调，"文明因交流而多彩，文明因互鉴而丰富"，并在很多重要场合里多次倡导不同文明之间应该加强交流互鉴。"文明互鉴"成全球热词，这是"中国声音"在世界广泛传播、引起热烈反响的生动表现。

互鉴，即相互借鉴；文明互鉴，即世界上不同文明之间彼此交流，相互借鉴。历史的发展和社会的进步，都离不开人类文明的滋养和引领；人类大团结、共同面临各种挑战，更需要从差异化或者完全不同的文明中寻求智慧、汲取养料；建设人类命运共同体，共同推动人类文明的不断进步，离不开不同国家、不同种族、不同文化的交流互鉴。共生（mutualism），指两种不同的生物生活在一起，相依生存、对彼此都有利的生活方式。[①] 动物、植物、菌类以及三者中任意两者之间都存在"共生"。在共生关系中，生命体双方都会为对方提供帮助。人类其实也是共生生物。没有共生现象，地球上可能就不会存在生命。也许正是共生关系推动了人类的诞生和演进，有的科学家甚至认为整个地球就是个巨大的共生有机体。出版自诞生以来，一直承担着积累知识、传承文化、教化育人、社会交流等基本职能，可以说出版的历史就是人类文明史的一面镜子。而随着社会发展、交往的频繁和信息的爆炸，全球范围内不同文化之间的交流和互动也更加频繁，这就使出版具有了促进世界不同文化之间进行交流的新职能。而进入 21 世纪以来，5G、人工智能、云计

---

① 中国汉语大词典编辑委员会，汉语大词典编纂处.汉语大词典：第 2 卷 [M].上海：汉语大词典出版社.1986：1828.

算等技术的飞跃性进步大大加速了信息革命的速度，同时也推进了经济、政治、文化全球化的进程，使休戚与共的人类社会被称为"命运共同体"。

人类命运共同体共同享受人工智能、新能源的成果，同时也在面临注入极端气候、环境污染、全球性流行病等共同伤痛，不同民族、宗教、国家、地区之间"文明的冲突"也时有发生。因此，出版必须承担起"文明互鉴"的职责和使命，选择合适的传播策略，切实提高出版物的国际传播效能，从而为"人类命运共同体"建设做出中国出版人应有的独特贡献。①

童媒的"引进来"和"走出去"，二者是互相借鉴、互相促进、互相依存的关系，从狭义上说，"互鉴共生"是国际和国内两个媒介产业的相互作用和影响；从广义上讲，则是指对中外儿童受众的文化交流、人类精神文化产品共享方面的相互作用和影响。

2017年12月1日，习近平出席中国共产党与世界政党高层对话会开幕式并发表主旨讲话时提出："多元的世界，多元的文化，国际传播需要秉承对话、交流、互鉴的原则。""对话并非归于一统，定于一论，但对话必然增加认识的多样性、丰富性。"因此，童书出版需要发挥文化使者作用，通过这一广泛为儿童所喜爱的媒介，以开放包容的心态，实现文化之间的通畅对话，让中国儿童透过国内外优秀童书了解他们所处的真实世界，也让世界儿童通过优秀中国原创童书了解一个可亲、可爱、可敬的中国。本章继续从童书出版角度，探讨童书的跨文化传播的"互鉴共生"现象及作用结果，并为促进中外童媒保持现有"互鉴共生"成果和进一步和谐发展，提出合理化建议。

---

① 夏德元．中国出版全面提升国际传播效能的观念变革与路径选择 [J]．编辑学刊，2021（6）：6-12．

二、我国童书"引进来"的规模及发展特点

（一）实物进口数量及版权引进品种数量

世界经济全球化使国际交流与合作日趋常态化，少儿出版作为出版领域中最为活跃的因子，已经打破国家壁垒，成为世界上很多国家出版产业发展中最具成长性、最具活力的重要推动力量。中国出版业对国外优秀少儿产品"引进来"有两个重要途径，一个是图书进口，一个是版权贸易。在出版实践中，我国童书出版积极参与国际交流，童书（包括部分刊物）实物进出口数额年年攀升，版权贸易十分活跃。

根据中华人民共和国国家统计局数据统计结果（http://data.stats.gov.cn）以及国家新闻出版署发布的《2018年全国新闻出版业基本情况》可以看出，2010年以来我国少儿图书的进口数量和进口金额持续增长，尤其在2014年和2018年间进口金额增长速度极快（见表4-1）。2018年我国累计进口图书数量2995.39万册（份、盒、张），其中少儿读物进口就占981.84万册，约占全部出版物进口总量的32.78%。从国际版权贸易来看，近年来，我国平均每年引进童书版权4000种到6000种，是所有图书板块中引进量最大的板块。引进版少儿图书在当当、京东等网店及北京开卷信息技术公司的少儿图书排行榜中，一直占有重要席位，这说明很多引进来的童书产品深受中国儿童和家长的喜爱，销售量虽然不能说明一切，但是可以呈现受众的接受程度，也说明"引进来"的很多拥有世界品牌的童书，为推动中国儿童认识世界、了解多元文化、培养阅读兴趣和良好的阅读习惯做出了贡献。（见表4-2和表4-3）

表 4-1 国家统计局及国家新闻出版总署发布的 2010—2018 年少儿图书进口数量与金额数据

年份 数量 + 金额	2010	2011	2012	2013	2014	2015	2016	2017	2018
数量（万册、份）	39.47	78.66	76.14	106.88	172.45	487.48	510.40	690.59	981.84
金额（万美元）	375.30	629.25	440.31	476.91	689.53	1614.04	1671.76	2371.98	3089.47

表 4-2 开卷信息技术公司 2009 年童书排行榜

排名	书名	监控销量	排名	书名	监控销量
1	窗边的小豆豆（引进版）	134,547	16	神奇宝贝角色解密大图鉴（引进版）	44,562
2	哈利·波特与死亡圣器（引进版）	120,887	17	林中飘过白衣女人（引进版）	43,764
3	侦探小组在行动（引进版）	73,788	18	开甲壳虫车的女校长（引进版）	43,633
4	笑猫日记：蓝色兔耳朵草	69,058	19	来自亡者的信件（引进版）	41,268
5	笑猫日记：小猫出生在秘密山洞	69,005	20	滴血的龙（引进版）	41,052
6	会流泪的骷髅（引进版）	56,058	21	武士宝刀之谜（引进版）	39,551
7	女孩子必读的 100 个公主故事（引进版）	53,305	22	非常女生	38,503
8	曹文轩纯美小说系列：草房子	52,184	23	单翼天使不孤单	37,761
9	夏洛的网（引进版）	48,936	24	哈利·波特与混血王子（引进版）	37,696
10	被诅咒的海底城堡（引进版）	48,426	25	鬼屋惊魂（引进版）	37,492
11	名叫牛皮的插班生（引进版）	48,101	26	疯狂的黄金（引进版）	36,353
12	解开死亡密码（引进版）	47,359	27	超级市长（引进版）	36,324
13	女生日记（新版）	47,126	28	哈利·波特与密室（引进版）	35,991
14	一张被幽灵纠缠的旧照片（引进版）	45,617	29	曹文轩纯美小说：青铜葵花	35,320
15	哈利·波特与魔法石（引进版）	45,118	30	爱的教育（青少版）（引进版）	35,096

表 4-3　开卷信息技术公司 2018 年童书排行榜

排名	书名	出版社	作者
1	小王子（引进版）	天津人民出版社	［法］圣·埃克苏佩里
2	小树苗儿童世界阅读经典宝库：父与子全集（公版）	安徽少年儿童出版社	［德］埃·奥·卜劳恩
3	经典童话故事系列：格林童话（注音版）	南京出版社	［德］格林兄弟
4	经典童话故事系列：安徒生童话（注音版）	南京出版社	［丹］安徒生
5	经典童话故事系列：一千零一夜（注音版）	南京出版社	——
6	信谊世界精选图画书：逃家小兔（引进版）	明天出版社	［美］玛格丽特·怀兹·布朗，［美］克雷门·赫德
7	古典文学名著全本无障碍阅读：西游记	中国文联出版社	吴承恩
8	父与子（公版）	安徽美术出版社	［德］埃·奥·卜劳恩
9	常青藤绘本馆：父与子全集（公版）	北方妇女儿童出版社	［德］埃·奥·卜劳恩
10	名家名译·世界经典文学名著：简·爱（公版）	北京日报出版社	［英］夏洛蒂·勃朗特

（二）我国童书"引进来"的发展特点

1. 从集中引进英美日韩版本，到面向全球开展广泛合作

根据开卷监测的数据显示：2016 年童书引进分布在 125 个国家和地区，其中前 7 个国家和地区的童书引进量在 100 种以上，码洋比重累计超过 75%。7 个国家主要包括美国、英国、日本、韩国等。①2019 年，开卷信息技术公司联合尼尔森图书研究在第七届上海童书展就中国以及全球图书市场情况进行数据解读和趋势分享。从引进版童书的统计数据看，在中国少儿图书市场，美国和英国不管是在码洋

---

① 张金婵. 少儿引进版图书本土化的制约因素及其消解措施研究 [D]. 北京：北京印刷学院，2017：15.

比重上还是品种比重上均占据了绝对的优势，比重加和超过了 50%；法国居于第三位。① 出版作为一种文化产业受经济发展水平的影响和制约，英美等国作为老牌资本主义国家的少儿出版业发展较早，少儿图书创作质量和出版规模均具有较强的国际竞争力，因而也是我国少儿图书的引进大国，如美国的"彼得兔"、英国的"DK"等产品长久以来占据畅销榜前列。

少儿图书引进也受到跨文化传播中文化理解因素的制约，与我国地域、文化相接近，同时经济发展水平较高的日本和韩国，其少儿出版物在中国也广受欢迎。国家版权局数据显示，2013—2017 年 5 年间，我国引进出版韩国图书总量近 4400 种，年平均引进出版物 870 余种，其中少儿图书在中韩图书版权贸易中最为活跃。② 例如韩国的幼儿双语启蒙读物"彩虹兔"系列和引领了 AR 图书引进与创作风潮的"香蕉火箭科学图画书"系列，都成为我国少儿市场的畅销和常销品牌产品。

当前，尽管我国和英、美、日、韩等国的童书贸易比较活跃，从这些国家引进版权的数量比较多，但是我国童书出版业也以包容的姿态译介和引进世界各国的优秀作品，使我国少儿出版市场的外版童书呈现出多元、丰富的发展态势。党和政府提出的"一带一路"倡议给包括出版企业在内的所有中国出版社都提供了走向世界市场的新机遇，同样也为"一带一路"国家童书版权进入中国市场打开了通路。2018 年，明天出版社重磅引进阿联酋两位知名作家贾麦勒·夏西和穆罕默德·哈米斯创作的畅销童书《小麻烦日记》，并在北京举办了作者分享会。③ 2019 年，接力出版社举办"中国—东盟少儿出版阅读论坛"，邀请新加坡、越南、泰国、斯里兰卡、马来西亚、印度尼西亚、尼泊尔、柬埔寨等国的 12 家出版机构围绕"当下少年儿

---

① 中国上海国际童书展新闻中心. 论坛回顾 | 全球童书出版市场数据及趋势 [EB/OL].（2019-12-03）[2021-12-11]. https://www.ccbookfair.com/cn/index/news-center/news/detail!Confernceview1.

② 徐来. 近年我国引进出版韩国图书态势 [N]. 中国新闻出版广电报，2018-10-22（005）.

③ 出版商务网. 明天社深入布局"一带一路"，重磅引进阿联酋畅销童书《小麻烦日记》[EB/OL].（2018-06-04）[2021-12-22]. http://www.cptoday.cn/news/detail/5492.

童的阅读需求和童书出版现状"主题进行多维度探讨，为我国与东盟国家开展童书出版合作提供契机，搭建平台。

图 4-1　引进版童书《小麻烦日记》系列

2. 从盲目引进、"水土不服"，到遴选精品、打造品牌

英美等国的少儿出版在编辑理念、设计制作、市场营销等方面都相对成熟，因而适当地引进来可以为我国原创少儿出版提供借鉴。但在 21 世纪的前 10 年，一些出版社为了缩短投资周期、降低出版成本和市场风险，选择直接引进，对国外的少儿图书不加分析地直接"拿来"。这种盲目引进和跟风引进，使得一些引进版童书良莠不齐，更有一些劣质图书鱼目混珠，流入我国少儿读物市场，不仅损害了少儿读者的利益，也使得少儿出版市场在恶性竞争之余，出现了严重的"水土不服"。这些现象引起了国内少儿出版界的高度重视，一些出版社开始潜心研究国内

少儿市场特点、需求与规律，并凭借多年累积的少儿图书引进经验，开展引进前的市场调研和选题论证，不断抬高少儿图书引进的门槛，一方面为我国少年儿童奉献精品读物，另一方面则致力于弥补国内市场选题空白，努力扩展和丰富儿童的精神视野。

南海出版公司的"巴学园系列"、接力出版社的"第一次发现系列"、安徽少年儿童出版社的"国际安徒生奖大奖书系"等系列童书都成为引进精品，少儿出版社开始致力于打造引进版少儿图书的品牌，形成品牌价值。此外，在对市场充分调研的基础上，一些出版社引进了不少内容和形式创新的少儿图书，例如童趣出版有限公司引进的《我的第一本专注力训练书》关注了儿童的学习品质，北京语言大学出版社引进《我的第一个图书馆》等以英语启蒙教育为目标的欧洲经典分级读物，而AR/VR 图书、异形图书、游戏互动书、包含配套操作材料和教学课程的图书也相继被引进国内市场。

图 4-2　引进版童书《第一次发现》丛书

图 4-3　引进版童书"彩虹兔"《我的第一个图书馆》系列

3. 从引进单本书、获奖书，到引进品牌和整套产品运作模式

在早期"引进来"阶段，大部分出版社缺乏品牌意识，仅仅引进单本图书或分散地引进一些获奖作品，由于市场认知度不高，也未能形成规模和品牌，导致不少优质图书引进并上市后迅速被市场淹没。在经历了市场探索以及引进版作品积累、产品运营模式的学习过程后，出版社开始广泛采纳品牌策略，《鳄鱼怕怕牙医怕怕》《猜猜我有多爱你》《爷爷一定有办法》《逃家小兔》等一些先前的引进作品被结集出版，形成"信谊世界经典绘本""启发精选绘本""爱心树绘本"等系列。与此同时，越来越多的出版者意识到，少儿出版的"引进来"不能单纯地依靠图书"引进"，而应重视图书创作、出版、营销一系列产品运作模式的"引进"。例如，童趣出版有限公司在成功引进迪士尼系列出版物的经验基础上，在版权购买、产品发行、衍生品制作等方面尝试本土化运作，成功推出了"米菲"系列的衍生读物。安徽少年儿童出版社则通过国际授权的方式，通过国际儿童读物联盟授权的方式，持续出版"国际安徒生奖大奖书系"，加强了丛书的权威性。同时为了提升系列产品的品质和

社会影响力，安徽少年儿童出版社还动员相关职能部门、行业专家等权威人士参与活动，邀请国际安徒生奖获奖作家在中国北京、上海、合肥举办公益性阅读推广活动，制定立体的营销计划，利用全球媒体为丛书造势。

我国于 1992 年加入《伯尔尼公约》和《世界版权公约》，尽管在加入两个公约组织之后，中国童书出版已经开始了迈向国际图书市场的步伐。从表 4-1、4-2、4-3 可以看出，无论是实物进口还是版权贸易，我国童书出版产业在"引进来"方面都具有主动出击、大胆运作的特点，在中国市场取得良好的商业效果，向国际出版市场敞开了童书出版大门，推动了我国童书出版的国际化进程。实际上在儿童动画片的引进方面，我国的儿童电影、电视同样表现良好，《猫和老鼠》《天线宝宝》《千与千寻》《哆啦 A 梦》《小猪佩奇》《冰雪奇缘》等数不胜数的具有全球品牌的优秀动画片伴随着一代代儿童成长。有些童媒产品互相转化，形成了童书 + 动漫 + 游戏 + 各种周边产品等形态各异，丰富多彩的媒介形式，也让中国儿童和世界儿童一起，度过了趣味横生、美不胜收的文化童年。

每年的博洛尼亚童书展和我国举办的上海国际童书展，都会举办各式各样的讲座、论坛、插画展、学术会议等等，这也成为童书交流的重要盛会，促进了不同国家、不同文化背景的出版人之间的相互学习、交流与磋商。

三、"引进来"对童书出版"走出去"带来的启发

少儿出版"引进来"是国际文化"交流互鉴"的重要组成部分，可以深入、系统、有效地促进国际少儿出版间"求同存异、取长补短"，对深化我国少儿出版产业发展、促进我国少儿出版的产业升级、提高少儿出版产业的国际竞争力具有重要作用。客观分析"引进来"的意义，可以帮助我国少儿出版看清现实与问题，勇于

探索与突破，面对纷繁多样的国际少儿出版内容与形式能够"走实走深、行稳致远"，走出一条文化自信、文化强国之路。在树立少儿出版对国家、民族、儿童发展的社会责任基础上，科学、有序的高质量"引进来"从多个方面促进了我国少儿出版产业的发展进程。

（一）引进国外获奖作品并推出国际水准的原创作品

少儿出版"引进来"让我国少儿出版产业迅速与国际水平的少儿出版佳作产生直接碰撞，国际安徒生奖、凯迪克奖、苏斯博士奖等大量国际大奖作品被引进我国。在对外交流、学习与对国外优秀少儿作品的深入分析与研究基础上，我国原创少儿产品的质量得到不断提高，对于少儿作品如何实现"儿童性"与"教育性"的有机融合，"娱乐性"与"科学性"的完美碰撞，"想象力"与"逻辑性"的双重渗透等问题有了更深入的认识。在此基础上，我国原创少儿出版质量得以迅速提升，产生了诸如《羽毛》《孤独麋鹿王》《团圆》《别让太阳掉下来》等大量具有国际创作水准的原创作品。

（二）促进逐步完善评价机制并冲击国际大奖

少儿出版的"引进来"带动了少儿出版产业的整体上升，市场容量扩大，出版总量也随之逐年提升。出版量的扩大带动了优秀出版物的评价需求，加之我国推动原创少儿出版发展的政策背景，原创少儿出版物以及国际合作出版的少儿读物日渐增多，原有少儿读物奖项以及评奖机制亟待调整和规范。在对国际安徒生奖、凯特·格林纳威奖、绘本日本奖等奖项的全面考察和分析借鉴基础上，设立于1981年的陈伯吹儿童文学奖对评委会组成结构进行了调整，组建了具有多元文化背景的评委会，使评选的作品真正符合时代特征，既具有中国精神，又兼具国际视野，能够推动中国少儿文学走向世界。此外，丰子恺儿童图画书奖、信谊图画书奖、中国原创图画书时代奖、张乐平绘本奖和青铜葵花图画书奖等既兼顾了国际创作又突出了本土特色的图画书大奖相继创立，标志着我国进入了相对规范、全面的少儿读物评价机制建设时期。一些在上述奖项中脱颖而出的作品也同时获得了国际性少儿出版奖项。

（三）培养了童书出版国际化、专业化人才队伍

推动出版产业发展壮大的关键在于人才队伍建设，全面提升国际传播效能，更离不开国际化人力资源的有效配置和能否建立起持续培育高质量国际化出版人才的保障机制。习近平总书记 2021 年 5 月 31 日在中央政治局第三十次集体学习时强调，"要全面提升国际传播效能"，就必须"建强适应新时代国际传播需要的专门人才队伍"。[①] 新时代的国际传播专门人才已经不仅成为社会政治要素、经济要素、文化要素的激活者、连接者和整合者，更成为社会架构和运行的组织者、设计者和推动者"。[②] 在媒介与社会同构的新时代背景下，立足童书出版平台，承担着推动我国少儿出版国际化发展，尤其是推动中华文化"走出去"重要使命的童书出版工作者，需要不断提升其综合素养和职业能力。从改革开放至今，我国少儿出版业广泛开展"引进来"的出版实践，为我国培育了一大批国际化、专业化的童书出版人才。实践证明，那些在原创少儿图书市场占有率较高的出版社都非常重视引进国际优质少儿出版资源。引进经验经过时间的积累，逐渐转化为内在的编辑力，提升了原创图书的策划和设计制作水平。[③] 当前少儿出版队伍的中坚力量绝大多数涉足过少儿产品的版权贸易工作，在中国出版产业高速发展的大时代背景下，先进的、国际化

---

① 习近平.习近平在中共中央政治局第三十次集体学习时强调 加强和改进国际传播工作 展示真实立体全面的中国 [N].人民日报，2021-6-2（001）.
② 周敏，郅慧，喻国明.共振、融通、调试：媒介化视阈下国际传播能力体系构建与创新 [J].对外传播，2021（8）：62-67.
③ 杨定安.引进版图书给我们带来了什么？[J].出版广角，2017（17）：12-14.

的少儿图书出版经营理念和方法，迅速转化为我国优秀少儿出版人才对少儿产品策划、组织、营销、数字化运营的能力，转化为对少儿企业的经营管理能力。中国少儿新闻出版总社、江苏少年儿童出版社、湖南少年儿童出版社、接力出版社、外语教学与研究出版社、北京语言大学出版社等在少儿出版市场获得较高市场占有率和品牌美誉度的出版单位往往都具有丰富的版权贸易经验，少儿出版的"引进来"有力地促进了我国童书出版产业国际化人才培养，为培育"走出去"编辑、营销和领军人才队伍做出了贡献。

（四）国际经验为打造原创全球化童书 IP 奠定基础

中国童书出版不但要"走出去"，更要实现"走进去"，打造童书全球化 IP 是"走进去"最好的产品通行证。少儿图书品牌一旦通过内容与读者进行价值互动，能够让读者在阅读、娱乐、服装、食品等多个产业内被广泛认可和喜爱，实现了"粉丝"在各个消费领域的转移和流动，这样就形成了优质的 IP。《哈利·波特》由图书衍生出电影、DVD、游戏、玩具、文具、服装、主题公园等，既是优质 IP 的跨界运营，也是全产业链运营。国外基于图书 IP 的全产业链运营模式对我国童书出版业产生巨大冲击，一些童书出版社和童媒产品生产商在模仿中尝试超越，积极孵化童书 IP 并在跨界运营方面积极探索，大胆实践，取得了不错的市场效果。例如中国大百科全书出版社出版的童话故事书《故宫里的大怪兽》，自 2015 年首次出版以来已经销售 800 多万册，是国内现象级原创儿童文学作品。这个"大怪兽"迅速成长为童媒 IP，形成"故宫里的大怪兽"主题展、同名音频故事、音乐舞台剧、动画剧集等 IP 产品，吸引了一大批怪兽迷，"大怪兽"IP 大厦平地而起，成为我国原创儿童 IP 领域一颗闪亮的新星。

非常值得一提的是，国际大公司打造畅销书的整体运作经验，为中国打造本土畅销书提供了非常丰富而宝贵的经验。在"哈利·波特系列""鸡皮疙瘩系列""冒险小虎队系列"等引进版童书销售经验的引导下，2004 年影视同期书《52 集大型动画系列丛书——哪吒传奇》以及杨红樱的"杨红樱校园小说系列"和"淘气包马小跳系列"打破了引进版图书霸榜的局面，此后一直到 2009 年少儿类畅销榜上都处于本土原创作品与引进版作品激烈竞争的局面。2010 年之后更多的本土原创作品登上少儿类畅销榜 TOP30，曹文轩、伍美珍、沈石溪等作者登上少儿类畅销榜，2011 年浙江少年儿童出版社推出"墨多多谜境冒险系列"几乎将引进版图书"赶出"少儿类畅销榜 TOP30。[①] 出版机构打造畅销书的运作方式更加成熟，具有国际化传播能力的编辑出版人才队伍逐渐成长起来，我国童书市场日渐发展与成熟。而中国本土少儿畅销书的产生的催化剂，或者说助推剂，就是引进大量国际少儿畅销品牌产品。因为按照出版规律，只有赢得本土少儿图书市场充分认可的优秀童书作品，才更具有走向国际少儿出版舞台的潜质和机遇。

（五）学习国外书展先进经验，举办自己的国际童书展

改革开放以来，中国政府和各个出版企业，积极组团参加世界各大书展，在法兰克福书展、伦敦书展、纽约书展、博洛尼亚书展、东京书展、巴塞罗那书展、塞尔维亚书展……到处都有中国出版工作者的身影。其中，法兰克福书展和博洛尼亚书展，对于我国举办国际化童书展产生重大影响。

近几年，我国在 BIBF 国际图书博览会设立童书展专区，形成了展中展，即在中国的国际图书博览会中专门设立国际童书展，取得了良好的展会效果，推动了中国童书出版的国际交流和国际合作。2013 年，我国创办上海国际童书展（CCBF），大量汲取博洛尼亚童书展的先进的、专业化的国际办展理念，使我国的国际童书展在起步晚、经验少的情况下，仍然具有丰富的国际化书展要素，并在一年一度的办

---

① 邹璨 . 我国近二十年少儿畅销书研究 [D]. 武汉：武汉大学 . 2019：10.

展中稳步走向成熟。2018 年，CCBF 与意大利博洛尼亚国际童书展（BCBF）展览集团开展合作，在办展理念方面高度对标全球国际童书展最高水平。

各国举办的国际儿童书展，集聚本国童书出版产业中产品、渠道、企业、消费者、品牌、人才、国际合作伙伴等诸多要素，不仅是该国童书出版产业的缩影，还能反映其出版产业的整体发展状况；同样，也映射了书展举办地所在的国家或城市的综合实力、文化竞争力、当地民众的综合素质和文化水平。我国的国际童书展会不仅实现了展销和版权贸易的功能，更大力推动中国童书的对外推广和文化传播，使世界能够通过童书展这样轻松而美好的文化窗口，更加了解中国、理解中国、关注中国。可以说，BIBF 中的展中展——北京国际儿童书展和上海国际童书展，都充分展示了中国国际化大都市的综合风貌，体现了北京和上海的都市文化，尤其集中呈现了北京和上海丰富的儿童阅读资源和对儿童阅读教育的高度重视，综合展示了国家的文化软实力。

（六）形成"引进来"与"走出去"双向互动

进入 21 世纪，我国少儿出版的国际化步履加快，原创少儿读物数量与质量不断提高。根据国家新闻出版总署发布的产业数据，2018 年我国大陆地区有 67 种原创少儿图书年度印数达到或超过 50 万册，增长 39.6%，占年度印数 50 万册及以上少儿图书品种的 73.6%。而且有越来越多的少儿图书走向国际舞台，摆脱"引进来"数量远远多于"走出去"的出版逆差现象，逐渐形成"引进来"和"走出去"的双向互动。

2016 年曹文轩获得国际安徒生奖，2017 年《安的种子》获得美国"弗里德曼图书奖儿童文学银奖"，2018 年《小兔的问题》被美国图书馆协会授予"国际杰出童书奖"，2019 年刘先平的《孤独麋鹿王》获得俄罗斯"比安基国际文学奖"小说荣誉奖……越来越多的原创少儿图书不仅实现了"走出去"，而且已经开始"走进"世界儿童的心中，获得国际出版领域和少年儿童读者的高度认可，中国的少儿出版正在逐渐走向国际少儿出版的中心舞台。上述事实说明，由于完成了从"中国加工"到"中国制造"的转变，我国少儿出版的对外开放，也由以引进借鉴为主，进入到"引进来"和"走出去"双向互动的崭新发展阶段。

四、"引进来"推动我国童书市场国际化发展进程

大型出版博览会或者书展，包含能够体现产业发展现状及趋势的诸多要素，是产业发展的缩影。因此在某种程度上，对具有代表性的国际书展进行现场观察能够为开展相关研究搜集到丰富、新鲜的一手资料，也能够为形成系统而全面的研究报告打下基础。上海国际童书展充分学习博洛尼亚童书展的先进经验，成功把书展打造成为一个将行业中各个产业链紧密连接在一起的大舞台，是观察和研究中国童书出版产业国际化发展进程的最佳场域。但是 2020 年由于受到新冠疫情的影响，许多国际出版商无法参展，2021 年的展会更是被一再后延。基于对 2019 年举办的中国上海国际童书展的现场观察和产业研究，可以透视出我国童书市场国际化发展的历程。

（一）从产业热点看中国童书出版国际化程度

1. 现场观察：对中国童书出版产业分析与研究的新尝试

创办于 2013 年的中国上海国际童书展（CCBF），是在国家新闻出版署的指导下，由上海市新闻出版局、中国教育出版传媒集团有限公司、环球新闻出版发展有限公司共同主办的国际童书展。CCBF 围绕"与世界和未来在一起"的主题，为亚

太地区童书出版文化全产业链国际会展及全球童书版权贸易提供了一个巨大的交流与合作平台。自 2018 年起，CCBF 通过与意大利博洛尼亚国际童书展（BCBF）的全面合作，开启了令人瞩目的全新篇章。[①] 这也标志着 CCBF 的世界影响力以及中国童书出版产业的国际化发展进程又向前迈进了一大步。CCBF 每年举办一次，是实时反映国际童书，尤其是中国童书出版产业发展现状以及国际化程度的一个窗口。

图 4-4　上海国际童书展 LOGO

在科学研究领域，观察法是指研究者有目的、有计划地在自然条件下，通过眼睛、耳朵等感官或借助于一定的辅助工具去直接观察被研究对象，从而获得资料的一种方法。科学的观察具有目的性和计划性、系统性和可重复性。在新闻传播领域，鼓励记者们进行现场观察，"现场观察则是通过新闻记者的感觉器官使主观认识与客观实际逐渐达成统一的过程"，现场观察内容"是真实性、及时性的报道，没有任何环节的中转，是采取直接性的第一手资料"[②]。现场观察往往能够获得鲜活、生动、准确、全面的最新资料，因此这种方法在新闻行业内被广泛运用。

---

① 中国上海国际童书展新闻中心. CCBF2020[EB/OL].[2020-02-18]. http://ccbookfair.com/cn/index/ccbf/ CCBFgeneral.

② 闫思源 . 基于现场观察在新闻采访中的探讨 [J]. 新闻传播，2015（2）：73-75.

借鉴上述科学研究和新闻采访工作领域的理念和方法，结合笔者所参加的CCBF2019的展会特点，应用现场观察法进行研究，其特殊意义在于：其一，客观呈现。全部信息和数据来源于展会，对展会现场考察、搜集到的各种现象和信息资源进行描述，尽量减少研究者（描述者）主观意识和判断的干扰，因此能够最大限度地客观呈现出展场现象。其二，系统梳理。进行有目的、有计划的现场观察，能够系统有序地描述和分析展场各个要素，并透过纷杂的表象为展会各个要素建立起内在关联。其三，全面构建。综合型国际童书展产业元素丰富，贯通中外两个大市场，不但能够全面展示国内产业热点，反映国内、国际产业现状，更能够帮助研究者洞悉中国童书出版产业在国际童书出版市场的地位与影响。

2. 观感与体验：对中国童书出版产业热点的直接描述

CCBF2019 有 418 家海内外参展商共襄盛会，参展中外最新童书超过 6 万种，其中外版童书约 2 万种，占品种总数的 30%；各类阅读推广和专业交流活动 345 场。[①] 据统计，展会三天的参观总人次达到 40,978，他们来自全球 50 个国家和地区，其中专业观众人次达 16,145，再次刷新展会记录。[②] 以亲历者和现场观察者身份置身书展场域，笔者认为 CCBF2019 呈现出中国童书出版的六大热点：

（1）中国原创及品牌作家童书出版热

许多参展的中国出版机构都非常注重推出"讲述中国故事""讲述中国孩子的故事""讲述中外儿童共同喜爱的故事"的原创产品，体现在原创产品数量多、成体系，注重对于作者及产品品牌的打造，注重推出新人新作，摆放位置突出和精心策

---

① 中国上海国际童书展新闻中心.对标国际一流，打造全球品牌，2019 中国上海国际童书展圆满闭幕 [EB/OL]. (2019-11-17) [2020-02-18]. http://www.ccbookfair.com/cn/index/news-center/news/detail!CCBFclose.

② 中国上海国际童书展新闻中心.展后报告 [EB/OL].[2020-02-18]. http://ccbookfair.com/cn/index/ccbfaftershowreport.

划展场活动等几个方面。比如，湖南少年儿童出版社为荣获多项国际大奖的萧翱子出版《童心童谣绘本》系列作品。江苏凤凰少年儿童出版社通过醒目的展板以"碧桃满枝，辉光日新"为主题，隆重展出作家韩青辰、刘海栖、曹文芳及黄蓓佳等作家的原创文学作品。二十一世纪出版社重点介绍原创作品《博物馆里的历史百科》，邀请朋朋哥哥给孩子们现场讲授一堂趣味历史课。原创产品有少儿文学、儿童绘本、科普百科、手工制作、立体书、分级读物……品种丰富，形式多样，在插画及整体设计方面体现了较高的艺术水准。"陈伯吹国际儿童文学奖"的颁布是本次CCBF的一部分内容，尽管是面向全球绘本作品的评选，但是更体现出对于中国本土原创作家的支持和鼓励。

（2）引进版和国外原版童书出版销售热

对于国际童书展来讲，中国出版机构一方面会展出经过市场检验并大获成功的代表性引进版产品，另一方面也会充分展示引进版新品；一些原版图书销售商通过大卖场形式打折推广销售优秀原版童书。中信出版集团（小中信）推介日本引进的《10岁开始的经济学》，长江少年儿童出版社（集团）有限公司重点推介德国老牌产品《德国少年儿童百科知识全书》，后浪出版咨询（北京）有限责任公司邀请全球美国当红儿童文学作家、漫画家和插画家戴夫·皮尔奇（Dav Pilkey）现场签售《神探狗狗》系列大IP漫画，人气爆棚。上海外文图书有限公司、深圳凯迪克文化传播有限公司等以销售外版图书为主的商家都以大折扣及现场直播、流量带货等方式开展线上线下原版童书营销活动。国外参展商带来丰富的新版童书作品及经典作品，引起大批中国童书出版工作者的关注，展场版贸洽谈十分活跃。可以说，优秀的外版童书版权引进热和原版童书销售热仍在持续，国外优质童书产品依然占据中国童书市场的半壁江山。

（3）非虚构尤其是科普百科童书出版热

文化百科类、国学读本、科普产品，尤其是STEAM产品也是展场展示的重点，是家长和孩子们热购的重点。比如，浙江少年儿童出版社推出的著名京剧演员王珮瑜及团队瑜音社的作品《京剧其实很好玩》《瑜老板三分钟京剧小灶》《天天有戏》（台历）非常引人注目，更为作者王珮瑜精心策划了图书分享会。上海科学技术出版社展示了《儿童创意折纸系列》，外语教学与研究出版社邀请英国儿童职业体验绘本作家莎伦·瑞特召开读者见面会并介绍新书《聪明豆绘本·职业体验系列》。有些出版社推出重量级科普百科及 STEAM 产品，广西师范大学出版社推出《信息图少儿奇趣百科系列》，少年儿童出版社推出了大型配备课程的书系《第一次遇见科学》；Cricket Media 作为美国知名的教育媒体公司，中文品牌为蟋蟀童书，在中国市场推出以 STEAM 教育为主要内容的九种原版期刊……一些出版社尤其会把科普百科类作为重点图书摆放，释放着市场的热点需求信号。

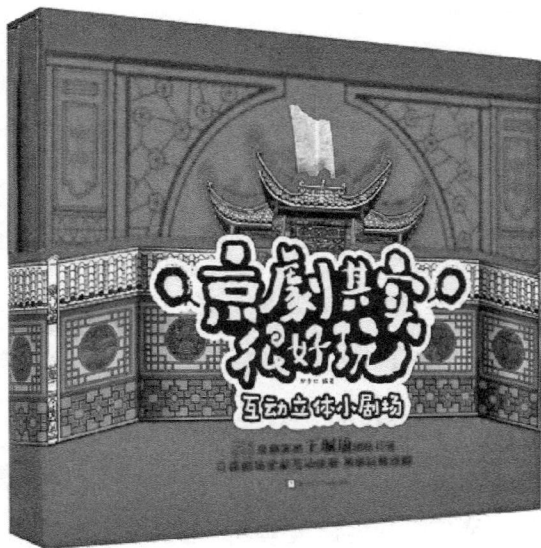

图 4-5 《京剧其实很好玩》立体剧场童书

（4）高质量插画及艺术欣赏等美育类童书出版热

CCBF2019 的一个重头戏是对于儿童插画艺术的展示与对插画师成长与生存的

支持，举办了"2019年金风车国际青年插画家大赛作品展"及评委与2018年获奖插画师的讨论会；设立插画师生存角，举办10场大师论坛、8场工作坊和40场一对一作品集指导。同时，在展场还举办"书中的魔法世界"立体书特展，展示10个历史阶段130本立体书，由意大利收藏家马西莫·米西罗利亲自策划展览。展会的快闪书店让读者能够购买到各类书展官方活动的艺术、建筑及获奖作品、周边产品。CCBF提供上海童书展开启全新项目"童书+"，旨在深入探讨一种趋势和一种主题。伴随展览，中外艺术家和出版人更通过专业论坛探讨"如何与孩子谈美？——探索艺术、建筑与设计类童书"。CCBF2019是一场关于童书美的盛宴，也是对儿童进行审美教育的探寻与体验盛会，精心安排的各种展览和专题讨论，意味着中国童书业在审美和对美的追求上，正在向世界最高水平看齐。

（5）童书阅读研究与阅读课程热

本届书展凸显了中国童书出版产业对于儿童阅读事业的深度探索和拓展，许多出版社都出版了阅读理论研究和指导类出版物，一些阅读推广机构研发了针对家庭及学校的全面阅读指导方案和阅读课程。新疆青少年出版社展出《书语者——如何激发孩子的阅读潜能》《绘本有什么了不起》《阅读的力量》等一系列阅读研究和阅读方法指导的大众学术书及课程指导类用书。蒲公英童书馆重点推介了《绘本创意表达课堂》《王林绘本读写教室》《有效阅读与创意写作》等作品。民营出版公司在对于课程的研发和推广方面走在前列，比如，WeKids打造童书严选直销平台，通过智能算法帮助家长选书、建立可视化阅读成长体系；深圳市赛先文化发展有限公司主打"Dr.S赛先生"品牌，引入地道美国STEAM幼儿、儿童系列科学入门课程、基础课程，实现线上小班教学；少年儿童出版社出版的《第一次遇见科学》丛书配套研发包含课件、测评、公开课、视频等的科学启蒙课程。中国儿童的阅读推广事业正在步入专业化、系统化的纵深发展进程中。

（6）全流程融合及深度融合出版热

本届 CCBF 上，尽管没有给 AI、AR/VR 等数字和新媒体技术公司设立单独展区，但是从出版物的角度看，许多童书都配有线上听书、线上课程、APP、点读音频和动漫影像等资源。一些新型教育科技公司基于线上教学及听书功能创新推出富媒体产品体系和产品形式。如一亩童书馆推出的"一亩宝盒"中文分级读物，提供了丰富的线上阅读和家庭及培训学校教学指导资源；章鱼国新语文研究院创作的《章鱼国小时代》系列，以读、听、看、学提供文本、音频、视频、课程。作为出版融合发展的产物，有声书是本届 CCBF 关注的热点话题，专业论坛中"有声书内容的市场究竟有多大？——全球有声书市场报告及中国市场解析"，国内外嘉宾全面解读分析有声书市场情况……融合出版贯穿并优化童书出版的整个流程，让儿童阅读资源立体化、阅读形式多元化、阅读推广纵深化。

CCBF 涵盖了中国和全球童书出版产业的多种要素，依据窗口效应，它不仅仅呈现展场热点，在某种程度上也体现了中国童书出版的产业热点及趋向，充分展示了中国童书出版的国际化发展进程，更能够反映出全球童书出版的部分产业特点与趋势；它贯通两个市场，融通不同童书出版话语体系，以办展的国际化、专业化和品质化，构建了全球童书出版文化全产业链发展的专业格局。

（二）促进我国童书出版产业构建国际品牌

1. 构建我国童书出版国际品牌具有重要意义

随着经济全球化，国际市场竞争越来越表现为品牌之间的竞争。国际营销学专家大卫·乔布尔把品牌国际化定义为"品牌在世界范围内的成功渗透"[①]。在全球出版产业中，产品、作者、出版机构、奖项、特展、活动等微观层面品牌，构建了展

---

① 威德祥. 国际化视域下出版企业品牌建设与管理 [J]. 出版发行研究，2019（9）：16-20.

会、市场等中观品牌；微观品牌＋中观品牌，共同构建起整个产业的宏观品牌。透过 CCBF 所呈现出的中国童书出版产业六大热点及其他展场要素，能够洞察中国童书出版在国际市场的"中国形象"，凸显出中国童书出版的国际地位和影响力，形成国际品牌。一年一度的 CCBF 童书出版盛会，为全方位打造中国童书出版产业的国际化品牌提供了最好的舞台。

2. 促进我国童书出版国际品牌的三维立体化构建

（1）从微观层面看，展会致力于打造作者、作品和出版者的国际化品牌

本届 CCBF 呈现原创产品热，这些原创产品是中国童书出版"走出去"的重要资源。中国童书出版机构举办了丰富多彩的现场活动、推广作品和作者品牌，在国际同行间开展了百余场版权贸易洽谈及其相关的交流活动，成果显著。据现场初步统计，共达成中外版权贸易协议约 1500 项。中国少儿新闻出版总社的"乐悠悠成长小绘本"在英、蒙语种输出后，又实现马来语、繁体中文的输出；少年儿童出版社的《男生贾里全传》西班牙文版等图书国际版权现场签约……韩文版、保加利亚文版和印尼文版……得到众多国际展商青睐并实现版权输出。[1] 中国在全球童书市场不仅拥有曹文轩、刘慈欣、熊亮等童书作家和插画家品牌，一批新人同样以高质量、高品位的"中国特色"作品在世界童书市场崭露头角。中国童书出版工作者越来越关注产品品牌建设，关注打造中国的世界级童书 IP，专业论坛"出版、影视与授权的融合发展——儿童内容与 IP 产业的互动和促进"，是展场中最受关注的论坛之一。

中国少年儿童新闻出版总社、江苏少年儿童出版社等专业少儿出版机构，是中国童书"走出去"的行业翘楚；二十一世纪出版社及小中信、蒲公英等品牌的出版

---

[1] 中国上海国际童书展新闻中心. 论坛回顾 | 全球童书出版市场数据及趋势 [EB/OL]. [2019-12-03][2021-12-11]. https://www.ccbookfair.com/cn/index/news-center/news/detail!Conferncereview1.

机构，是外版童书"引进来"的佼佼者。在世界多元文化交流方面，我国著名社会学家费孝通先生总结了十六字箴言"各美其美，美人之美，美美与共，天下大同"，"走出去"与"引进来"双轮驱动，为国内外优秀的童书作家、作品和童书出版机构的国际化品牌塑造提供了对等的发展机遇。

（2）从中观层面看，展会塑造了中国童书市场的国际化品牌

本届 CCBF 继续携手博洛尼亚展会集团，让中国的国际童书展在国际化和专业化方面与全球最大的童书展看齐。其一，在展会策划、设计、服务、宣传等多个层面不断对标国际标准提升专业化综合管理水平；其二，引入"金风车国际青年插画家大赛作品展""插画师生存角"项目，举办立体书特展和巡展等，补足中国童书插画、设计水平及儿童美育教育不足的短板；其三，邀请来自全球 32 个国家和地区的展商参展，邀请 57 位国外嘉宾在专业论坛发言或参加活动，实施"国际出版人上海访问计划（SHVIP）""国际作家节"并颁发"陈伯吹国际儿童文学奖"等增加国际化元素[①]；其四，展售大量国外原版和引进版童书，展示丰富的中国原创童书，展会"引进来"与"走出去"双向版贸互动异常活跃……小窗口，大世界，CCBF持续多年的品牌塑造，使其国际标识度和品牌认可度日益鲜明，成长为代表中国参与全球童书竞争的重要专业会展品牌。

本届 CCBF 的专业论坛邀请中外专家一起就全球童书市场进行数据解读和趋势分析，该论坛向全球童书出版工作者传递这样的信息：2019 年 1—9 月，中国少儿图书零售市场同比增长率为 17.20%，依然保持正向增长；《猜猜我有多爱你》《我爸爸》《我妈妈》等畅销外版童书长居开卷少儿图书榜单；对比全球童书市场数据，绝大多数英语国家当中，少儿图书占比超过 30%，中国童书市场仍有较大发展空

---

① 中国上海国际童书展官网 . 2019 上海童书展展后报告 [EB/OL]. [2022-02-18]. https://ccbookfair.com/cn/index/ccbf/Previous Review.

间……中国童书市场潜力巨大。CCBF2019 吸引了来自包括美国、英国、日本、阿联酋、黎巴嫩等 32 个国家和地区的国外出版商和儿童内容相关企业参展，同时向包括美国、法国、俄罗斯等 7 家海外媒体及中国媒体发稿 586 篇，向全球发布书展信息和数据，中国童书市场是一个向全球出版者开放的市场，也意味着全球优秀的童书出版商都可以参与到中国童书的市场角逐中来。

此外，本届书展没有设立关于童书出版产业新技术成果的特殊展示区，但是从展场所呈现的几个热点可以看出，中国童书出版在媒体融合方面稳步发展；互联网、人工智能、5G、知识付费等正在使中国童书出版产业借助内容优势积极拓展阅读产业规模。本届参展的"凯叔讲故事""宝贝听听""爱立方"等品牌的儿童教育和科技公司，需要有较为雄厚的产业外资本做支撑。外部资本的输入，既能够加剧童书出版产业市场竞争，同时也会带来产业创新和产业升级，促进童书出版产业融合发展、跨界发展和规模化发展。

中国童书市场巨大的潜力和中国政府开放包容的态度，与世界同步发展的融合发展水平及产业资本运作的活跃度，塑造了中国童书市场的国际化品牌。

（3）从宏观层面看，展会塑造了我国童书出版产业的国际化品牌

产业品牌国际化是一个国家的某一产业在国际上的品牌影响力、传播力及竞争力，是在国际上建立品牌资产的过程。对于文化产业而言，文化产业品牌的国际化不仅仅意味着市场占有率的提升，同时也是本国文化和价值观输出的重要方式。中国童书出版国际化的核心是打造具有世界影响的中国出版力量，不断提高中国出版产业在国际范围的知名度、美誉度和竞争力。美国、英国、法国、德国、日本等国家的童书出版产业具有国际品牌，得到了全球业内人士的高度认可，是全球童书出版的风向标，代表着全球童书出版的最高水平。中国童书出版产业中的重要元素产品、作者、出版机构、奖项等，正在努力从微观层面打造全球品牌；展会、市场等

从中观层面业已形成全球童书出版品牌。微观品牌、中观品牌在全球童书出版大市场中共同构建起代表"中国形象"的宏观品牌。

在经过 30 多年的申请之后，经国际版协会员大会投票表决，2015 年 10 月 15 日中国正式成为国际出版商协会的会员，这标志着快速发展、蒸蒸日上的中国出版业得到了国际出版界的认同。但是，在半年之后伦敦召开的第 31 届国际出版商大会上，由于中国出版人首次参加国际出版商大会，阿歇特总裁阿诺德·诺里在演讲中质疑国际出版商协会为什么接纳中国成为成员国。这从一个侧面折射出我国出版产业的发展虽然得到国际出版界的认同，但国际话语权仍然很弱，[①] 国际影响力还远远不够。我国童书能够通过宏观、微观、中观三个层次的品牌建设凸显中国出版的国际化程度、国际影响力和给国际市场带来的发展机遇及商业价值，则能够以国际童书市场为突破口，为强化整个中国出版产业的世界影响力、提升话语权和增强中华文化传播力做出贡献。

小结

本章在对"互鉴共生"概念进行诠释的基础上，基于童书出版视角，探讨了中外童媒跨文化传播中的互鉴共生，指出童书"引进来"带动了我国童书出版"走出去"的步伐。可以说，"引进来"不仅促进了我国童书内容创作和插画水准的提升，更促进了童书出版市场运营与评价机制的不断完善和发展，提升了本土童书出版人才的专业化、国际化水平。"引进来"推动我国童书市场国际化发展进程，当前中国的童书市场、童书出版产业具有国际品牌和影响力，中国正走在由童书出版大国成长为童书出版强国的康庄大路上。

---

① 张纪臣. 数字时代中国文化国际话语权研究——论我国出版产业国际传播能力建设 [J]. 中国出版，2020（2）：18-25.

第五章

中外童媒跨文化传播中的互鉴共生（下）——童书出版视角

一、"引进来"童书对我国儿童跨文化素养的培养

二、我国童书在"走出去"方面取得的成就

三、我国童书跨文化传播对国际童书市场的影响

"有容乃大"，中华民族对异文化的包容性和融合性，是我们民族文化不断丰富与完善、国家不断发展与强大的重要助推力量。"引进来"童书一方面推动我国童书出版产业的发展，另一方面也为中国儿童创造了跨文化、多元文化的阅读内容，培养其跨文化意识和培养跨文化交际能力。近十年，中国童书出版走出国门，在"走出去"方面取得了令人瞩目的成就。中国童书市场是全球最大的童书出版市场之一，中国童书出版的不断发展，为全球童书业的发展注入了新鲜血液。我国童书出版业正在走向世界童书出版舞台的中央！

一、"引进来"童书对我国儿童跨文化素养的培养

目前，我国的高等教育已经融入全球高等教育的宏观框架体系。这意味着无论在国内还是国外，中国学生都不可避免会在接受高等教育的过程中接触多元文化。他们会面临跨文化、异文化和多元文化的成长环境和生存环境。在对我国少年儿童进行中华传统文化教育的同时，必须重视儿童跨文化意识和交际能力的培养。引进版童书是儿童的重要精神食粮，是儿童与真实的社会生活进行互动的窗口，通过把优秀的外版童书大量"引进来"，把国外先进的童书阅读推广经验"引进来"，尤其是把培养儿童跨文化素养方面的先进经验"引进来"，能够帮助我国儿童不仅了解和熟悉属于儿童特有的生活，而且认知丰富多彩、精彩纷呈的多元世界，从小培养跨文化素养。

（一）"引进来"童书的跨文化特征

图书在本质上是一种精神文化产品，具有跨文化传播力的"引进来"童书往往包含丰富的跨文化元素。一些受到全球儿童广泛喜爱的童书承载并传递社会精神文化，反映社会对儿童发展的要求与期望。在中外童书交相辉映、共同发展的局面下，"引进来"童书在我国的阅读与推广过程也是一个跨文化传播过程。在"引进来"童书中，绘本越来越受到儿童和家长的欢迎，推荐绘本、购买绘本、分享绘本、绘本进入课堂、创作绘本……成为我国当代儿童阅读与学习的潮流。在"引进来"童书中，绘本占有很大比例。笔者以绘本作为研究分析对象，认为"引进来"童书所具有的跨文化特征如下：

1. 绘本故事内容：儿童熟悉跨文化生存环境的桥梁。

儿童最先能够理解和接受的是故事，童话故事、寓言故事、民间故事、神话故事等故事类型为儿童所喜爱。绘本讲述故事的语言生动、简洁，甚至包含很多"娃娃语"和"歌谣体"，能让儿童产生天然的亲近与熟悉感；绘本故事讲述的内容一般具有活泼、有趣、幽默、欢快、简单等特点，非常符合儿童阅读审美和情感需求。一些国外出版的绘本会讲述发生在全世界各个国家和地区的故事，能够呈现在多种文明形态及地理环境下人类过去和现在的生活习惯、生存状态等，从而帮助儿童熟悉跨文化生存环境，认识到世界的多样性和差异性。绘本故事帮助儿童熟悉不同文明、接受不同文明，培养跨文化视野。

2. 绘本图画符号：儿童理解跨文化信息的适宜载体。

媒介的图像化已经成为现代传播的基本特征。与文字和声音相比，图像可以突破语言文字、专业知识等障碍，不断冲击着以文字为中心的文化秩序，取代文字的权威性。[①] 但是绘本图画区别于一般的插图或绘画，它不仅是美术作品，更是一种表达思想、传递情感的视觉语言，一些无字儿童绘本甚至完全通过图画来表达和传递信息。因此对于识字量很小甚至不识字的儿童来说，绘本的图画表现形式与其身心接受特点完美契合，得以通过图画背景和细节将最能够代表一个族群或国家形象的文化特征呈现出来，在潜移默化中实现对儿童的文化传播。例如由接力出版社引进的日本作家岩村和朗"14 只老鼠"系列绘本，就能通过幽默诙谐的故事、亲切唯美的绘画，将 14 只老鼠趣味横生、丰富多彩的日常生活呈现在儿童读者眼前，同时在故事文字和画面中将日本文化与习俗习惯向儿童读者娓娓道来，让儿童不知不觉感受蕴含在日常生活之中的异国文化因素。

---

① 刘洪 . 论图像在跨文化传播中的天然优势 [J]. 学术论坛，2006，（05）：160-164+183.

3. 绘本文化内涵：影响儿童跨文化意识的潜在因素。

儿童绘本反映的是人与社会、人与自然的纯真情感，因此相比成人图书，它具有跨文化传播的天然优势。但童书同样也是人类精神文化的产物，必然要反映特定时代、特定群体的精神文化。例如西方绘本中常用猫头鹰来比喻"智慧"，而我国传统儿童故事中则更多地使用猴子形象来指代"聪明"；西方绘本中的龙往往具有邪恶的特征，而在我国文化中龙则是民族与神圣的象征。因此，绘本的文化传播相比成人图书更具有隐蔽性，也更易被忽视。跨文化传播理论认为，当我们"扫视形象时，我们得到一个印象，一种感情，但是我们不会停下来为微妙信息而挑剔地观看内容。我们在全然不知，或未能以一种理性的方式保护自己的情况下，就被这些信息所影响"[①]。对于引进版绘本的儿童阅读研究也确实发现，我国城市儿童由于频繁接触西方绘本，他们对于西方图画书中所表达的文化符号的解码和接受能力更强。[②] 儿童阅读绘本时，绘本故事所隐含的价值观念、生活习俗、行为方式潜移默化中对其形成影响，从而使儿童不知不觉地延续《不给糖果就捣蛋》的行为方式，或在不知不觉中期待着《圣诞老爸》将礼物塞进圣诞袜。这种包含物质、行为与精神多个层面的文化内容经由绘本阅读会影响一代人的生活方式与精神世界。

（二）促进我国注重培养儿童跨文化素养

面向儿童的阅读推广旨在促进儿童阅读能力发展，提高儿童阅读兴趣，包含了阅读与推广两个部分。童书阅读对儿童的影响远非阅读本身，儿童通过阅读获得各类信息，能够学习到各个学科的知识并促进其个体全面成长。国外儿童阅读推广项目重视项目本身对儿童阅读能力、文化素养、兴趣习惯，以及社会性发展等领域知

---

① 罗尔 . 媒介、传播、文化：一个全球性的途径 [M]. 董洪川，译 . 北京：商务印书馆，2012：42.

② 郑新蓉，张越 . 图像解码与儿童生活经验——中国西部乡村儿童绘本阅读的文化符号分析 [J]. 西北师大学报（社会科学版），2017（02）：101-105.

识学习的检测与评估，我国阅读推广项目关注的往往是推广活动的数量。[①] 加之我国民间阅读推广人往往没有接受过专门的培训并得到权威机构的认定，他们缺乏阅读推广的基础知识与专业能力，[②] 使阅读推广活动经常流于表面或者满足实现商业目标，忽视了对儿童文化观念的影响。因此，让童书受众能够真正高效率、高效能地得到媒介作用的另一个重要方面，就是注重媒介传播渠道的建设。"引进来"外版优秀童书的同时，还需要让国外优秀的、行之有效的童书阅读推广方法和模式在中国发扬光大。

1. 童书的阅读推广的内容选择要重视文化适宜性因素。

目前少儿图书市场对于优秀绘本需求量大，我国优秀原创童书数量还比较有限，这就决定了我国需要大量阅读国外原版或者引进版童书。一些童书故事对于引进国本土儿童来说是文化经典，但其内容并不完全适合中国儿童阅读，甚至在中国属于"水土不服"的读物，需要引起童书出版工作者的高度重视。当儿童阅读《冰糖葫芦，谁买》(中国原创童书) 时，能够更多地使阅读与自己的日常生活发生联系，理解阅读与生活的关联，建构起对绘本意义的深层理解；而阅读《纳豆妹妹我爱你》(日本引进版童书)时，则很难产生相同的效果。事实上，儿童的阅读理解是在"个人经验"和"阅读文本"之间寻找"关联性"，运用个人熟悉的语言和生活经验理解作品的意义和所指。[③] 国外负责童书版权贸易的人员会针对不同国家的文化及风俗习惯，为合作方推广适合本土文化的童书产品。国外学者也认为阅读推荐必须基于儿童的认知与经验基础，而绝非"趣味"或"句子长度"等维度的简单叠加和主观判断。童书携带的文化因素不仅会影响儿童的文化理解与认同，更会对儿童的阅读兴趣与阅读理解水平产生重要影响。因此我国在引进版童书的阅读推广中，不但

① 王素芳. 国际图书馆界儿童阅读推广活动评估研究综述 [J]. 图书情报知识，2014（03）：53-66.

② 范并思. 建设全面有效的阅读推广人制度 [N]. 中国文化报，2017-04-21（003）.

③ 钱伯斯. 打造儿童阅读环境 [M]. 许慧贞，译. 海口：南海出版公司，2007：91-92.

要牢牢把握促进儿童阅读能力发展，提高儿童阅读兴趣这一基本宗旨，更要充分借鉴在童书阅读推广方面所具有的丰富经验与成熟模式，要充分重视童书内容的文化适宜性因素，通过拉近绘本与儿童生活之间的距离，更好地实现绘本阅读推广的目标，这也是帮助引进版童书实现跨文化传播的必要条件。

2. 童书阅读推广要关注不同文化童书的图像叙事与传播影响。

儿童图书相对于成人图书来说，一般具有丰富的图画，更容易被处于不同文化符号系统中的儿童所接受并认同。当前，充分借鉴国外儿童阅读研究理论成果和阅读推荐经验，我国的绘本阅读推广对绘本图像叙事特征的关注与研究日益深入，对图画中隐含的文化信息也尝试进行有效分析。但是这种深入细致的儿童阅读研究还刚刚起步，难以敏锐地觉察到绘本图像叙事中隐含的跨文化传播要素，因而往往忽视了绘本阅读推广中除阅读能力外一项重要的阅读推广"副产品"，即对儿童文化教育所产生的重要价值，难以使绘本成为促进儿童多元文化认识与理解的重要手段。从英国 Usborne 少儿出版公司引进的"彩虹兔"系列《我的第一个图书馆》双语分级绘本，讲述了 37 个来自世界 20 多个国家和地区的民间故事、寓言故事、神话故事和童谣故事等，体现了丰富的跨文化元素。而且，由于图画同样是儿童阅读的语言符号，出版者还邀请英国、美国、阿根廷、日本、比利时等国家的画家共同参与创作，让绘画同样体现出跨文化元素。很多阅读推广人、儿童图书馆工作者、学校教师等，在阅读推广过程中不仅仅将这套绘本定位为给儿童讲绘本故事，或者帮助儿童学习英语，而且注重整套绘本作品的跨文化传播功能，这样就能够充分实现帮助儿童体验多元文化的阅读价值。

3. 童书的阅读推广重视中华文化与海外多元文化共同呈现。

开展阅读推广活动和设计推荐书单，是国外常用的绘本推广的重要内容和表现形式，这些推荐书单为提升各国儿童的阅读质量和阅读能力起到了积极的推动作用。与此同时，对于美国这种移民国家而言，因为整个社会多元文化共存，因此美国非常重视培养儿童群体的跨文化理解与接受能力，关照文化适宜性与多元文化理解之间的平衡。实际上，近几年我国的少儿出版一直鼓励和支持原创绘本作品出版并取得了骄人的成绩，《安的种子》《辫子》《别让太阳掉下来》等优秀作品在世界跨文化传播的舞台上大放异彩。2017年年初，中共中央办公厅、国务院办公厅联合印发了《关于实施中华优秀传统文化传承发展工程的意见》，将编写中华文化幼儿读物、创作系列绘本作为重点任务。这一政策的出台推动了优秀原创绘本的创作与出版，例如《龙月》既具有国际视角，又恰当地表现了中华文化；《小黑和小白》则于本土文化中孕育故事，让我国儿童感受到了温暖的情感和人性的光辉。这些绘本体现出对中华文化的热爱与重视，体现出对多元文化的尊重与互鉴。因此，在童书"引进来"的过程中，也让我国童书的阅读推广重视让儿童阅读中华文化与海外多元文化共同呈现的优秀作品。

4. 童书的阅读推广通过形式与效果的有机整合传播多元文化。

自2014年至今，"全民阅读"已经被八次写进政府工作报告，阅读推广活动开展得如火如荼。全国各级政府、企事业单位及民间机构组织的"读书月""阅读季""书香节"等丰富多彩的阅读推广活动，不仅成为学校教育的重要支持，而且走进了社区与家庭，丰富了儿童的精神生活。大量"引进来"优秀童书成为各种阅读活动和推荐书单的明星产品，外版童书因为具有来自作者和出版本土文化的丰富内容及图画符号，作为文化传播媒介能够潜移默化地对儿童读者产生跨文化教育影响，帮助儿童形成文化观念和道德认同，在成人指导下能够帮助儿童将绘本与生活、社会联系起来，从而实现帮助儿童提升跨文化素养的目标，为培养21世纪的国际公民做出贡献。

二、我国童书在"走出去"方面取得的成就

2002 年，党的十六大明确提出了"走出去"战略，我国新闻出版业开始全面推行"走出去"这一重要战略部署；2011 年 4 月，新闻出版总署发布《新闻出版业"十二五"时期走出去发展规划》；2012 年新闻出版总署《关于加快我国新闻出版业"走出去"的若干意见》，全面梳理了已有的"走出去"扶持政策，第一次从国家层面对新闻出版业"走出去"进行全方位布局。2017 年，新闻出版广电总局发布《新闻出版广播影视"十三五"发展规划》，提出要传播中国声音、提升中国形象、产品服务走出去的成效和作用更加凸显。

"十二五"以来，少儿出版进入中华人民共和国成立以来发展最快、规模最大的时期，少儿出版也成为我国出版业成长最好、活力最强的一个板块。中国的出版社在童书的版权引进过程中逐步认识到，童书的国际贸易不能过于倚重"引进来"，更要响应国家和政府号召，积极推动童书出版"走出去"。中国的童书出版需要通过学习、借鉴国外先进的童书出版理念、运作机制、营销手段和管理经验，改进、完善自身的出版工作，提高整体编辑出版水平，增强自身的综合实力和国际市场竞争力。"在借鉴中创新与发展"，成了中国少儿出版界的共识。

美国学者 H. 拉斯维尔于 1948 年在《传播在社会中的结构与功能》这篇论文中，首次提出了构成传播过程的五种基本要素，并按照一定结构顺序将它们排列，形成了后来人们称之"五 W 模式"或"拉斯维尔程式"的过程模式。这五个 W 分别是英语中五个疑问代词的第一个字母，即：Who（谁）、Says What（说了什么）、In Which Channal（通过什么渠道）、To Whom（向谁说）、With What Effect（有什么效果）。后来的学者们在此基础上形成共识，即传播过程通常被认为是由六个基本要素组成的，分别为：信息源、传播者、受传者、讯息、媒介和反馈。[①] 对应传播

---

① 董璐. 传播学核心理论与概念 [M]. 北京：北京大学出版社，2016：6

过程的六大要素，可以把信息源看作是具有原创能力的作者队伍，包括儿童文学作家和插画师团队；把传播者看作承担编辑、出版和推广任务的出版企业和人才队伍；把受传者看作传播渠道、市场和读者；把讯息看作产品内容，包括故事、文字和语言、插图、制作工艺等；媒介就是童书，作为一个整体存在；反馈是市场销售规模、市场评价、儿童读者及来自学校和家庭的评价。成功开展童书出版的跨文化传播，必须抓住传播过程的这六大要素，每一种要素都要落实、抓好，杜绝短板，才能推动我国童书跨文化传播实现可持续发展并呈现蒸蒸日上的发展态势。立足中国，放眼世界，积极参与国际合作、"引进来"、"走出去"，这是个庞大的系统工程，中国童书出版业通过改革开放至今 40 多年的努力，取得了丰硕成果。

（一）原创力量增强，形成优秀的作者队伍

童书跨文化传播过程中的第一个要素信息源，指的是信息的来源，发明或提供信息的人或部门。在童书出版领域，这个信息源可以看作童书的创作者。拥有优秀的原创作者队伍，才能产生优秀的原创童书作品。只有拥有丰富而优质的原创童书作品，中国童书出版才能拥有走向世界、参与国际童书出版竞争的源泉和力量。

随着国民经济的快速发展，人民群众精神文化方面的消费需求得到释放，在实施"全民阅读"国家战略及对早期教育高度重视等多方面因素的共同作用下，童书消费实现了飞跃式增长。不但曹文轩、杨红樱、沈石溪、杨鹏、刘海栖、梅子涵等作家的原创儿童文学作品广受中国儿童喜爱，儿童绘本出版也已经由 20 世纪 90 年代末通过各种阅读推广活动进行"需求培育"的初始发展阶段，顺利步入到社会大众绘本消费自主"需求释放"的良性发展阶段。时至今日，以学龄前儿童家庭为主体的绘本消费力量已成长为助推我国少儿出版产业发展的关键力量。中国少年儿童新闻出版总社、二十一世纪出版社、接力出版社等具有前瞻性的出版社不但引进大量外版优秀绘本，同时也致力于加大原创绘本的出版力度，让引进版和原创绘本在

少儿出版市场同台竞技。例如，二十一世纪出版社在引进外版系列图画书的基础上，创新采用"引进—借鉴—原创—走出去"的发展策略，不断推出《熊猫的故事》《哈哈哈》《恐龙快递》等中文原创图画书并在美国、法国、瑞典、日本等国家实现版权输出，成为我国原创图画书出版的排头兵。①接力出版社在成功引进优质绘本的同时，打造了"接力杯金波幼儿文学奖"，与彭懿、曹文轩等知名作家及青年新秀合作出版了大量优秀绘本作品。在各方面力量的共同支持和对创作者的精心培育下，保冬妮、熊亮、九儿等优秀绘本作家和画家不断崭露创作才华。

中国童书市场已经是世界规模最大的童书市场之一，随着我国大量引进优秀外版童书，中国儿童能够和世界儿童同步阅读最优秀的儿童文学作品及绘本、百科全书等，我国儿童受众需要符合儿童审美情趣的儿童读物，因此中国童书市场的销量情况可以作为衡量童书作家国际化水准的一个指标。近五年，童书市场一个重要趋势就是引进版童书和我国原创童书在销售排行榜中平分秋色，码洋市场占有率也旗鼓相当。随之而来的趋势是，我国原创童书作者创作水准正接近甚至超越国外著名儿童文学作家和插画家的创作水准。②

表 5-1　开卷信息 2018 年 1—9 月份不同渠道 TOP100 畅销书作者国别

作者国别分布	实体店数量	网店数量	中国作者
中国	77	66	主要包括：北猫、曹文轩、郑渊洁、乐多多、雷欧幻像、任溶溶、沈石溪、孙幼军、杨红樱、张乐平、黄蓓佳等。
法国	2	14	
英国	11	5	

① 杨定安.引进来是为了更好地走出去[N].国际出版周报.2017-4-17（010）.

② 北京开卷信息技术有限公司.数据解读：2018前三季度中国少儿图书零售场[EB/OL].（2018-08-19）[020-09-12].https://sohu.com/a/274305036_292883.

（续表）

作者国别分布	实体店数量	网店数量	中国作者
美国	3	5	
爱尔兰	2	1	
加拿大	1	1	
瑞典	1	1	主要包括：北猫、曹文轩、郑渊洁、乐多多、雷欧幻像、任溶溶、沈石溪、孙幼军、杨红樱、张乐平、黄蓓佳等。
日本	2	1	
德国	1	2	
丹麦	0	1	
古希腊	0	1	

（二）合作中学习，打造出版专业化人才队伍

童书跨文化传播过程中的要素传播者，指的是收集、传递散发信息的人员或组织单位；在童书出版领域，传播者应该是积极参与童书国际贸易的出版机构及出版人才。

在全民阅读的氛围之下，中国国民阅读总量呈现逐步增长的趋势，带动我国图书出版业蓬勃发展。少儿图书出版是我国图书出版业的重要组成部分。近年来，少儿类图书一直持续稳定增长，是全国图书零售市场增长的主要贡献力量。2016 年少儿市场同比增长率为 28.84%，2017 年少儿市场同比增长率为 21.18%，2018 年少儿市场的同比增长率为 13.74%。少儿市场在规模扩张和品种不断增长的过程中，依旧保持自身效率水平的稳定和稳步提升。2018 年，中国图书零售市场销售额总规模 894 亿元，其中少儿图书码洋占有率达到 25.19%。少儿图书在网店和实体书店码洋

占比分别为 27.15%、17.45%，少儿市场在网店同比增长率为 26.56%，在实体书店同比增长率则为 –11.32%。[①]童书市场是中国出版市场年均增长最快的市场，因此也成为竞争最激烈的市场板块之一。

从市场竞争上看，2018 年有 557 家出版社参与了童书零售市场的竞争，即全国范围内 580 多家出版社当中 95% 以上的出版社都参与了童书市场的竞争，未进入这个市场的出版社只剩下少数。2018 年少儿市场前十强累计占有率高达 30.94%，排名依次为二十一世纪出版社集团、浙江少年儿童出版社、安徽少年儿童出版社、长江少年儿童出版社、海豚出版社、明天出版社、四川少年儿童出版社、未来出版社、长江出版社、中国少年儿童新闻出版总社。[②]在中国童书市场竞争中名列前茅的出版社往往也是"引进来"与"走出去"做得最成功的出版企业。有一种现象值得深思，就是但凡在中国童书市场占有率排在前面的童书出版机构，基本上是童书版权贸易最活跃、最成功的少儿出版社。

人才是完成一项工程或者说事业的最根本保障，童书出版"走出去"不但需要能够长期坚持、充满激情和使命感的专业化作者团队，同样必须有与之配套的共同发展的专业化、国际化童书出版人才队伍。一些在童书国际贸易方面取得优秀业绩并不断创新出版模式，在童书"引进来"和"走出去"方面充当排头兵和先锋队的出版社，都拥有在童书出版方面具有战略眼光和领导能力的企业领导人才队伍；同样，通过几十年不断的培养和实践，这些出版社也培育了一大批专注于原创绘本策划、组织与编辑出版的杰出专业化绘本出版人才及中国原创儿童作品国际推广的专业化童书销售人才。童书出版企业和版权贸易人才，是在童书跨文化传播中的传播者，为推动我国童书出版的国际化做出了杰出贡献。

---

① 刘蓓蓓. 开卷 2018 年少儿图书市场数据显示——新书不新 增速放缓 投入产出比高 [EB/OL]. （2019-03-18）[2021-8-22]. https://www.chinaxwcb.com/info/551042.

② 同上。

表 5-2　2018 年少儿零售市场领先出版社 TOP10

零售排名	出版社
1	二十一世纪出版集团
2	浙江少年儿童出版社
3	安徽少儿出版社
4	长江少儿出版社
5	海豚出版社
6	明天出版社
7	四川少儿出版社
8	未来出版社
9	长江出版社
10	中国少年儿童新闻出版总社

（三）合作资源丰富，受到儿童受众喜爱

传播过程要素中的受传者，指从传播媒介接受信息的个人、群体或者组织，与传播者对应。中国童书"引进来"和"走出去"都需要拥有优秀的合作伙伴，这些合作伙伴是中国童书跨文化传播中最好的合作资源，是"引进来"外版优秀童书的提供者，也是"走出去"中国优秀童书在海外的推广者。他们往往是各个国家最著名、最专业的少儿图书出版公司、出版社、版权代理机构、教学机构、具有童书营销推广能力的线上线下销售渠道商、书展承办商，等等。童书出版具有很强的专业性，童书也具有不同类别，比如儿童文学、绘本、百科、卡通漫画、儿童汉语学习教材和工具书、游戏益智类产品等，这些产品适合不同的销售渠道，因此如果进行细化研究，对传播者，还要针对不同的海外童书市场进行不同的分类。在中国童书"走出去"过程中，对童书推广的最佳合作伙伴，也就是最好的传播者是合作商，必须走 B2B（Business-to-Business 的缩写）模式。由于海外的读者受众国家分散、

地域分散，因此我们在海外的合作和推广中，不能走 B2C（Business-to-Customer 的缩写）的模式。

改革开放以来，我国国门打开，在童书出版领域，世界最著名的童书教育出版集团、童书出版社或者有童书出版板块的出版机构，都逐步把中国童书市场作为重要的版权贸易和实物出口及教育培训市场，这些出版机构不但具有丰富的优质童书出版资源，更给中国带来先进的童书出版经验及海外营销渠道建设经验和较为成熟的运营模式。有些出版机构，还成为中国童书出版"走出去"的版权引进合作伙伴、经销合作伙伴。比如，企鹅兰登书屋、哈珀·柯林斯教育出版集团、西蒙 & 舒斯特出版集团、美国学乐出版集团、迪士尼出版全球公司、美国奔驰出版社、阿歇特儿童图书出版公司、培生国际教育出版集团及牛津大学出版社和剑桥大学出版社等。这些在全球闻名遐迩的国际出版机构是我国童书出版的合作伙伴，深受我国儿童喜爱的《苏斯博士》系列、《爱探险的朵拉》系列、《海绵宝宝》系列、《哈利·波特》系列、《鸡皮疙瘩》系列、《小屁孩日记》系列、《培生阅读街》系列、《牛津阅读树》系列和《剑桥少儿英语分级阅读·小说馆》系列等，都是来源于这些出版机构。美国奔驰出版社购买了中国少年儿童新闻出版总社的原创童书作品"伟大也要有人懂"系列的《少年读马克思》《一起来读毛泽东》。美国奔驰出版社是一家专注于教育内容研发和出版发行的公司，读者群覆盖美国、加拿大数十万学生。他们对于引进《一起来读毛泽东》这样的项目非常重视，引进后制定了具体的出版、营销、发行计划，并集中力量，做好英文版在美国和全球的推广工作，携带样本参加全美图书馆年会，并向公共图书馆做推介，还访问学校，面对面地向老师、学生推荐此书；并在亚马逊网站做专题推广，通过其他在线和社交媒体上的营销策略进行推广等。①

---

① 韩阳.少儿主题出版版权输出美国 [EB/OL].（2016-08-31）[2020-07-11]. https://www.chinaxwcb.com/info/103047.

此外，中国还与世界 100 多个国家的少儿出版公司合作，或者有少儿出版板块的、热心传播中华文化、热衷于中国童书出版开展版权贸易的中小型出版机构合作，完成了大量童书版权输出。比如：在抗击新型冠状病毒疫情期间，江苏凤凰少年儿童出版社策划了一套充满童真和人文关怀的"童心战'疫'·大眼睛暖心绘本"（六册）。江苏少年儿童出版社版国际部积极向全球推广这套具有特殊意义的生命教育绘本，目前签约了尼泊尔、黎巴嫩、越南、印度、美国等五国海外版权，尼泊尔当代出版公司总经理凯兰·高塔姆表示，非常高兴为防疫工作做一些力所能及的事情。长江少年儿童出版社的《百年百部中国儿童文学经典书系》和《曹文轩画本·草房子》分别与俄罗斯尚斯国际出版集团和南非开普亚洲文化艺术传播有限公司签约输出。其中俄罗斯尚斯国际出版集团作为俄罗斯三大主题出版社之一，自2010 年创办以来，一直致力于把中国优秀的图书介绍到俄罗斯、吉尔吉斯斯坦、哈萨克斯坦等东欧及中亚国家。其所引进的《百年百部中国儿童文学经典书系》中的部分作品，正在被翻译成俄语、哈萨克语、吉尔吉斯语等三种语言，输出至俄罗斯、乌克兰、塞尔维亚、保加利亚等九个国家。[①]

中国童书出版机构和专业化人才队伍，是海外童书出版机构的传播者；反过来，海外童书出版机构及人才队伍，也是我国童书跨文化传播的传播者，二者互鉴互生，形成了良性的、通畅的文化传播闭环。

（四）质量接轨世界最高水平，赢得竞争优势

传播过程要素中的信息，就是信息的内容，包括故事内容、文字表达、插画、产品设计和印刷工艺等等。出版是内容为王的产业，对于儿童受众而言，图画就是他们的语言，图画能够讲故事，能够和文字相得益彰共同讲述故事内容、说明问

[①] 出版商务网．长江少儿社《百年百部中国儿童文学经典书系》《曹文轩画本·草房子》版权输出多个国家 [EB/OL]．（2018-08-23）[2021-09-31]．http://www.cptoday.cn/news/detail/6142.

题，所以图画创作水准在童书出版中举足轻重。童书出版"走出去"以原创性为根基，遵循"民族精神，世界眼光，传统精髓，现代意识"的原则，在继承优秀传统文化的基础上努力创新，根据不同国家、不同文化、不同需求，创造性地介绍中华民族优秀文化，并针对国际市场开发高品质的儿童内容，激发各国对中国原创童书的兴趣，进而大力推动中国少儿出版走出去。绘本和少儿文学作品，具有较强的原创性，是童书走出去的重要产品资源。

1. 中国原创绘本引领新时代的童书出版"走出去"

绘本的图画直观形象，文字简洁明快，文化差异和语言隔阂较小，翻译难度和成本较低，这是绘本版权输出和海外市场拓展的有利条件。20 世纪 90 年代以来的很长一段时间，我国绘本出版表现为严重的不均衡现象，引进版绘本统领市场，原创作品相对较少且主题重复现象严重，市场占有率较低。为扭转这一局面，中共中央办公厅、国务院办公厅 2017 年出台了《关于实施中华优秀传统文化传承发展工程的意见》，将"编写中华文化幼儿读物，创作系列绘本"作为重点任务，[①] 同时积极推动中国少儿出版"走出去"。在国家政策鼓励以及相关机构对本土原创力量的多年支持与培育之下，近年来我国原创绘本展现出前所未有的生命力。例如，《四季的故事》《小青花》《跳格格的日子》等作品突出了中国剪纸、中国瓷器、中国水墨画等绘画风格；《长坂坡》《进城》《北冥有鱼》等绘本对传统人物和故事进行了重新构建；《一园青菜成了精》《月亮粑粑》等作品把传统童谣改编成绘本；《老虎外婆》《猪八戒吃西瓜》等作品对传统连环画进行了绘本改造；《这是谁的脚印》《牛粪们的愿望》等越来越多的作品开始反映我国社会、生态、人文风貌。这些作品根植于我国传统艺术表现形式和中国特有的风土人情，全面展现"中国风"，已经成为

---

① 中共中央办公厅，国务院办公厅 . 关于实施中华优秀传统文化传承发展工程的意见 [Z/OL].（2017-1-25）[2020-11-18]. http://www.gov.cn/zhengce/2017-01/25/content_5163472.htm.

当前我国原创绘本创作与发展的一个重要特色。中国原创儿童绘本非常适合向海外小读者讲述中国故事和传播中国传统文化。[①] 我国已经出版很多非常具有中华文化特色的原创绘本，比如《团圆》《荷花镇的早市》《安的种子》《熊亮·中国绘本》《我是花木兰》《盘中餐》《鄂温克的驼鹿》等。2015 年希望出版社出版的"中国风·儿童文学名作绘本书系"获得了第五届中华优秀出版物奖提名奖，入选"经典中国国际出版工程"，同时获得了冰心儿童文学奖、优秀输出版图书奖等多项荣誉，绘本版权输出到法国、英国、韩国、约旦等国家。

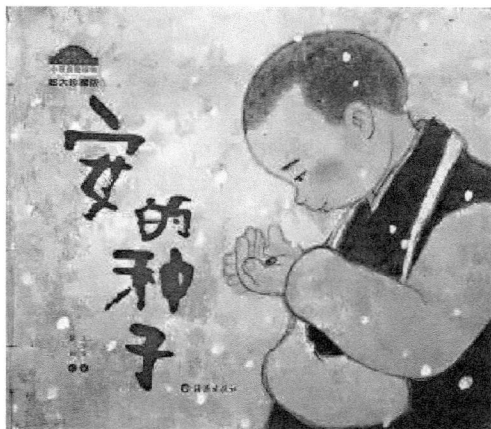

图 5-1　获奖绘本《安的种子》

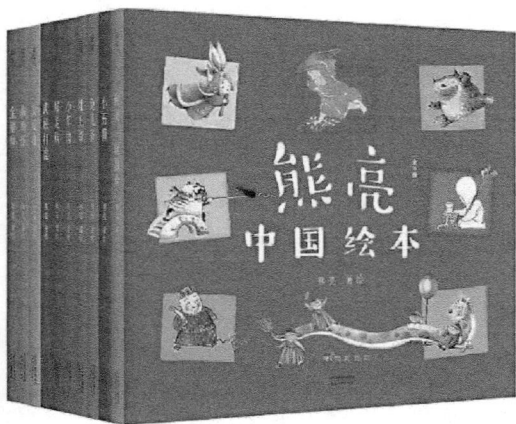

图 5-2　获奖绘本《熊亮·中国绘本》

　　我国原创绘本的出版形式也在不断创新，采用不同开本和工艺的立体化、玩具型绘本层出不穷，在装帧设计、印刷及手工制作方面对标国际一流绘本的出版标准。原创绘本的读者年龄定位也逐渐细化为婴儿、幼儿、少儿等不同群体。仅婴儿绘本就多种多样，既有符合婴儿心理发展需求的异形书和发声书，也有致力于发展婴儿感知觉的洗澡书和触摸书，还有符合婴儿精细动作发展需求的洞洞书和拉拉书等。文本和插画水平的提升、工艺的创新、品类的细分无不预示着当前我国绘本出

①　冯晓艳.中国原创儿童绘本"走出去"探析[J].出版广角，2018（21）：67-69.

版正在从"需求释放"逐渐迈入"需求升级"的全新历史发展阶段。

2. 原创儿童文学作品以中华特色和国际艺术创作水准赢得"走出去"机遇

从"五四"前后"儿童文学运动"时期叶圣陶创作的童话《稻草人》，到 20 世纪三四十年代张天翼创作了《大林和小林》，再到 2016 年曹文轩斩获世界儿童文学最高奖国际安徒生奖，中国原创儿童文学已经走过了百年不平凡的发展历程。我国儿童文学原创作者资源丰富，孙幼军、金波、秦文君、曹文轩、高洪波、张之路、汤素兰、葛冰、黄蓓佳、沈石溪等作家，都为我国少年儿童创作了丰富多彩的儿童文学艺术作品。当前，又产生了北猫、陈诗哥、冯与蓝、葛竞、黄宇、孙卫卫等又一代新锐派中青年儿童文学创作者。

内容的独特性和世界性，是我国儿童文学能够走向世界儿童文学舞台的基础。曹文轩获得国际安徒生奖无疑是中国百年儿童文学历史进程中的一个里程碑式的事件，标志着中国儿童文学从自强自立到真正走向世界。这是一个从沉淀到激扬的过程。"晴空一鹤排云上，便引诗情到碧霄。"我国少儿文学作品逐步在内容上彰显中华文化特色、体现中国风土人情、反映当代中国儿童生存现状和心理、情感特点的基础上，更能够从环保、人与自然、探险、鬼怪、侦探、情感等多角度体现少年儿童共同关注和喜爱的话题。曹文轩走向世界的历程就是当代中国儿童文学走向世界的一个缩影，彰显了时代的需求、国家政策的推动、"一带一路"倡议的引领、国家工程助力以及作家必须有高水平优秀作品等关键因素。[①]

在国际化视野下，中外合作更加助推了原创作品的国际传播和推广。例如《熊猫的故事》就是我国作家唐亚明和日本著名的铅笔画家木下晋合作，聚焦我国国宝大熊猫，前往四川成都和上野动物园实地采风，深入了解大熊猫，以细致的笔触描

---

① 张之路 . 走向世界的中国儿童文学 [N]. 文艺报，2016-04-15（002）.

绘真实大熊猫。这样的合作促使这本绘本第一时间在日本出版，让作者木下晋加深了对中国的了解，更通过他的画笔，让日本读者进一步了解他们喜爱的大熊猫和中国精神文化。

2019 年 11 月，在上海世博展览馆举行了第六届上海国际童书展（CCBF）。这期间中国上海国际童书展与北京开卷信息技术有限公司共同主办了"全球童书出版市场数据及趋势"论坛。开卷公司负责人依据开卷监测数据对 2019 年 1—9 月少儿图书零售市场进行了详细解析。开卷数据表明，近年来，少儿类图书一直持续稳步增长，是全国图书零售市场增长的主要贡献力量。2016 年少儿市场同比增长率为 28.84%，2017 年少儿市场同比增长率为 21.18%，2018 年少儿市场的同比增长率为 25.43%，2019 年 1—9 月份少儿市场同比增长率为 17.2%，少儿市场在规模扩张和品种不断增长的过程中，一直保持产品高质量发展的核心竞争力。在少儿图书市场中，根据监测结果，2019 年前三个季度少儿文学类占比为 27.42%，是少儿市场最大的细分板块，也是拉动少儿图书市场持续增长的有生力量。[①] 中国儿童文学作家的作品，非常受少儿读者欢迎，符合少年儿童阅读审美，而这种审美是世界少年儿童共通的；中国的儿童文学创作日益成熟，很多作品富有鲜明的中国特色，"民族的才是世界的"，因此，中国的儿童文学从故事内容、艺术创作水准等多方面，都具备了走向世界的条件。

（五）版权输出多个国家，荣获世界级奖项

传播过程要素中的反馈，指信息传播到受众做出的反应，并通过一定渠道返回给传播者，影响下一次的传播行为。因为我国"走出去"的童书遍布全球，范围广，有语言隔阂，一些国家和地区的互联网不是很发达，没有建立起良好的图书评价机

---

① 中国上海国际童书展新闻中心 . 论坛回顾 | 全球童书出版市场数据及趋势 [EB/OL]. （2019-12-03）[2020-07-11]. https://www.ccbookfair.com/cn/index/news-center/news/detail!Confernceureview.

制，所以我们很难得到来自儿童读者及其家庭和学校的反馈。根据能够得到的反馈内容，可以从四个维度评价我国童书的海外传播情况：第一个维度，有多少海外专业少儿出版机构愿意购买中国童书版权；第二个维度，是否有童书在海外取得良好的销售业绩；第三个维度，中国童书在国外获奖情况；第四个维度，是否我国童书能够成为输入国家政府和教育机构及民间组织的推荐读物。

1. 反馈维度一：专业人士的肯定和评价

我国童书能够被世界其他国家的少儿出版同仁肯定，引起他们引进版权的意愿，这就是很好的市场反馈。儿童绘本及少儿文学作品是深受海外出版界同仁关注的版权贸易产品，从报纸、网站和专业论文及会议分享等可以看到，我国的童书产品版权输出到美国、英国、日本、韩国、黎巴嫩、泰国、菲律宾、俄罗斯、哈萨克斯坦、沙特阿拉伯、南非等各个国家，其中中国少年儿童新闻出版总社、江苏少年儿童出版社、安徽少年儿童出版社、二十一世纪出版社、湖南少年儿童出版社、北京语言大学出版社、五洲出版社等，都是在少儿出版方面在海外有着稳定的合作伙伴。海外同行对购买中国童书版权感兴趣，采取实际行动进行版权贸易合作，这种行为背后就是一种评价和反馈。从发展趋势看，我国童书版权贸易逆差逐年减少，正说明输出的力量在成长，"走出去"的概率在增加。

2. 反馈维度二：大众市场的肯定和评价

尽管有越来越多的中国童书被海外少儿出版机构引进到本国出版，但是绝大部分产品由于水土不服、不符合儿童读者阅读审美需求、引进出版机构的营销推广力度不够等诸多原因，真正成为畅销书榜明星产品的中国童书十分有限。但是，也有很多童书在海外市场非常受儿童读者的喜爱和欢迎，多次重版，为中国出版方赢得大量版税。有些我国原创童书，因为得到中国政府的资助，已经被翻译成多个语种，也就意味着被很多国家引进版权。这对于国内出版机构和作者而言，确实是一种荣誉和成功走向世界的标志，但是是否在引进国家真正受到儿童读者的喜爱，真正形成良好的市场销售并给合作机构带来收益，这种来自国外市场的反馈，更具有说服力。比如，上海少年儿童出版社的《十万个为什么》（第六版）越南语版首版印刷 2000 套、36 000 册，从 2015 年 4 月第一本面世到 2017 年 2 月全 18 册陆续出版完，不到两年的时间内，仅在市场已销售了 24 000 余册，成为越南名副其实的畅销书。越南教育出版社还表示，对这样一套引导儿童走向科学之路的好书，在图书全部出版后，将通过其特有的发行渠道，跟随教材进入到 8000 多所中小学的校园图书馆。《十万个为什么》不但实现了"走出去"，还真正实现了"走进去"。①

3. 反馈维度三：中国童书在海外获奖情况

成立于 1953 年的国际儿童读物联盟（IBBY）是全球童书出版的倡导者、引领者与推动者，1956 年 IBBY 设立了有"小诺贝尔奖"之称的世界性文学奖项国际安徒生奖。2016 年 4 月，中国作家曹文轩登顶国际儿童文学高峰，荣获国际安徒生奖，成为中国少儿出版国际化的重要标志。实际上，近年来我国原创绘本在国际舞台频频亮相并获得了一系列荣誉。2011 年余丽琼和朱成梁的《团圆》荣登《纽约时报》年度最佳儿童图画书排行榜；2015 年黑咪的原创作品《辫子》一举夺得布拉迪斯拉发国际插图双年奖（BIB）的金苹果奖，郭婧的《独生小孩》荣获《纽约时报》2015 年度最佳绘本；2016 年于虹呈的《盘中餐》获得意大利博洛尼亚国际童书展插画奖；2017 年由王早早和黄丽联袂创作的、富有浓郁中国味道的《安的种子》获得美国弗里德曼图书奖儿童文学银奖；2018 年甘大勇的作品《小兔的问题》被美国图书馆协会授予国际杰出童书奖；2019 年，由著名插画家朱成梁和青年作家郭振媛

---

① 陈香 . 中国少儿出版走出去：如何做好版权输出运营？如何打好组合拳？ [N]. 中华读书报，2017-06-09（002）.

创作的《别让太阳掉下来》再次夺得第 27 届布拉迪斯拉发国际插图双年奖的金苹果奖。2023 年 1 月揭晓的博洛尼亚最佳童书奖（Bologna Ragazzi Award）中，我国愚一著和王祖民绘制的绘本《噔噔噔》获得虚构作品奖的特别提名奖；孙俊创作的《谁的袜子》荣获漫画类作品奖的首奖；香港 Chivas Leung 创作的《晚安》荣获漫画类作品奖的特别提名奖。原创绘本作家及作品频频荣获少儿国际出版奖项，既展示了中国儿童文学及儿童插画的世界水准，也充分说明中国绘本出版的国际化程度又向前迈进了一大步。

图 5-3　体现浓郁中国风格的图画书作品《别让太阳掉下来》

4. 反馈维度四：政府、教育部门及相关组织的评价和反馈

依据惯例，从国外引进的童书产品，如果能够得到政府部门，尤其是教育部、教育总署类政府机构的推荐，一方面意味着这类出版物得到了该国官方肯定，有机会进入中小学、幼儿园图书馆（室），或者能够成为教材进入课堂，成功进入国民教育体系；另一方面也意味着这类出版物能够进入该国公共图书馆和社区图书馆（室），能够推动

童书产品在市场销售，真正下沉到该国儿童读者手中，进入主流销售渠道。

我国很多童书在引进国家得到了官方肯定和支持。少儿汉语学习类绘本是功能型绘本的重要门类，这类语言学习型绘本以儿童的语言学习为直接目标，无论是培生国际教育出版集团还是剑桥大学出版社的少儿语言学习类分级读物，在图画和文字表达方式方面均与纯粹的文学绘本具有一定差异，因而往往容易被少儿出版界所忽视。由于少儿汉语学习类分级绘本有机会进入一些开设汉语课程国家的中小学课堂，更容易进入海外国民教育体系，因此这类绘本是向世界儿童讲述中国故事、传播中华文化的重要载体。自 2015 年 2 月份至今，北京语言大学出版社北美分社——美国梧桐出版有限公司先后参加了美国佐治亚州、俄克拉荷马州、犹他州及得克萨斯州教育部举办的四次教材竞标。其中针对海外青少年学习汉语的精品教材《轻松学中文》系列成功入选美国四大州的教材推荐目录。这套汉语教材的配套分级绘本《天天的故事》同样成功进入一些州的国民教育体系。（见图 5-4）原创少儿汉语学习类分级绘本在弘扬优秀中华传统文化、提升中华文化国际影响力方面所发挥的重要作用不容小觑。此外，曹文轩的作品也在一些国家被列入儿童阅读书目，得到政府机构的肯定。

图 5-4　儿童汉语教材《轻松学中文》和配套分级读物《天天的故事》

总之，中国童书在跨文化传播过程中得到的反馈越来越多，在各种维度层次都得到很多正向反馈，这是对中国童书"走出去"的褒奖和肯定，给予我国童书出版以更多的正向力量。"打铁还需自身硬"，不断提升内在力量，自强不息，奋发向上，中国童书出版已经步入高速度、高质量发展的新时期。

三、我国童书跨文化传播对国际童书市场的影响

随着中国国际影响力的不断增强，中国理念、中国价值观的国际影响力与日俱增，愿意了解中国、读懂中国的人士越来越多。就中国少儿出版而言，经历了"黄金十年"后，中国少儿出版已经完成了由"中国加工"向"中国制造"的转变，原创能力大大增强。中国童书在国内和国际两个市场都具有很好的成长力，因此在国际童书市场的发展中占有越来越重要的位置，逐步拥有话语权。

（一）"引进来"与"走出去"，双轮影响市场格局

1. 中国童书市场持续成长，为全球童书市场规模的增长做出贡献

中国童书市场一直保持稳定增长，和全球各个国家童书市场进行比较，中国童书市场规模大、成长性好，为全球童书市场增长做出贡献。根据开卷监测，截至2019年中国少儿图书市场在全国图书市场占比为26%左右，占据1/4左右的市场份额；具有全球出版市场监测能力的尼尔森图书事业部的监控数据覆盖澳大利亚、新西兰、西班牙、爱尔兰、南非、英国、意大利、巴西、印度等国家。尼尔森的监测数据表明，2018年这些国家的童书市场销量1.68亿册，其中英国童书市场规模最大，为6340万册；其次是西班牙、澳大利亚和意大利，规模均在2500万册以上。此外，在澳大利亚、新西兰、西班牙的图书市场中，少儿图书均占据本土图书市场

40% 以上的规模。在绝大多数英语语言国家当中，少儿图书的占比均超过 30%，甚至 40% 以上。[①] 对比这些国家的数据可以看出，中国少儿图书市场仍有较大发展空间。

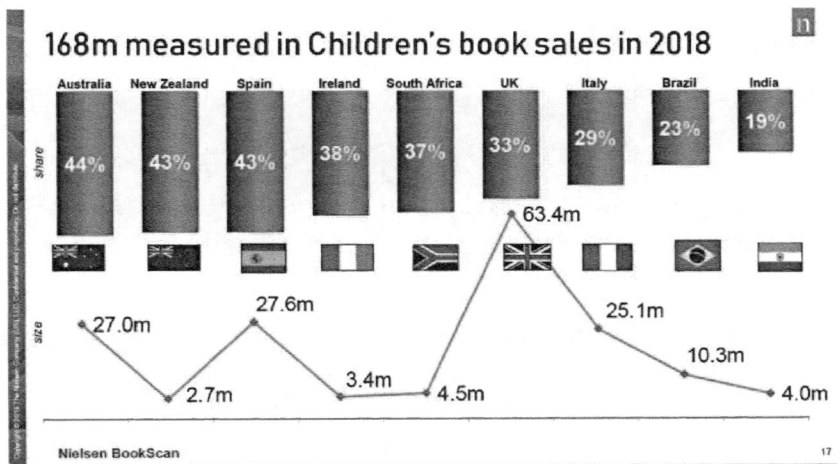

图 5-5　尼尔森监控童书板块在各国整体市场规模中的占比

2. 中国童书市场向各个国家开放，为促进全球童书市场繁荣做出贡献

中国童书市场面向全球各个国家开放，为促进全球童书市场合作交流和市场繁荣做出贡献。随着中国在 1992 年加入《伯尔尼公约》和《世界版权公约》，2001 年加入世界贸易组织，中国出版市场进一步面向全球开放并提供版权保护。随之中国童书出版机构积极面向海外童书市场开展版权贸易，购买大量优质童书版权；中国各大图书进出口公司从海外实物进口大量童书。海外著名专业化少儿出版机构或者具有童书出版业务的综合型出版机构也纷纷把中国市场作为重点，在中国一线城市建立分支机构，如牛津大学出版社、剑桥大学出版社、培生国际教育出版集团、美

---

① 中国上海国际童书展新闻中心 . 论坛回顾 | 全球童书出版市场数据及趋势 [EB/OL]. （2019-12-03）[2020-07-11]. https://www.ccbookfair.com/cn/index/news-center/news/detail!Conferncereview.

国学乐出版社等，都在中国建立了分支机构或者办事处。而世界很多国家的童书出版人或者国际销售经理人每年都会专程访问中国合作伙伴。随着中国开始在北京国际图书博览会（BIBF）上举办童书专展，在上海举办上海国际童书展（CCBF），各个国家的童书出版机构、童书作家、插画师、童书出版人也成为中国书展的参展商和参展人员。仅在 2019 年 11 月举办的 CCBF，就吸引了来自包括美国、英国、日本、阿联酋、黎巴嫩等 32 个国家和地区的 418 家国外出版商和儿童内容相关企业参展，据现场初步统计，共达成中外版权贸易协议约 1500 项；同时向包括美国、法国、俄罗斯等 7 家海外媒体及中国媒体发稿 586 篇，向全球发布书展信息和数据。①

中国童书市场是一个面向全球童书出版业开放的市场，全球优秀的童书出版商都可以参与到中国童书的市场角逐中来。中国童书市场是全球童书市场的重要组成部分，中国童书市场的繁荣发展，是拉动全球童书市场共同走向繁荣盛大的重要力量。

（二）冲击世界童书市场，使之充满活力

从中国童书参与全球跨文化交流、开展世界贸易以来，总计经历三个阶段，包括（见本书第三章）：

第一阶段（1978—1992）：打开国门，学习借鉴

第二阶段（1992—2001）：持续发力，规模成长

第三阶段（2001— ）：快速增长，双轮驱动

---

① 中国上海国际童书展新闻中心.展后报告｜打造国际童书品牌，引领品质阅读风尚 [EB/OL]. [2019-12-19] [2021-12-03]. https://www.ccbookfair.com/cn/index/news-center/news/detail!postshowreport-2019.

从三个阶段的发展变化可以看出，中国童书出版业由低走高，发展迅速，经历了由默默无闻、边缘化，到开放引进、广泛合作，到成长壮大、凸显优势一系列过程；这个过程也是由以"引进来"为主到"引进来"与"走出去"并驾齐驱的过程。中国童书在整个跨文化传播历程中，不断夯实信息源、传播者、受传者、讯息、媒介和反馈六大要素，尽管中国童书在参与世界童书出版的角逐中还处于不断成长变化中，但是其所蕴含的勃勃生机有目共睹。

市场竞争中有一个非常著名的原理，就是鲇鱼效应原理。故事源起是一个国家的民众非常喜欢吃沙丁鱼，尤其是活鱼，导致市场上活鱼的价格要比死鱼高许多，所以渔民总是千方百计想办法带活沙丁鱼回港。虽经种种努力，可大部分沙丁鱼还是会在中途窒息而死。后来，有人在装沙丁鱼的鱼槽里放进了一条以鱼为主要食物的鲇鱼，沙丁鱼见了鲇鱼四处躲避，这样一来缺氧的问题得到解决，大多数沙丁鱼能够活蹦乱跳地回到了渔港，这就是著名的"鲇鱼效应"。"鲇鱼效应"给我们带来的启示是，鲇鱼在搅动小鱼生存环境的同时，也激活了小鱼的求生能力，所以无论是国内还是国际市场，同行企业或者不同国家产业之间的有效竞争，对于整个市场的发展都具有积极意义。

中国童书品种丰富、质量提升、作家群和插画师团队创作及艺术水平的提高、不断荣获世界童书各种奖项、童书市场巨大的增长力及国家的大力支持，都彰显出中国童书业具有巨大的发展潜力。中国童书业由"中国加工"向"中国制造"成功转变，作为童书出版大国正在走向世界童书舞台的中央。这一切都对走在世界前列的美、英、法、意、德、澳、日、韩等第一梯队国家的童书出版业产生巨大刺激和激励作用，很类似于"鲇鱼效应"。尽管中国童书出版与世界很多童书出版巨头相比不是鲇鱼与沙丁鱼之间的力量对比关系，但是中国童书出版正在给世界童书市场带来巨大冲击并使之充满活力。

（三）讲述中国故事，打开了解中华文化的窗口

改革开放 40 年来，中国引进的外版童书数量巨大，内容涵盖面广，出版形式丰富多彩，改编及制作质量上乘，深受中国儿童及家长们喜爱，伴随我国几代人的成长。一些引进的外版优秀童书，在中国童书市场长期占据畅销童书榜单，拥有巨大的儿童读者群，形成很强的品牌效应，帮助中国儿童和全球小朋友一起享受人类最优秀的精神文化产品，悦读悦美、悦情悦趣。

加拿大传播学家 M. 麦克卢汉于 1964 年在他的《理解媒介：人的延伸》一书中首次提出"地球村"的概念。在麦克卢汉看来，"地球村"的主要含义不是指发达的传媒使地球变小了，而是指人们的交往方式以及人的社会和文化形态发生了重大变化。麦克卢汉的"地球村"理论，是全球化理论的萌芽，对后来研究全球化的学者产生了深远的影响。全球化（globalization）一词，是一种概念，也是一种人类社会发展的现象过程。全球化目前有诸多定义，通常意义上的全球化是指各国在经济、政治、文化、艺术和社会等各个领域相互联系和依赖程度不断加强的过程。全球化亦可以解释为世界的压缩和视全球为一个整体。无论是"地球村"还是"全球化"概念与理论，最终都呼唤新兴媒体的感知模式需要将人类带入一种极其融洽的环境之中，消除地域的界限和文化的差异，把人类大家庭结为一体，开创一种新的和谐与和平。世界儿童受众在"地球村"和"全球化"的背景下成长，他们感知世界的主要窗口是童媒。童书是最便捷获取、携带和阅读的童媒，也是内容最丰富的童媒，因此让孩子们通过童书感知丰富多彩的人类世界，应该是全世界童书出版者的共同担当和使命。中国童书出版人，责无旁贷，要为世界儿童读者提供"讲述中国故事""传播中华文化"的优秀童书。

随着中国原创童书"走出去"，全球有 100 多个国家的合作伙伴购买我们的童书出版物版权，同时也有很多国家实物进口中国童书。全球有五大文化圈，以中华

文化为核心的东亚文化圈特有的文化元素通过中国童书中的"中国故事"和"中国插图"，把中华文化像种子一样播撒在世界各国儿童受众心中。长期以来，我国的少儿出版工作者及创作者拥有开放包容的创作理念，坚持本土化与国际化的和谐共生，坚持传统中国与当代中国的共同展示。首先，我国原创绘本一直高度关注对中华优秀传统文化的阐释与表达。例如，《荷花镇早市》《团圆》《兔儿爷丢了耳朵》等一大批"走出去"的优秀作品均透过故事或绘画展现了我国传统的节日和习俗。唯美、清新、深情、有趣的中国绘本，在全球少年儿童读者心中埋下了熟悉和了解中华文化的种子，为在世界范围内推广中华文化做出了不可磨灭的贡献。其次，许多原创绘本也突破中国美术和节日习俗的视野，着重展现中国社会的现实，让外国小读者能够更加真实和客观地了解当代中国的发展变化。2017年北京科学技术出版社出版的"中国力量"系列科学绘本，2018年新世纪出版社出版的《地铁是怎样建成的》系列绘本，2019年北京出版集团推出的"共和国脊梁"科学家绘本丛书，以及由磨铁星球与中国中福会出版社联合打造的《李娜：做更好的自己》等原创绘本，无疑更加有利于世界儿童了解和熟悉当代中国，真正感受到传统中国和今日中国的共同魅力。再次，原创童书也积极向世界介绍中国不同民族生存现状和文化特点。2020年7月，由接力出版社出版的《鄂温克的驼鹿》入选2020年度国际儿童读物联盟（IBBY）荣誉作品，同年12月该书又荣获2020年度美国伊索荣誉奖。这部原创绘本记录了中国北方鄂温克族老猎人与驼鹿互相信任、生死相依的传奇故事，优美地展现鄂温克使鹿部落从古至今独有的生活方式，记录并留存他们的民族文化，包括传递其文化传统中包含的人与动物休戚与共、相互依存的自然观与生态观，充分体现了习近平总书记在《生物多样性公约》第十五次缔约方大会领导人峰会上发表的题为《共同构建地球生命共同体》的主旨讲话的精神。

小结

中国童书出版"引进来",是对国内童书出版资源的有效补充,引进世界优秀精神文化成果满足国内儿童读者的多层次阅读需求,引进国外先进的童书出版理念促进我国童书出版管理水平整体提升和专业化人才队伍建设,促使中国童书出版在借鉴中创新发展和不断做大做强,有力地推动了我国童书出版的国际化发展进程。中国童书出版"走出去",推动中华文化走向世界,给国际童书出版市场带来巨大冲击并激发市场活力,体现了全球化语境下我国童书出版产业应有的责任与担当。中国进入新时代,童书出版进入新的"黄金十年",中国童书"走出去"也进入了新的发展阶段,不但引领我国童媒产业发展,同时在中华文化"走出去""讲好中国故事"方面都起到了先锋和引领作用。

第六章

童媒"讲好中国故事"的理论探索

一、童媒"讲好中国故事"的三个关键词

二、童媒"讲好中国故事"的话语体系

三、童媒"讲好中国故事"的基本原则

四、童媒"讲好中国故事"的传播路径

五、童媒"讲好中国故事"与中国国家形象构建

童媒作为面向儿童受众的媒介，在跨文化传播中具有独特的传播优势，能够在"讲好中国故事"中担当重任。而且童媒"小而美""小而特""小而新"，其拥有自己的话语体系，即拥有自己的思想内容、知识体系和语言表达形式，能够在传播中国声音、构建国家形象，尤其是构建国家儿童形象方面，或者以儿童视角构建当代中国国家形象方面发挥特殊作用。因此，探究童媒"讲好中国故事"的话语体系、基本原则、传播路径和如何能够更好地建构中国国家形象，对推动我国童媒产业发展和提升其国际传播格局，具有重要的理论价值和现实意义。

一、童媒"讲好中国故事"的三个关键词

（一）"讲好中国故事"的来源与概念解读

2013 年，习近平总书记在全国宣传思想工作会议上首次提出"讲好中国故事"的重大论断，其后他多次在重要工作会议上反复提出要"讲好中国故事"。2018 年，习近平总书记又指出，做好新形势下宣传思想工作，"要推进国际传播能力建设，讲好中国故事、传播好中国声音，向世界展现真实、立体、全面的中国，提高国家文化软实力和中华文化影响力"。2021 年 5 月 31 日，习近平总书记在中共中央政治局就加强我国国际传播能力建设进行第三十次集体学习中强调，"讲好中国故事，传播好中国声音，展示真实、立体、全面的中国，是加强我国国际传播能力建设的重要任务。要深刻认识新形势下加强和改进国际传播工作的重要性和必要性，下大力气加强国际传播能力建设，形成同我国综合国力和国际地位相匹配的国际话语权，为我国改革发展稳定营造有利外部舆论环境，为推动构建人类命运共同体做出积极贡献"。习近平总书记号召讲好中国故事，向世界传播好中国声音，"下大力气加强国际传播能力建设"，这是在新形势下对我国传媒工作及外宣工作提出的总体要求和开展的最新战略部署，进一步为新时代中国传媒出版产业的国际化发展指明了方向。

习近平总书记在"讲好中国故事"方面，既是充满激情、坚定不移的倡导者，也是身体力行、将之付诸实践的推动者。2017 年，人民日报社组织编写了《习近平讲故事》一书，书中收录了习近平总书记在国内、国际不同场合所讲述的 100 多个深入浅出、寓意深刻、引人入胜的故事。这些故事，体现了中国的历史文化、发展

变化、当代风貌、对外交往等诸多方面，能够帮助外国人了解中国、认识中国。

2013 年，"讲好中国故事"的概念被首次提出并被上升到国家战略层面，成为我国对外宣传的重要工作内容。目前国内政界、学界关于讲好中国故事的相关研究主要从宏观层面展开，如《习近平讲故事》《讲好中国故事——西方为什么误读中国》《向世界讲好中国故事》《中国故事的文化软实力》和《如何讲述新的中国故事》等，此类专著从不同角度对讲好中国故事的意识、认同与建构进行了理论层面的思考，对于"讲好中国故事"概念的界定提供了重要参考。概念是人类认知思维体系中最基本的构筑单位，是话语形成的符号载体。建立对外话语体系的首要任务就是概念生产，并以合理的方式进行勾连与包装，达到意识形态的流动和价值观的传递。如今，一些概念以中国历史为基础，关照时代背景，既拥有中国特色又融通中外，这样的概念被不断生产和重构，在国际社会取得了积极关注和一定程度的认可。"讲好中国故事"概念的提出及其相关研究是在"全球化"语境中展开，包括"讲好""中国""故事"三个方面，每个方面都拥有丰富的内涵，更是解决童媒如何能够"讲好中国故事"的三个关键词。

（二）如何理解"讲好中国故事"中的"中国"

关于"中国"，西方国家和华人世界有不同的看法和判断标准，西方话语中的"中国"概念，是建立在"想象的异邦"基础之上的。西方的"中国观"大体经历了五个时期的曲折变迁："遍地黄金的东方乐土"（18 世纪以前）、"停滞的帝国"（18 世纪中期—19 世纪中期）、"沉睡的雄狮"（19 世纪中期—20 世纪中期）、"革命的堡垒"（新中国成立—冷战结束前）、"崛起的大国"（20 世纪 90 年代至今）。①进入2017 年，中美局势发生巨大变化，"中国威胁论"又卷土重来，西方一些国家政府

---

① 孙霞 . 西方"中国观"的变迁与中国软实力 [J]. 当代世界与社会主义，2009（6）: 5.

和媒体对中国有很多不友好、不公平甚至是明显歪曲事实的言论。

在中国的近现代思想史上，许多思想家也认为，中国不是一个普通类型的国家，而是一种特殊类型的国家，或者说是"超国家类型"。其中中国人民大学国际关系学院教授王义桅提出的"三个中国"：传统中国、现代中国和全球中国①的观点，得到广泛认同。那么什么是"中国"？本书赞同当代学者陈先红、宋发枝在《"讲好中国故事"：国家立场、话语策略与传播战略》中提出的：中国是一个由历史上不同的地区、不同的民族逐渐形成的具有文化共同体特质的主权国家。新的中国观应该是传统中国、现代中国和全球中国的合一，"传统中国"是以"文明国家"为想象，以文化这个"意义之网"为纽带的中华古老文明性国家；"现代中国"是以"民族国家"为想象，以民族独立、国家主权独立为核心的实现五个现代化的现代性国家；"全球中国"则是以"人类命运共同体"为想象，以融入全球化、参与全球治理和摆脱全球化困境为发展目标的全球性国家。"讲好中国故事"就是要讲好全球化时代中华古老文明复兴、转型和创新的故事，在全球化背景下，我们应以"文化中国""现代中国""全球中国"为新时代中国的形象定位和核心叙事，针对不同的国际受众和话语空间，制定提升中国国家话语权和文化软实力的故事化传播战略。②

（三）童媒应该"讲好"哪些"中国故事"

"人天生是讲故事的动物，世界是由故事建构的。"传播哲学家费舍对故事与人的重要性做出这样的判断。故事可以反映过去、现在、未来；故事可以表达情节、关系、情感、情怀……；故事可以人心相通、潜移默化消解敌意、怀疑、嫉妒、曲

---

① 王义桅. 中国故事的传播之道 [J]. 对外传播，2015（3）：52.

② 陈先红，宋发枝. "讲好中国故事"：国家立场、话语策略与传播战略 [J]. 现代传播（中国传媒大学学报），2020（1）：40-46，52.

解，可以化解各种矛盾；可以由未知变成了解、熟悉、接受、热爱；故事可以深入浅出、引人入胜；可以由微观而宏观，认识一个人、一个家庭、一个城市、一个社会、一个民族、一个国家……故事的内容包括万象，适合各种媒介去表达，也适合运用各种新媒体去多维度呈现。讲故事是人类最古老、最简单、最有效的话语实践，是文化软实力产生的源头之一。在全球化背景下，本章以"文化中国""现代中国""全球中国"为新时代中国的形象的定位和核心叙事，因此所讲述的"中国故事"必然围绕这三方面展开。

以中国传统的文化故事为切入点，提升中国文化价值观的国际话语权和文化感召力。

文化中国的形象与故事在对外传播中最具有文化吸引力，也是我国媒介运用最多、取得良好成效的故事形式。像中国的历史故事、成语故事、民间故事、神话故事、童话故事、诗词故事、童谣故事……在各种故事中，蕴含着中华民族 5000 年来沉淀下来的丰富文化内涵，体现中华古老文明的博大精深和光辉灿烂。一个个故事如同一颗颗珍珠串联在一起，逐步在海外受众心中构筑起传统中国的完整形象。我国已经出版了很多向中国儿童讲述中国历史、成语、民间、神话、童谣故事的童书，受到儿童读者的深深喜爱；一些当代儿童文学作家创作的新故事，也同样得到了小读者们的喜爱。我国拍摄的儿童动漫电影中的孙悟空、哪吒等人物形象深入人心，两个名称也已经成为在全球具有影响力的中华文化符号。

以新媒体技术的现代故事呈现为切入点，以现代话语体系在国际社会展示和塑造中国文明新形象。

随着科技的日新月异和互联网、万维网快速普及，新媒体和传统媒体融合发展正在以势不可挡之势，占据全球网民和公众的视、听、说空间。新闻故事、图片故事、视频故事、电影电视故事、书籍和报刊故事、网络故事……都在讲述当代中国，呈现当代中国。并不是小说家和剧作家笔下的故事才是真正的故事，在"讲好中国故事"中，这个故事是广义的，有虚构的，有非虚构的；有艺术化的，但更多的是真实的，是中国当代本色化的社会现实的讲述；有职业媒介工作者制作的节目，也有普通百姓自媒体的"抖音"和各种短视频。这些故事能够反映中国普通民众的生活，更应该围绕农业、工业、科技、国防和国家治理五个现代化的发展内容来展开现代中国，构建主流当代中国话语体系，并把其作为讲好中国故事的叙事焦点和主攻方向。童媒因为考虑到儿童受众的"儿童性"特点，尽管不能以主题形式呈现出工业、农业、科技和国家治理等方面的发展现状，但是透过儿童衣食住行等方面的媒介呈现，能够全面反映中国人民的物质和文化生活水平，是对当代中国的一个最好展示。我国的动漫电影《哪吒之魔童出世》和"熊出没系列"、儿童动画《超级小熊布迷》都走向了全球市场，有些中国出产的儿童动漫产品，甚至在很多国家影院、电视台、卫星频道荣登观影和收视冠军。

以国际公共治理话语空间为切入点，构建人类命运共同体的全球中国话语体系。

2013 年习近平总书记关于"构建人类命运共同体"的重要论述，成为新时代中国特色社会主义思想的重要组成部分，于 2018 年两会期间写入宪法，再次向世界表达了中国"以和邦国""天下为公""天下大同"的新世界主义"天下观"。[①] 构建人类命运共同体思想体现了作为全球最大的发展中国家的大国当担，也是人类在面临全球化诸多困境中的共同期盼。"全球中国"定位下，"中国故事"要关心人类生存命题，讲述人类共同故事，这些故事要体现中国愿意成为国际社会公认的世界和平建设者、全球发展贡献者和国际秩序维护者的大国使命和情怀。我国童书在"动

---

① 陈先红、宋发枝."讲好中国故事"：国家立场、话语策略与传播战略 [J]. 现代传播（中国传媒大学学报），2020（1）：40-46，52.

物故事"创作方面取得了很好成绩，沈石溪等作家作品数量多、故事质量高，非常
具有"走出去"的潜质。有些国外童书讲述人类生命问题、动物和生态保护问题、
人类和平问题等内容，给儿童读者留下深刻印象。我国原创的童书同样能够以"全
球中国"为使命和情怀，创作出蕴含丰富哲理的儿童故事，向全球儿童传递"构建
人类命运共同体"的共同理想。在《生物多样性公约》第十五次缔约方大会开幕前，
我国出版了以亚洲象"短鼻家族"北移事件为依托创作而成的绘本《大象的旅程》。
国际儿童读物联盟主席、生命树童书网创始人张明舟表示，亚洲象一路向北的旅程
中，不仅向世人展示了中国的科技实力、中国速度，还传达出中国人热爱自然、善
待生命的文明价值取向和真挚情怀。[①]

图 6-1 绘本《大象的旅程》封面

---

① 新华网.绘本《大象的旅程》讲述亚洲象"短鼻家族"的故事 [EB/OL].（2021-10-11）[2021-12-22].
http://www.xinhuanet.com/politics/2021-10/11/c_1211399730.htm.

　　故事是终极"信息技术"，故事化沟通是传递信息最有力的形式，因为故事最适合人类心智，伟大的故事有力量改变人们对现实的认知，故事化的真理建立了数亿人追随的文明和信仰。[①]尽管不同专家学者对于"讲好中国故事"的解读不尽相同，但是"文化中国""现代中国""全球中国"得到普遍认同。从习近平总书记提出"讲好中国故事"至今，在党和政府领导下，我国媒介产业的各行各业都积极行动起来，"走出去"的图书、电影和电视、动画片、期刊及网络出版物等，对三个中国进行了展示、说明和诠释，让世界人民全面认识具有 5000 年悠久历史的中华民族和伟大中国。理论指导实践，理论来源于实践，概念的理清，范围的界定，逻辑的清晰，为本章童媒"讲好中国故事"的理论研究及应用研究打下良好的研究基础并指明研究方向。

（四）童媒如何"讲好""中国故事"

　　童媒如何"讲好"中国故事，是一个更大的命题。关于这一命题，可以引发思考和探究的维度非常多，因此也是本章要研究的重点内容。

　　第一，"讲好"故事，要充分考虑到不同年龄段儿童对媒介内容和形式的需求特点，做好分龄传播；第二，还要考虑到儿童成长的地域性和文化背景、宗教信仰，做到分域传播；第三，针对国际社会出现的各种问题，我们即使面对儿童受众，也要拿出外宣方案，做到分时传播；第四，要考虑到不同媒介形式讲述故事的方式具有差别性，需要探索儿童图书、期刊、电视、电影、动漫、游戏等讲述故事的特点；第五，要考虑到不同内容类别的故事需要如何去讲述，如何能够讲好。

　　因此，针对全球儿童受众"讲好中国故事"也是一个系统工程，需要群策群力，形成合力，不能急于求成。无论是对于专家学者还是童媒产业的从业者而言，在这

[①]　罗伯特·麦基，托马斯·格雷斯 . 故事经济学 [M]. 陶曚，译 . 天津：天津人民出版社，2018：12.

个领域要长期耕耘，要有决心进行深入的专业化探索，从理论和实践两个方面拿出有分量、具有可行性的理论研究成果和高质量的外向型童媒产品。比如，在童媒"讲好中国故事"的特殊主题、语言形式、符号形式和媒介形态方面，就有很多理论问题和实践方法需要探索；在童媒产品创作和制作中，要在"文化中国""现代中国"故事的基础上，如何充分重视"全球中国"观和"儿童"观，要在全球化语境中去针对儿童受众"讲好中国故事"，也是一个非常值得探索的重要议题。在新冠疫情肆虐的情况下，我国很多出版单位及时出版面向儿童读者的防疫读本和知识读本，这些童书版权也无偿授权给一些国家和地区，让这些国家和地区的孩子们能够及时了解什么是新型冠状病毒，如何做好防护，了解中国政府和人民如何与疫情做斗争，如何保护孩子们不受感染……这些内容就是在面向儿童受众讲述生动的、鲜活的中国故事。

二、童媒"讲好中国故事"的话语体系

童媒属于大众媒介的一部分，但是童媒的受众对象是 0—14 岁儿童，因此本书的第一章介绍了童媒的媒介传播属性，归纳为六点：童媒具有大众传播媒介属性，既具有文化属性也具有商业属性；具有以儿童为受众的专业化传播属性；具有内容及载体受到限定的媒介传播属性；具有辅助儿童教育的媒介传播属性；具有被遴选的媒介传播属性；具有受众细分的媒介传播属性。

童媒的媒介传播属性，决定其在跨文化传播中具有独特的传播优势，这在本书第二章中亦有介绍：童媒内容具有"儿童性"，在跨文化传播中较少涉及政治和意识形态等领域问题；童媒涉及文字内容少，图片内容多，在跨文化传播中易于打破语言壁垒；童媒受众数量大，受众具有成长性，是面向未来成人社会的跨文化传播；

童媒覆盖面大，在跨文化传播中具有进入主流社会的可能性；童媒易于形成 IP，跨越多种媒介领域形成传播叠加效应。

童媒的媒介传播属性和其在跨文化传播中所具有的独特优势，决定童媒可以在"讲好中国故事"中担当重任，而且"小而美""小而特""小而新"，能够在传播中国声音、构建国家形象，尤其是构建国家儿童形象方面，发挥特殊作用。童媒拥有自己的话语体系，就是拥有自己的思想内容、知识体系和语言表达形式。如果成功"走出去"，乃至"走进去"，在"讲好中国故事"方面，必须尊重童媒具有的媒介属性，充分发挥其在跨文化传播中的独特优势，形成特有的话语体系。

1. 从童媒思想内容蕴含角度看，需要明确"中国故事"定位，要向外国儿童及海外华裔儿童讲述他们能够接受和喜爱的"文化中国""现代中国""全球中国"。

童媒的内容具有思想性，尤其是那些担当"讲述中国故事"使命的童媒内容，尽管受众对象是儿童，但是其思想内容并不幼稚。一些被国外出版机构购买版权的童书，向外国儿童受众讲述了中国传统文化故事和中国现当代故事，这些故事中也经常蕴含"建立人类命运共同体"和"地球生命共同体"的使命。如：湖南少年儿童出版社出版的《汤素兰图画书系列》《中华民族节日风俗故事画库系列》《蔡皋的绘本世界》《小千鸟》《像风一样奔跑》《曹文轩水精灵系列》等作品，向亚洲和欧洲推广作品品牌和作者品牌，讲述了丰富多彩的中国故事；江苏少年儿童出版社在全球抗击新冠疫情期间，出版"童心战'疫'·大眼睛暖心绘本"，包括《九千毫米的旅行》《爷爷的十四个游戏》《列文是只猫》《空饭盒》《"躲"起来的妈妈》《会数数的口罩》六册童书，以尼泊尔语、阿拉伯语、越南语、印地语、英语等五种语言版本在海外推广，并与英国、澳大利亚等达成版权输出意向，体现了与世界各国共同抗疫的建立"人类命运共同体"的大国情怀。

2. 从童媒语言表述角度看，需要明确"讲好中国故事"要使用儿童喜闻乐见、充满童真童趣的语言，符合各年龄段儿童语言需求特点，让儿童能听懂、喜欢听、喜欢读、记得住。

习近平总书记讲故事的语言特点在童媒领域同样适用，也就是中国童媒向外国儿童所讲述的"中国故事"必须是儿童特有的语言。比如对于低幼儿童，最喜欢重复、简单、朗朗上口的童谣体语言。2008年我国著名出版家、画家周翔先生历时两年将36句童谣改编成图画书《一园青菜成了精》，该书已经成为图画书出版的"现象级"里程碑，出版十年以来经久不衰，成为家庭、学校的常备图书，广受儿童读者喜爱。英美等国家经久不衰的"鹅妈妈童谣"，现在已经成为中国家庭外语学习的重要素材，很多引进版"鹅妈妈童谣"都成为畅销童书或者超级畅销童书。

图 6-2　童谣改编图画书《一园青菜成了精》封面

3. 从童媒的图画呈现角度看，图画是儿童的语言，需要提供国际化的、满足儿童审美，同时蕴含丰富中华文化符号的儿童插图。

幼儿处于具体形象思维阶段，思维具有形象性特点，[①]决定了幼儿对图书内容的理解在很大程度上依赖自身生活经验和图画书形象，图画在形象选取和设计上体现出对幼儿具体形象思维的充分尊重。对于低幼儿童而言，图画是其认知世界、理解故事的语言；对于年龄大一些的儿童，图画为文字阅读提供支撑；而对于电视、电影和动画等童媒，视频更是可以看作图画的连续呈现。

2011 年北京大学新闻与传播学院课题组进行了实证调查，将中国文化符号相对划分为：象征性的符号，如长城、阴阳图、龙、北京故宫、兵马俑、大熊猫、中国功夫等能够代表中国形象的事物；代表大众文化生活的符号，如中国烹调、丝绸、中国园林、中华医药、瓷器、唐装旗袍、汉语、春节等；思想符号，如儒家、道家；教育符号，如北京大学和清华大学等。[②]我国具有代表性的原创童书《团圆》和《牙齿，牙齿，扔屋顶》的图画背景环境中，较多地展现了市井生活、节气习俗、建筑家具、服饰装扮以及传统饮食文化符号，如菜市场、早点摊、各色中式点心、节日宴请习俗、中式传统婚礼、遛鸟、剃头、扦裤边、路边爆米花等。在美国图画书中随处可见国家符号，例如《大卫，不可以》中背景电视上和大卫扮演的"超人"形象，以及作为引领故事走向高潮的美国国球"棒球"。

4. 从童媒的情感及感受蕴含角度看，需要在儿童受众的媒介体验中感受到"中国故事"蕴含人类的共同情感。

童媒需要牢牢把握幼儿心理发展的条件和基础，依赖、爱、信任，都属于儿童

---

① 朱智贤. 心理学大辞典 [M]. 北京：北京师范大学出版社，1989：791.

② 刘晓晔，王壮. 读图时代：儿童图画书阅读与出版研究 [M]. 北京：文化发展出版社，2020：101.

特有的情感，例如《猜猜我有多爱你》《逃家小兔》《爷爷一定有办法》《活了一百万次的猫》《我爸爸》《暖房子经典图画书系列》等一系列温情故事。即便是以传递科学知识为主旨的科学图画书，也通常洋溢着浓浓的亲情气息。童媒还要突出体现对幼儿心理特征及情感的认同，幼儿具有典型的"泛灵论"心理和"反抗期"特征，所谓泛灵论是指在儿童的眼中，自然界的所有事物都和人一样有自己的情感、体验。① 例如《好饿的毛毛虫》中毛毛虫被赋予了人的"灵"性；《爱心树》和"德国精选科学图画书"系列等图画书虽然以"大树"为主角，但也同样采用"泛灵"的手法来表现主题。

虽然国际传播需要秉承对话、交流、互鉴的原则，但我们必须摆脱先入为主的经验性误区，将自己喜爱的、欣赏的和引以为豪的内容看作是异国读者所喜爱和欣赏的，更不能固执地认为"越是民族的就越是世界的"。突出本民族特色和文化差异性虽然很重要，但从文学艺术的普遍规律看，独特的魅力和表现力，情感的厚度和深度，永远都比差异性更加重要。② 我们需要意识到童媒的思想内容、童媒的语言表达、童媒的图画呈现、童媒对儿童的情感和心理发展尊重，共同制约并构建了童媒独特的话语体系，这种话语体系的根本来源于童媒的文本内容。因此，十分有必要基于一定的原则，重新思考为世界儿童讲什么样的中国故事以及如何讲好中国故事。

儿童受众最喜欢讲故事、听故事、看故事、做与故事相关的游戏，甚至穿上印着故事人物形象的童装，使用印着故事人物各种造型的书包、文具，参加有故事人物参与的主题公园……故事文本是一种儿童媒介 IP，可以衍生和勾连出各种媒介概念和产品，因此故事文本是童媒"讲好中国故事"的核心，一般发端于童书，演化为电影、电视、动漫、游戏等等。本章对于童媒"讲好中国故事"的研究，也主要

---

① 林菁．皮亚杰的儿童"自我中心"理论述评 [J]．学前教育研究，2001（1）：23-25．
② 傅谨，高方，吴俊．重新审视"越是民族的，就越是世界的" [J]．浙江学刊，2020（4）：31-39．

以童书为研究对象，有了高质量的文本资源，就会为各种童媒的发展提供源泉。实际上，近些年，在"走出去"方面输出数量最大、表现最突出的，也正是我国的童书出版业。

三、童媒"讲好中国故事"的基本原则

作为大众媒介的童媒具有文化和商业双重属性，但与单纯的消费品不同，优质童书应有利于加深儿童对社会的认识与理解。[①]童媒首先是社会精神文化产品，具有精神引领和对儿童读者实现"社会化"的基本意图，其次才是商品。在社会效益和经济效益之间，必须以社会效益为重，因此童媒的制作必须坚持正确的价值导向，肩负起立德树人的社会历史责任。但在消费主义的裹挟下，由于缺乏对"消费者需求"的深刻探究，在童媒商品的生产中出现了对"儿童需求"的狭隘认识，过度强调"趣味""娱乐""具象"，致使一些童媒精神表浅、内容简单，陷入泛娱乐化的误区。因此在"讲好中国故事"的大命题下，我国童媒就需要处理好"儿童性"和"社会性"之间的关系，深刻地理解"儿童性"的本质内涵，以及其与"社会性"之间既对立又统一的关系。我国童媒更需要科学地处理好儿童读者需求与社会发展要求之间的关系，通过具有亲和力和吸引力的童媒作品构筑起儿童与世界和社会对话的渠道，让"儿童"和"社会"自然而美好地相遇，这也是当前国际社会在儿童教育研究中的主流思想之一。我们运用童媒所讲的"中国故事"，既要以中国儿童为受众，也要以全世界儿童为受众，实现我国童媒与世界儿童的同频共振。童媒的底层逻辑是要发端于文本故事，所以下面以童书为主要研究对象，揭示我国童媒如何在"讲好中国故事"中把握"儿童性"这一基本原则。

---

① Farris P.J., Fuhler C.J. Developing Social Studies Concepts through Picture Books [J]. The Reading Teacher, 1994, 47(5): 380-387.

（一）前瞻地理解"儿童"的两重角色：儿童与未来的成人

儿童既是一个生物概念，特指从出生到 18 岁的个体，同时更是一个社会概念。18 世纪中期以前，原本被规训着为进入社会和承担工作做出准备、甚至像成人一样种植、垦荒和收割的群体，逐渐开始被赋予"纯真""可塑""需要保护"等特征。虽然思想者一直在思考儿童区别于成人的特殊性，思考着玩耍对于儿童的重要性，但直到进入 19 世纪 70 年代，随着心理学研究的深入，玩具开始作为儿童身份的标识被固定下来，[①]"儿童"概念才被广泛接受。儿童开始大量离开工作场地，广泛地进入学校学习并最终摆脱"小大人"的固有形象，成了一个具有特指意义的群体。但"儿童"这一特殊称谓的固定并非要寻求儿童与成人世界之间的隔离，与之相反，儿童与成人的分离恰恰反映了社会对儿童的要求，体现了人们希望通过更为适宜的方式，寻求并保护儿童作为社会公民的权利与义务。

现代儿童教育的一个重要特点就在于其特别重视"公民"意识，强调儿童教育要帮助儿童理解个体与社会的关系，认识到个体对国家发展的意义，培养能够适应未来社会发展需要的社会公民，通过儿童教育渗透国家精神。美国包括学前和小学阶段的早期公民教育政策中，要求儿童早期要考察个人在与其相关的社会群体如家庭、同伴和班级中的责任与权利，重视引导儿童思考美国民主中公民的作用。[②] 日本在阅读立法中同样强调少年儿童阶段的阅读目的不仅是促进语言理解和运用，还在于维持儿童作为未来公民所应具有的高素质。[③] 可见"儿童"这个称谓反映着儿童身上所肩负的两种角色，既特指特定生理年龄期的特殊群体，更意味着他们需要成长为社会所需要的未来成人。

① 威廉·A.科萨罗.童年社会学（第四版）[M].张蓝予，译.哈尔滨：黑龙江教育出版社，2016：102.

② 蔡迎旗，唐克军，赵志敏.美国儿童早期公民教育课程标准探析 [J].学前教育研究，2008（12）：49-51.

③ 高凛.日韩全民阅读立法的经验及对我国的启示 [J].科技与出版，2017（12）：20-25.

（二）科学地理解"儿童性"的两方面："现时"与"发展"

在谈及童书的特点时，人们往往以"儿童性"为依据来强调"趣味""娱乐""具象"等特征，然而儿童的意识并非仅存在于"主观性、欲望、游戏、幻想"的层面，儿童在与周围世界建立对象性关系的过程中，主体自我意识的"现实层"正在逐步从底层之中萌生。[①]儿童必须进入世界，"享用"社会与历史的精神财富"爱、正义、善、真实、美"，这一过程就是从教育中获得生命成长的滋养与意义，而儿童的生活又将是下一代儿童的历史处境与精神资源。[②]所以说，儿童性并不意味着儿童的"趣味""娱乐"是一成不变的一潭死水，相反，儿童性恰恰意味着主体意识的可塑性和无限的可能。成人之所以将童年看作是一个独立的特殊阶段，通过童书等手段对儿童施加影响，原因正在于儿童性本身就意味着"发展"，"儿童性"既具有现时的"稚嫩""趣味""形象"等身心发展特征，同时也具有未来发展的无限可能，是现时性与发展性的完美统一。

因此以儿童为受众对象的童书，应科学地认识并理解童年及其意义，避免刻板的"静止思维"，单纯强调童年的"稚趣"，从而将肤浅的迎合粉饰为"童心关照"。而应用成长和发展的视角认识儿童，在创作中既重视不同阶段儿童身心发展的内在特点和即时需要，同时能够意识到儿童通过童书所汲取的营养应该能够为其成长奠基，在童书创作中充分体现精神文化产品对儿童发展的思想引领，引领儿童为未来奠基、与未来互动，真正地促进儿童精神世界的成长和社会的进步。

---

① 刘晓东. 儿童精神发生学对儿童教育、儿童文学的影响 [J]. 上海师范大学学报（哲学社会科学版），2008，37（1）：126-132.

② 金生鈜. 学校教育生活之于儿童的意义——对儿童享用教育生活的现象学解释 [J]. 教育研究，2018（6）：8-15.

（三）全面理解"儿童兴趣"的广泛性：眼中是生活，心中有世界

童书和玩具是童年文化的两大重要标志。而童书意义的生成过程，则依赖于儿童读者的解读和理解，是儿童与作品和作者的超时空对话。只有当童书所产生的意义被儿童读者所接受、理解和喜爱时，童书的价值才得以实现，因而现代童书创作、出版和阅读过程中都特别强调"儿童兴趣"的重要意义，强调研究儿童群体及个体的知觉和兴趣倾向，在内容创作上尤其重视以儿童家庭生活和幼儿园、学校日常生活为取材场景，以儿童感兴趣的事物和事件作为内容素材，运用儿童生活中常见的、平易近人的小动物等形象创作故事形象原型。

但与此同时，童书创作与出版需要跳出对"儿童兴趣"的表层理解，应意识到好奇心和求知欲是童年期的典型特征，儿童的兴趣随着社会的发展变化及其认知范围的扩大也在逐步增长。儿童既会对路边草丛里的毛毛虫产生好奇，同时也会对"为什么电车更节能，人们还广泛使用汽油车？""二维码和条形码的区别是什么？它们是怎么被创造出来的？"等与其生活紧密相关的现代科技问题感兴趣，它们还会对"宇宙的边界到底会是什么样子？""会不会随着科学的进步人们还会发现夸克中还有更小的粒子？"等科技所未知的领域充满好奇。事实上，早在1658年捷克教育家扬·阿姆斯·夸美纽斯（John Amos Comenius）就为儿童专门创作了带有插图的《世界图解》，并通常被认作是童书的起源，该童书就体现出了"心中有世界"的理念。童书出版领域对于儿童兴趣的理解需要从表层走入深刻，使童书内容能够真正符合儿童兴趣，体现儿童真实生活的世界，既要保证接触本民族优秀的文化，又要能够扩展儿童的视野，了解更为广阔和多元的世界；既要与儿童的现代生活相接轨，更能有机地链接历史和未来。

童书是儿童喜闻乐见的社会精神文化产品，既需要符合儿童读者的阅读兴趣，又要能引领儿童读者的精神成长。中国童书要实现与中国儿童同频共振，就必须走

出对"儿童"和"儿童性"认识的误区，避免将"泛娱乐化"或粗浅的"趣味"等同于"儿童性"，将对的"教育"功能简单地理解为"功利"。意识到童书是帮助儿童形成政治文化观念、道德认同的基本手段，成人需要引领儿童将其生活与社会价值联系起来，[①] 必须在经济效益与社会效益的博弈中保持基本立场，实现童书审美格局和文化层面的共同突破，积极承担对儿童读者和国家未来的社会责任，通过童书独特的文学语言和审美意境为儿童创作与历史亲密接触、与未来遥相呼应的精神佳作，通过优质童书引领儿童心灵成长，让儿童的精神世界与优秀中华文化一脉相承并能有所创新。

（四）加强对中国儿童生活世界的捕捉：兼顾传统与现代

以科普童书为例，进入 21 世纪以来，我国的公众理解科学运动，逐渐由科学普及迈向科学传播发展的新阶段，[②] 这一变化对传统科普提出了新的挑战，需要改变传统单向科普传递过程中受众的被动地位，重视与受众的对话，理解受众的需求，强调受众的参与，从而使科学传播具有与公众双向互动的特质。受到不同群体参与科学传播互动能力与需求差异的影响，"受众细分"也成了科学传播时代的重要议题之一。而儿童期是个体的科学素养形成的关键时期，20 世纪 90 年代开始，包括我国在内的世界各国都先后颁布了教育纲要或指南等指导性文件，倡导儿童科学启蒙教育。[③] 科学教育政策导向，直接刺激了普通家庭的科普图书消费需求，推动形成了少儿科普市场的需求旺盛。

但当前我国儿童科普图书在畅销书中的市场占有率较低，优质科普童书供给与

---

① Wolk S.Using Picture Books to Teach for Democracy [J]. Language Arts, 2004, 82(1): 26-35.

② 赵致真. 中国科普与新世纪 [M]. 北京：中国科学技术出版社，2001：96.

③ 刘晓晔，祝军. 从各国幼儿园科学教育纲要看幼儿科学教育走向 [J]. 楚雄师范学院学报，2008，23（6）：78-81+100.

旺盛的儿童科普阅读需求之间形成了鲜明的对比。① 科普童书是当前我国童书出版中的"软肋"，要真正改变现状，必须改变知识汇编的思维方式，坚持"以儿童为本位"的创作原则。②

当前我国少儿科普童书大多延续《十万个为什么》的成功经验，采用直接给出答案，省去了科学隐喻的方式，很大程度上造成儿童对科学的认识"知""行"分离，使少儿科普图书缺失了科学之魂。这实际上就反映了当前我国低幼科普并未适应科学传播时代的要求，缺乏对儿童读者阅读需求的深入研究，因此在与儿童读者的互动反应上不尽如人意，进而导致了科普创作与科普需求之间的割裂与剥离。因而基于儿童真实的科学兴趣，对当代儿童所感兴趣的问题的调查就显得尤为重要。研究发现，儿童感兴趣的科学问题不只是包括传统的动植物的外部特征、特殊能力和生长过程，人体外部特征、组织和器官，以及关于日、月、星和地球等。如孔雀怎么会开屏？毛毛虫有多少条腿？蜗牛有脚吗，它是怎么走路的？蛇为什么会蜕皮？蜗牛为什么要背个壳？玉兰花什么时候开？树会蜕皮吗？为什么树叶到了秋天会变黄？为什么到了冬天树叶会掉光？竹子怎么长得特别快？黑人的皮肤是晒黑的吗？为什么有鼻屎？为什么爸爸有胡子，妈妈没有？地球是圆的，我怎么看不到？海水没有颜色，为什么海是蓝的？为什么会下雨？沙子和土都是地球上的，为什么会不一样，沙子和土到底哪里不一样？为什么白天没有星星？北斗星为什么长得像勺子？天上一共有多少星星？星星上到底有没有人？等等。同时现代生活对儿童所产生的影响同样不容忽视，儿童很早就开始关注与其生活密切相关的现代科技问题。

儿童的科学问题是生活中的科学问题，因而这种科学问题就和教科书式的单纯学科问题不同，具有跨领域的综合性，可能与数学、科技、社会、历史、哲学等内

---

① 刘晓晔，孙璐，王苗苗. 幼儿科学图书出版现状与发展方向——基于 3 ~ 6 岁童书畅销榜的分析 [J]. 科普研究，2016（5）：90-96.

② 谭玲，郭思忧. 国内市场学龄前后科普类童书透视 [J]. 科技与出版，2014（10）：126-130.

容有着千丝万缕的隐性联结。因此，科普童书创作之初应建立"大科普"观念，顺应儿童作为小小哲学家对宇宙、生命的一些原始思考，例如"为什么大家还开汽油车？""为什么手指比脚趾长？"等，寻求从"学科思维"向"生活思维"转向，引导儿童从多种角度认识身边正在发生的科学现象，意识到科技对生活的改变，既保持对优秀传统的继承，又保有对现代儿童生活方式变化的敏感性，从而使科普童书能够真正地走入儿童的生活，与儿童和儿童的现代生活同频共振。

上述这些童书"讲好中国故事"需要遵循的"儿童性"原则，是所有儿童读物创作和编写的基本原则，也是世界各国儿童读物保证能够得到儿童读者喜爱的基本原则。在坚持这些基本原则基础上，在内容和主题上体现中华特色，讲好"文化中国""现代中国"和"全球中国"的故事，能够让童书作品成为真正为儿童而创作的"讲好中国故事"的作品，能够让中国童书具有"走出去"给世界各国小朋友讲故事的魅力。

四、童媒"讲好中国故事"的传播路径

改革开放依赖我国媒介产业获得了长足发展，但正如习近平总书记指出的，"我国文化供给已经不是缺不缺、够不够的问题，而是好不好、精不精的问题"，优质童媒相对较少、童媒传播效果欠佳等问题依然突出，这些都对童媒的健康发展和"讲好中国故事"形成了巨大挑战。

近年来技术革命使包括童书在内的媒介形成了巨大的"盈余"状态，这种状态引发了传播范式的变化。[①] 传播不再是单向和线性的传递，而愈加表现为一场受

---

① 喻国明，景琦.传播游戏理论：智能化媒体时代的主导性实践范式 [J].社会科学战线，2018（1）：141-148.

众主动选择的游戏,"人们翻阅报纸,打开电视,选择自己感兴趣的版面或者频道,选择自己满意的时间和空间去阅读或者观赏,人们按照自己的主观兴趣对报刊或者电视招之即来,呼之即去"①。与成人媒介不同的是,虽然影视、游戏同样广泛地渗入儿童生活,但影视、游戏等媒介在很大程度上会受到来自家长的传播阻力,因而饱含亲情元素和教育期待的童书这一纸质媒介在媒介融合的大趋势下,依然是最易于被儿童、家长和教师接受并对儿童产生巨大影响力的传播媒介。且我国童书市场规模巨大,在繁荣的童书市场之下,"优质童书选择"和"关照儿童的阅读兴趣"已经成为出版方和消费方的共同课题。因此基于传播"盈余"状态,以童书为代表的童媒在"讲好中国故事"过程中,必须关注并重视受众在传播过程中主体地位,实现童媒"讲好中国故事"的高效能。

20 世纪 60 年代,随着书籍、影视等各类传播媒介的空前兴盛,具有物理学和心理学双重背景,并投身于传播学研究的密苏里大学新闻学院特聘教授威廉·斯蒂芬森(William Stephenson)基于自身学术基础,捕捉到大众所喜闻乐见的媒介均具有好玩、有趣的基本特征。在大众传播研究广泛聚焦于"媒介对受众的影响"之时,史蒂芬森敏锐地意识到,媒介与受众并非单向线性的关系,只有当媒介能够满足受众的趣味时,传播才真正发生。因而他一改传统传播学"刺激—反应"的传播控制研究思路,开始致力于探索媒介与受众娱乐体验之间的关系,关注受众主体性对传播效果的影响。

1967 年斯蒂芬森出版《大众传播的游戏理论》,标志着传播游戏理论的诞生,该理论提出"传播是体现受众高度自主性和主观性的游戏"。书中用"play theory"来概括传播的本质,因此后继者将这一理论观点称为"传播游戏理论"。虽然斯蒂芬森的传播游戏理论引发了学界的广泛关注,但正如柯泽教授在为传播游戏理论研

---

① 柯泽 . 斯蒂芬逊传播游戏理论的思想史背景 [J]. 新闻大学,2017(3):107-113,121.

究专著《游戏人、Q 方法与传播学》一书所做的序中所指出的，"传播游戏理论的概念并不系统，基本上以零散和碎片化的方式存在于《大众传播的游戏理论》一书当中"。但整体而言，这一理论的核心内容是传播要充分肯定受众的主观能动性，关注受众的情绪在传播中所起到的重要作用，认为受众的媒介阅读是一种游戏过程，而这一过程既表现为表层的游戏行为，同样也包含着深层的心理游戏。把童书作为童媒的主要研究对象，主要依托传播游戏理论的媒介阅读观，思考并建构当前我国童媒"讲好中国故事"的传播路径。

（一）基于传播游戏理论构建童书"嬉"性表达路径

1. 传播游戏理论的媒介阅读观

（1）媒介阅读中"媒介"与"受众"的地位置换

在传统传播理论中"媒介"是绝对"权威"，媒介是传播的主体，受众在传播过程中则处于被动地位。而传播游戏理论彻底颠覆了这种认知，认为传播的效果是由受众决定的，与其将媒介视作改变受众的工具，倒不如把媒介视作自我取悦的玩具，传播效果的关键在于每个人自身对于媒介的主观态度。[①] 这就使媒介传播研究发生了重大转向，从关注媒介转向对受众的关注和重视。而这一转变在媒介激增甚至泛滥的时代背景下，在无限的媒介市场和有限的受众注意力形成激烈矛盾的现实之中，对于媒介如何在信息汪洋中成功"胜出"并成功地捕获受众注意力具有非凡的解释力。在童书出版领域则提醒童书媒介要勇于放下自我，深度关照儿童"受众"的需求，将儿童读者置于童书出版之"始"。

---

① 柯泽，宗益祥. 媒体只是受众自我取悦的玩具——传播的游戏理论及网络语境下对传媒业的启示 [J]. 新闻记者，2014（2）：46-50.

（2）媒介阅读过程存在"纯粹乐趣"和"乐得乐趣"

斯蒂芬森用新闻阅读的自主、自愿、"爱读不读"等特性来解释受众媒介接触的"游戏"特性，指出媒介阅读是受众在游戏中体验自己的存在和价值的过程，与功利性目的无关。基于对新闻阅读的分析，他指出阅读包含着初级和高级两种不同的水平，无论是指向外在形式的初级阅读还是指向内在心理体验的高级阅读都是游戏。其中初级阅读是指人们在阅读时可以"一会儿读点这，一会儿又读点那"，阅读获得的是"纯粹乐趣"；而高级阅读则是个体基于自身先前的兴趣系统、按照自身的阅读习惯，在各类有组织的信息中自如转换，这时受众的主体选择性更为突出，他们关注的是自身的心理体验，是一种带有自我选择特征的"自我取悦"过程，史蒂芬森将其称为"乐得乐趣（Ludenic）"。[①] 这一理论分析深刻地揭示出传播是基于受众对媒介内容的选择而产生的结果，受众的主观选择才是影响媒介传播效果的关键所在。儿童阅读同样是兼具"纯粹乐趣"和"乐得乐趣"的心理游戏过程，非功利、游戏化的阅读让儿童的阅读行为纯粹，因而更值得去呵护和尊重。

2. 传播游戏理论下童书文化传播功能的"嬉"性表达路径

传播游戏理论诞生于媒介"盈余"和彼此之间高度竞争的时代背景中，是对"传者地位式微"而"受众地位日渐"的理论回应。强调在纷繁的媒介环境下，受众会根据自身先前的兴趣经验和喜好主动地进行选择，从而形成优胜劣汰的媒介发展态势。因此，传统媒介必然需要走下高高在上的传播控制神坛，成为听从受众呼声的传播服务提供者，必须依据受众兴趣、经验、喜好、习惯等特征进行精准传播。传播者要想实现自身的商业或政治、宗教等目的，就必须要以受众为本位。[②]

---

① 宗益祥. 游戏人、Q 方法与传播学：威廉·斯蒂芬森的传播游戏理论研究 [M]. 北京：中国政法大学出版社，2017：92-104.

② 喻国明，杨颖兮. 参与、沉浸、反馈：盈余时代有效传播三要素——关于游戏范式作为未来传播主流范式的理论探讨 [J]. 中国出版，2018（8）：16-22.

（1）童书文化传播功能"嬉"性表达路径的两个维度

在传播游戏理论之下，只有当童书能够使儿童读者高度沉浸于阅读游戏之中时，才能在童书与儿童间实现通畅传播。因此，童书文化传播功能的实现便需要遵循传播游戏法则，实现文化的"嬉"性表达和传播，强调儿童在童书阅读过程的游戏性和内在精神的满足。

首先，文化传播功能走出传统的"我说你听"的教化思维，从"教化"走向"游戏"，即在"纯粹乐趣"和"乐得乐趣"两个阅读的心理层面上，使儿童读者如痴如醉地沉浸于童书阅读，在"游戏"境界中主动地接受文化，进而实现文化的有效传播。也就是说童书要为儿童读者营造双重游戏体验，先通过趣味化的"形式"乐趣，如装帧设计、绘画、媒材等外在特征吸引儿童的注意，使儿童乐享童书，同时确保童书内容与儿童读者内在阅读兴趣的一致性，使儿童读者在阅读体验中获得内在愉悦和满足，通过"形式"到"内容"的渐进性文化渗透实现童书的文化传播功能。当前我国童书出版着力于对传统文化的表达，也同样一直处于对文化表达路径的探寻过程之中，而从《荷花镇的早市》到《别让太阳掉下来》发展历程，恰恰反映出童书文化传播功能实现的路径亟需转向。在《别让太阳掉下来》的画面中，当中国传统漆器色调和民族手工玩具形象巧妙地寓于深受儿童读者喜爱的人物形象和游戏性的故事中，才能因由故事的趣味和形象的可爱，引发儿童对于文化内容的深度感知、理解和认同。

其次，尊重文化表征的三个基本层次，由浅入深地实现对儿童读者的精神引领。通过文化表征的三个层次：外在的可观察的物品和习俗，如服饰、饮食等文化符号、春节贴对联等节日习俗；价值观层次，例如对于勇敢、善良、进取等基本生活态度；文化心理层次，人们的知觉、思想过程、情感以及行为方式，[1] 使文化传播

---

① 钟年，彭凯平. 文化心理学的兴起及其研究领域 [J]. 中南民族大学学报（人文社会科学版），2005，25（6）：12-16.

功能的深度借由具象的"符号",通过"主题"不断向抽象的"思想"推进,从而实现儿童读者真正的"文化"化。也就是说,童书出版中对文化的表现需要逐层深入,在向儿童不断呈现具象的文化符号基础上,逐渐通过主题渗透文化价值观,进而表现文化思想,从而才能实现文化传播功能的有效传达。例如原创佳作《两个天才》不仅用荒诞的表现手法将儿童带入异想天开的游戏世界,同时通过画面巧妙地将珠穆朗玛峰、龙王庙以及伊瓜苏瀑布等等具象的中外文化符号融于童书之中,但作者并没有止步于此,而是借由故事的高潮——"灯泡破碎"和文字"我们该干点什么呢?"的提示,唤起儿童对"行动"这一主题的感悟,全书虽然没有讲一句道理,却使儿童在游戏化的阅读体验中不知不觉地主动接近"知行合一"的文化思想,实现了优秀传统文化的现代传递。

从纯粹乐趣到乐得乐趣

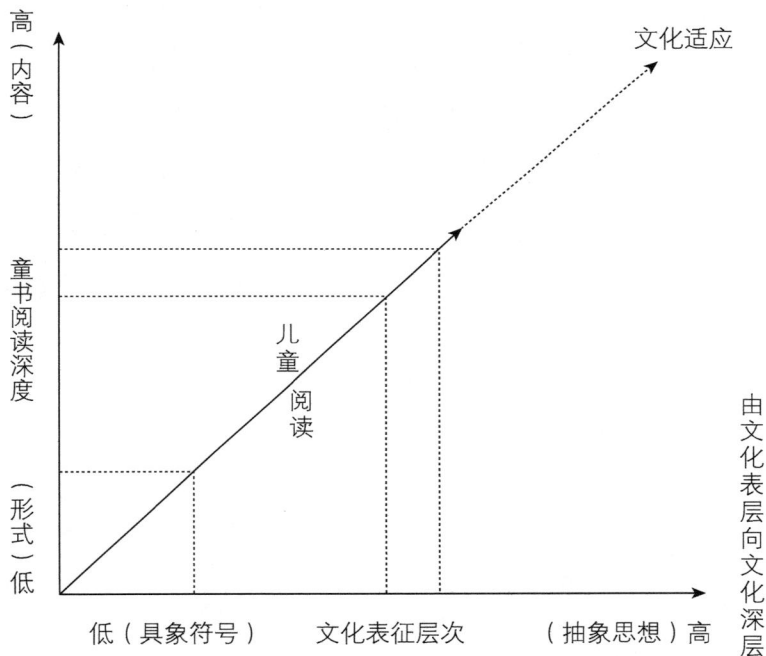

图 6-3　童书文化传播功能的"嬉"性表达路径

（2）"嬉"性表达路径与童书文化传播功能的实现

传播游戏理论视角下，童书文化传播功能的"嬉"性表达路径，即强调以儿童读者的阅读特征和需求为参照，以"游戏"体验为主线，在童书形式和内容、文化的具象和抽象两个维度渗透"嬉"性要素，从而在文化表征层次和内容表达深度两方面的不断提升过程中使儿童读者从接触文化逐渐通向文化、理解文化。

首先，童书出版要着力建设"文化符号"和"阅读形式"，即横、纵两条具有游戏性的表达途径，使童书摆脱粗浅和表层的"轻浮美"，能够真正由浅入深地实现对文化的合理表达，在内容和形式的双向推进过程中实现文化教育的功能，使儿童借由童书这一媒介，"享用"社会与历史的精神财富"爱、正义、善、真实、美"等等，这一过程就是从文化教育中获得生命成长的滋养与意义，[①]最终实现文化适应。

其次，童书出版的文化传播功能的实现有赖于儿童通过阅读与童书的互动过程，而"嬉"性表达路径的核心就在于使童书设计、文化表达尊重儿童读者的游戏特征，从而使童书得以与儿童形成更为良好、和谐的阅读互动，使儿童读者在从形式体验到内容体验，从具象文化表征到抽象文化思想上不断与文化发生交流和碰撞，接近文化、理解文化，逐步实现童书的文化传播功能，最终通向儿童读者的文化适应。

（二）我国童媒"讲好中国故事"的路径创新

童媒是关系儿童发展和国家未来的社会公共文化事业，与其他社会文化服务机构一样，同样承担着立德树人的重要使命，承担着向世界传递中国声音的重要责

---

① 金生鈜.学校教育生活之于儿童的意义——对儿童享用教育生活的现象学解释 [J]. 教育研究，2018（6）：8-15.

任。基于传播游戏理论所构建童书文化传播功能的"嬉"性表达路径，对我国童媒如何讲好中国故事带来深刻启发。童媒一方面要尊重传播规律和儿童受众特点，以理论指导实践，在更高层次上探索内容和形式的高质量发展模式。同时其创新"讲好中国故事"的路径必须有迹可循，回归实践，在遵循"嬉"性表达之路径时，须从"文化教育形式"和"文化教育体验"方面建立起儿童受众与中国文化的有效链接。

1. 由"教化"走向"游戏"的童媒文化传播形式创新

"儿童是以游戏为生命的"，当教育能够基于儿童的兴趣和经验，成功诱发儿童产生内在的学习动机时，媒介接受的过程和文化传播的过程对儿童来说就是一种游戏。因此，作为儿童媒介传播的过程亦应走向游戏，摆脱一味地向儿童"讲道理""塞东西"的行为主义思维，关注儿童在媒介接受过程中的主体地位，俯身走向儿童，意识到游戏是有效的濡化手段，是个体接受文化熏陶影响而"文化化"的基本过程，游戏中的文化适应是个体社会化过程中的关键一环，[1]只有使童媒讲述"中国故事"的内容与方式与"游戏"共舞，才能让儿童在愉悦的童媒接受过程中感受中国故事，理解中国精神。

（1）突出对童年游戏的表现，实现故事与游戏的同步传送

童媒对于儿童游戏文化的表现往往是超越个体的日常游戏经验的，着力于通过集体原型来表现与时代相适应的游戏文化。引进版童书研究中就发现了这样的特点，这些童书常常依托儿童的日常游戏经验，将滑板运动、棒球运动、海盗游戏、超人扮演、马戏演出等塑造成故事背景和内容场景，[2]使儿童自然而然地在沉浸故事

---

① 刘焱. 儿童游戏通论 [M]. 北京：北京师范大学出版社，2004：41-48.

② 刘晓晔，王天娇，王壮. 文化符号在美、日两国儿童图画书中的表现形式与特征研究 [J]. 出版发行研究，2018（7）：85-88.

情节的同时，被这些集体游戏原型所同化，带有群体文化印记的游戏也就逐渐成了读者的游戏。但与国际畅销作品《不一样的卡梅拉》《大卫，不可以》《皮特猫》等作品中无处不在的儿童游戏场景相比较，无论是我国原创童书还是儿童影视中描绘和渗透儿童游戏的意识，总体还不强。但近年来一些优秀童书作品，如《星期三下午捉蝌蚪》，就特别描绘了儿童游戏，在游戏中巧妙地通过嵌入"鱼语"实现对甲骨文和象形文字等文化内容的呈现；《滚雪球》《神探狗汪汪》等低幼童书作品也在一定程度上表现了童年游戏，如儿童堆雪人、玩纸面的"视觉大发现"等游戏，突出了儿童阅读与儿童游戏过程的统一，通过游戏文化这一最贴近儿童经验的内容，以最简单和直接的方式让文化传播功能走向儿童。

（2）打造游戏性的中国文化符号，提高文化的辨识度和亲和度

游戏化传播已经成为国际媒介传播所惯常使用的策略和方法，国际童书出版中就特别重视通过打造具有典型游戏特征的文化符号实现文化传播范围的最大化。例如，当孩子们提起"牛仔"时，想到的可能并非美国西部大开发的历史事实，而是一个带有特定服饰特征、浑身散发着励志和自由的积极精神的"酷"形象；提到"海盗"可能想到的也并非邪恶，而是具有传奇色彩和魔幻气质的外在形象。童书在文化节俗的表现上更是着力彰显游戏性，努力为儿童营造"礼物从天而降"和"不给糖就捣蛋"的游戏感受。但我国童媒缺乏打造文化符号的经验，在文化表征上往往强调文化的广博和深度，对"哪吒""悟空"等 IP 形象的游戏化阐释不足。国际上畅销童书中的节日往往被符号化地聚焦和定型，绝大部分作品中的圣诞节都突出地表现为"圣诞老人送礼物"的节日。在《神奇校车：中国大游历》中，中国的春节也同样以儿童的游戏为主线被充分地聚焦，春节被描绘成为"放 15 天鞭炮"的超长假日，最后一天的元宵节则是"孩子们打着灯笼在村里走"的日子。与之相对，我国原创童书作品对春节符号的描述就极为丰富，包括了饺子、爆竹、舞龙舞狮、灶王爷、对联、灯笼、压岁钱等诸多节俗内容，春节的游戏特征并未得到突

出，使儿童难以把握节日的典型特征，喜爱程度也因此大打折扣。虽然中华文化强调博大、包容和开放，但在童媒这一特定媒介的传播中应充分重视游戏特征，打造具有快乐度和辨识度的中华文化符号，从而塑造儿童积极的群体文化意识，实现优秀中华文化的国际化传播。例如，在童书出版中尽量避免对于节俗的生硬表达，关注《小粽子，小粽子》《饺子和汤圆》等作品的表现方式：一方面通过凸显的文化符号，使文化更容易被儿童识别和接受；另一方面，通过故事所渗透的积极情绪，使儿童读者能够借由愉悦的阅读过程真正走进文化、热爱文化。

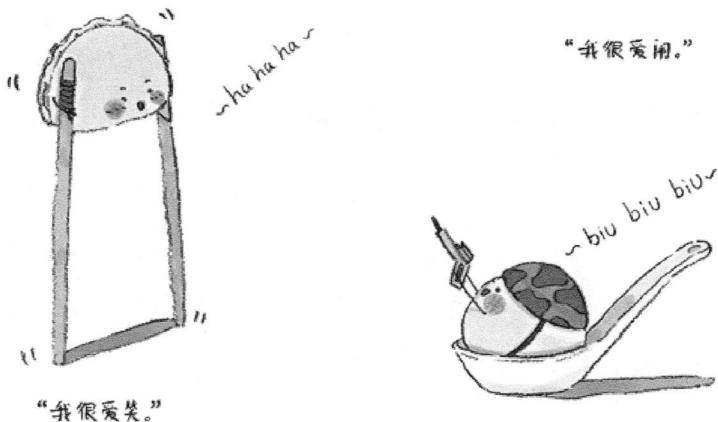

图 6-4 《饺子和汤圆》中的游戏化表达

2. 童媒"形式"和"内容"的双重文化体验创新

传播活动如何赋予传播内容一种类似于游戏的体验，引导受众沉浸其中，获得最大程度的阅读乐趣与情感体验，是传播游戏的核心内涵。[①] 无论是作为媒介的童书，还是其他传播媒介，"游戏"都是童媒传播中最为本质的特征之一。童媒内容

———————————

① 蒋晓丽，贾瑞琪. 后互联网时代的传播游戏化及其表征——一种符号学视角 [J]. 社会科学战线, 2018（1）: 149-156.

中所隐含的社会角色、行为方式、人际关系、道德价值，甚至是包含在其中的衣食住行等具体的文化内容都将在愉悦的阅读盛宴中作为佐餐和调料进入儿童的身体，长成其骨骼、肌肉和头脑。

现代童媒已经超越了媒介本身的范畴，演进为富媒体、泛媒介的形式。童媒类型的多样化，是满足儿童审美需求的重要手段，多样化的童媒若能从外在特征上激发儿童的兴趣与探索的欲望，无疑会吸引儿童的阅读注意力，从而产生积极的传播效果。童媒形式的多样性，恰恰反映了童媒在形式上与儿童初级阅读游戏行为之间的呼应。因此在传播游戏指引下，童媒需要从"形式"和"内容"两方面共同来营造游戏体验。

（1）创新童媒的文化表现形式，唤起儿童的立体文化知觉

儿童受众相对于成人来说，最大的特点在于其处于前运算智力阶段，对事物的认识过程更加受到自身感知觉和事物具体形象的影响。因此童媒的一个重要特征便在于需要从形式上吸引儿童，从而使儿童能够首先产生媒介阅读兴趣，使童媒"讲好中国故事"的功能得到发挥，且对于年龄越小的儿童就越是如此。

以童书为例，近年来我国原创童书的出版形式不断创新，采用不同开本和工艺的立体化、玩具型童书，诸如异形书和发声书、洗澡书和触摸书、洞洞书、拉拉书、热敏材料书等层出不穷。但在童书形式与文化因素的结合上仍然需要进一步探索。近年来乐乐趣等出版机构推出了《大闹天宫》《花木兰》立体书等将文化内容与童书形式有机结合的佳作；《洛神赋》《京剧猫》等中国风情作品层出不穷；《四季的故事》《老鼠嫁女》《漏》等突出中国剪纸、皮影、绘画风格的作品集中涌现；《老虎外婆》《猪八戒吃西瓜》等传统连环画作品的绘本化使传统作品再现生机。但是总体而言，我国童媒与"中国文化、中国故事"的结合度仍然不高，传统书画、布艺、折纸等手工艺和非物质文化遗产与童媒形式的结合仍存在广阔的创新

空间。此外，优秀中华文化是传统与现代的结合体，童媒创新发展中应该充分关注现代文化元素在媒介设计中的应用，意识到文学、艺术、教育、科技，以及建筑、饮食、曲艺、服饰等都是典型和特殊的文化表现形式，[①] 从而能够超越传统，实现对当代优秀中华元素文化的挖掘和表达，使儿童从生命的最初就浸润于多样、立体的"中华"元素之中，不断感知并吸收"中国故事"。

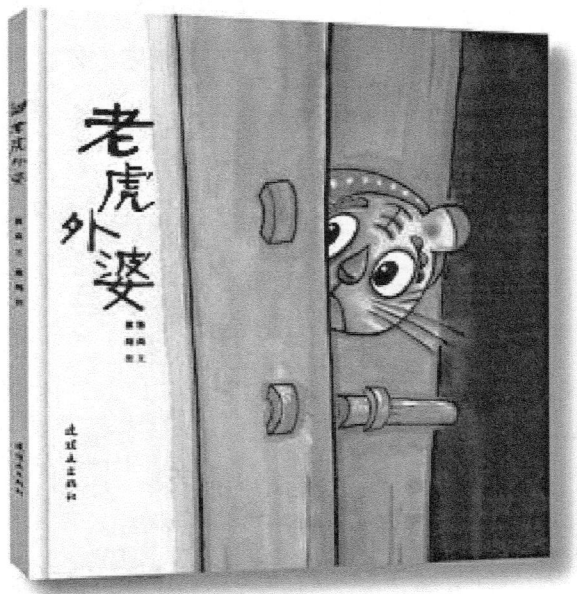

图 6-5　绘本《老虎外婆》封面

（2）提高童媒内容的游戏性，激发儿童的文化好感度

内容制造是传统媒介的优势，也是其于媒介竞争环境中安身立命的法宝。童媒作为儿童社会教育的重要组成部分，尤其需要内在价值，如果童媒无法生产具有知识性和思想性的价值信息，任凭其形式上添加再多的游戏和文化元素也终将是空洞

---

① 彭凯平，王伊兰.跨文化沟通心理学 [M].北京：北京师范大学出版社，2009：43.

的躯壳，无法形成竞争优势。因此童媒"讲好中国故事"必须与内容紧密联系，经由形式、内容，最终通过感受和理解蕴藏在媒介内容中的内在精神。从这一意义上来讲，童媒内容需要重视游戏化，但游戏化并非目标，而是意在唤起儿童参与"中国故事"的动机而刻意埋伏的线索，其目的是引导儿童在游戏化的阅读体验中接近中国故事，实现对儿童行为、情感和思想的浸润和影响。

这也就意味着童媒要借由儿童喜闻乐见的游戏化表现特征渗透精神层面的文化内涵，将生硬的文化符号表征和讲"道理"式的阐述方式呈现在趣味的故事表现方式中，使儿童读者愿意并能够主动参与文化传递过程。以丰子恺图画书奖获奖作品《进城》为例，其不仅创新性地将"父子骑驴"这一传统故事进行了改编，融入了传统文化中的诸多人物和文学符号，如孙悟空、林黛玉、武松、姜太公等，更为重要的是这一作品还透过中华优秀传统文化中的人物符号，表达除了人物所蕴含的精神与思想，将敬老、勇敢、承担等传统观念巧妙地融于童书情节之中，并最终通过骑驴父子遭遇"姜太公钓鱼"这一场景后的顿悟，直击中华文化"不苟为""不刻意"的思想，走入淡定和随缘的文化境界。

正如对《进城》的创新性表达一样，童媒内容发展中还需要特别关注一点，即游戏性绝非全新事物，我国传统童媒中有大量具有游戏特质的佳作。传统故事《龟兔赛跑》《猴子捞月》以及传统动画《天书奇谈》等作品为儿童营造了独特的审美游戏情境，使儿童读者在与童书的交流过程产生了姚斯所提出的"同情型认同模式"，[①]当他们在读"兔子"和"猴子"时，会自然地对人物产生一种"蠢到家了"的阅读评价，在阅读过程中形成"众人皆醉我独醒"的读者优越感，从而使阅读过程成为充满欢愉和胜任感的游戏体验过程。传统童谣中的词语接龙、词语开花等表现形式对于儿童来说同样是游戏的过程，诵读"一个小孩穿花鞋，歪歪扭扭去上学，老师

---

① 刘绪源. 儿童文学的三大母题 [M]. 北京：少年儿童出版社，1995：9.

嫌他年纪小,他背着书包往家跑,跑跑跑不了,了了了不起,起起起不来,来来来上学,学学学文化,画画画图画,图图图书馆,管管管不着,着着着火了,火火火车头,头头头米了,迷迷迷眼了,掩掩掩手了,手手手榴弹,看谁是个大笨蛋"的过程可以令儿童获得语言和游戏的双重快感。而众多国际畅销作品,如《花木兰》等也存在着以我国传统故事为原型的改编作品。这些都充分说明我国传统童书中存在强大的游戏基因。值得庆祝的是,这一观念已经引起我国童媒业者的重视,上海美术电影制片厂在延续传统动画片优势的基础上打造的《中国奇谭》系列动画短故事即将推出,将在极大程度上形成对中国动画精神的继承和发展。因此,提高童媒内容的游戏性需要童媒业者在培育现代作品游戏精神的同时,充分关照传统童媒的游戏性特征,形成具有中国特色的童媒"讲好中国故事"的表达模式。

图 6-6 动画片《中国奇谭》宣传片

在传播范式由媒介主导思维下的"教化"转向受众主体导向的"游戏"之际,基于传播游戏理论视角,关注儿童作为媒介传播过程的媒介阅读者身份特征,审视并反思童媒"讲好中国故事"的传播过程与实效,实际上就是在改变童媒传播的单向思维方式，基于传播的双向塑造思维来理解童媒，意识到在向儿童传递中国故事的同时，童媒也必须顺应儿童受众对其的改造，从而使童媒的传播功能适应变化的儿童、变化的时代。当然，在童媒"讲好中国故事"的"嬉"性表达过程中需要把握方向，明确"嬉"有利于"中国故事"的传递，但它只是开启传递大门的钥匙，并不是童媒所要追求的本质。其目的在于引导童媒在媒介高度竞争时代借由"嬉"性特征更好地发挥传播优势，形成"嬉"性表达和"讲好中国故事"的积极融合，从而使童媒真正走向世界、走进儿童。

五、童媒"讲好中国故事"与中国国家形象构建

中国的少儿出版市场是一个高速增长、充满创新活力和高度国际化的出版领域。改革开放以来，尤其是加入 WTO 之后，我国已经成功引进大量的外版优秀少儿出版物。一方面，中国儿童能够阅读到世界优秀儿童读物；另一方面，存在着引进版与我国原创两类儿童读物所带来的他国与本国之间媒介信息的博弈和符号竞争。在少儿出版全球化语境下，我国原创儿童图画书通过文字和图画所构成的媒介符号不但是中国儿童接受爱国主义教育、建构正确的国家形象并同国家建立深厚情感的最重要的内容载体，而且担负"讲好中国故事，传播好中国声音"的历史使命。

幼年时期是个体爱国情感的孕育和奠基时期。[①] 儿童图画书是儿童最喜闻乐见的读物。2019 年 11 月中共中央、国务院印发《新时代爱国主义教育实施纲要》，明确提出爱国主义"要坚持从娃娃抓起"，"推出反映爱国主义内容的高质量儿童读物"。通过儿童读物向我国儿童呈现一个怎样的中国，在他们的心目中建构什么样

---

① 梅仲荪. 爱国之情从小培养——幼、小、中分阶段进行爱国主义教育的实验初探 [J]. 中国教育学刊，1991（3）：31-34.

的国家形象，是培养儿童爱国之情、砥砺强国之志、实践报国之行的重要途径和基础。近年来我国原创儿童图画书的创作与出版始终以社会效益为核心，积极发挥对儿童的文化浸润和价值引领作用，在建构国家形象方面取得了一定的成果。展示载人航天、超级工程方面伟大成就的"中国力量科学绘本"、介绍中国科学家成长故事的"共和国脊梁科学家绘本"、反映我国 5000 年文明发展变化的"中国国家博物馆儿童历史百科绘本"等众多优秀作品均从不同角度勾勒出一个或历史悠久或生机勃勃的中国，形成了对国家形象建构的初步探索。争取国际受众的认同是加强国际传播能力建设的必要环节。[①] 这些优秀的儿童图画书走向世界舞台，也必然能够为世界儿童了解中国提供基础，在他们心中构建中国国家形象。

（一）国家形象与国家形象建构

1. 国家形象

我国学者管文虎在其主编的《国家形象论》中首次对国家形象进行了界定，指出国家形象是一个综合体，它是国家的外部公众和内部公众对国家本身、国家行为、国家的各项活动及其成果所给予的总的评价和认定。它是国家力量和民族精神的表现与象征，是主权国家最重要的无形资产，是综合国力的集中体现。[②] 学者孙有才在这一概念的基础上，对国家形象的具体评价和认定内容进行了更为具体的描述，认为国家形象是一国内部公众和外部公众对该国政治（包括政府信誉、外交能力与军事准备等）、经济（包括金融实力、财政实力、产品特色与质量、国民收入等）、社会（包括社会凝聚力、安全与稳定、国民士气、民族性格等）、文化（包括科技实力、教育水平、文化遗产、风俗习惯、价值观念等）与地理（包括地理环境、

---

① 高金萍，朱一达 . 让国际受众成为同路人——国际传播能力建设视域下的认同研究 . 新闻春秋 . 2022（6）：12-20.

② 管文虎 . 国家形象论 [M]. 成都：电子科技大学出版社，1999：23.

自然资源、人口数量等）等方面状况的认识与评价。[①] 而后我国学者大多沿用了这一概念系统，认为国家形象在总体上取决于国家的政治、经济、社会、文化、地理等综合国力的具体内容，但它依赖于公众对于相关信息的主观评价和认定，国家形象在本质上是被媒介塑造出来的信息，是被公众知觉到的一系列媒介符号所构成的意义系统。

在国际相关研究中，亚历山大·布曼（A. Buhmann）认为国家形象是利益相关者对一个国家的主观态度，并于 21 世纪初提出了由功能性、规范性、审美性和共情性四个维度构成的 4D 国家形象模型，证实了该模型适用于不同群体对不同媒介构建的国家形象的分析。[②] 我国学者张悦运用这一模型，在对教科书中的国家形象研究进行编码的基础上，建立了更为详细和明确的国家形象分析框架，将功能维度分为政治、经济、科技和国际关系；规范维度分为规范、价值观和秩序（社会治安和制度体系）；审美维度分为文化、自然风貌和人物（国民榜样和代表）；共情维度分为情感、精神和愿景（包含民族自豪与情感认同，如航天精神、实干精神等；愿景代表着对美好未来的共同期望，如中国梦）。其中，功能、规范和审美维度属于国家形象的认知层面，共情维度属于国家形象的情感层面。[③] 孙有才和布曼对于国家形象研究的角度虽然不同，但仍然存在较大的共通之处，4D 国家形象模型中的功能维度基本囊括了孙有才研究中主要的国家形象内容，而地理和文化形象在 4D 国家形象模型中则隶属于审美维度，为便于细分且与我国绝大部分研究保持一贯性，本研究仍然沿用孙有才对于国家形象研究的基本看法，从政治、经济、社会、文化、地理角度对原创儿童图画书的国家形象建构进行分析。

国家形象分为内部形象和外部形象，当前关于中国国家形象的研究主要集中于

① 孙友中 . 国家形象的内涵及功能 [J]. 国际论坛，2002（3）：14-20.

② Buhmann, A. Measuring Country Image: Theory, Method, and Effects [M]. Springer VS, 2016: 43-45.

③ 张悦 . 初中《道德与法治》教材中国家形象的社会表征研究 [J]. 教育研究与实验，2021（1）：15-21.

中国国家形象的国际传播，但就像一个大写的"人"字，其中中国人如何看待中国，即内部公众心目中的国家形象不可或缺。①

2. 国家形象的建构

国家形象并非国家本身，它依赖于媒介的塑造和公众的感知。国家形象通常分为三个层次，国家实体形象（客观真实）、国家虚拟形象（媒介符号真实）、公众认知形象（主观真实）。② 媒介是社会公众获得对外部世界认识的主要渠道，而媒介的信息传播依赖于"符号"，因此媒介中由各种"符号"构建的国家虚拟形象对公众所认知到的国家形象起决定性作用。在国家形象建构过程中，美国就通过各种各样的媒介，如好莱坞电影、广播电视、印刷产品、互联网、迪士尼乐园等，主导着美国形象的传播，可以说媒介符号在国家形象建构中具有核心的地位和作用。③

由于国家实体形象往往内容纷繁、复杂多元，且会随着社会的发展和自然环境的变化发生改变，由于公众生活经验的局限性，其难以直接感知国家实体形象的全貌，因而难以被公众充分、整体地把握和感知。因此借助符号被媒介塑造的、具有象征性和代表性的国家虚拟形象就成了国家形象反映。它是媒介对国家实体形象的选择、概括和加工过程，原创儿童图画书中的国家形象建构就隶属于这一层次。

① 吴飞，陈艳. 中国国家形象研究述评 [J]. 当代传播，2013（1）：8-11.

② 段鹏. 国家形象建构中的传播策略 [M]. 北京：中国传媒大学出版社，2007：8.

③ 蒙象飞. 中国国家形象与文化符号传播 [M]. 北京：五洲传播出版社，2017：127-128.

（二）原创儿童图画书中的国家形象建构

1. 建构底蕴深厚、科技蓬勃发展的国家文化形象

对于政治、经济、社会、文化和地理五个方面的国家形象来说，近年来我国原创儿童图画书较多着力于文化形象的塑造。首先，涌现出较多关于我国历史文化遗产和塑造传统风俗习惯的作品。部分作品直接以文化遗产为主题，如《建长城》《小石狮》《秦小俑》等，另外一些作品则通过泥塑、皮影、剪纸等创作手法以及对中国色彩和图样的运用来呈现历史文化遗产，例如《阿诗有块大花布》《地上地下的秘密》等作品让文化遗产自然而然地"符号"化而走入儿童视野。以"传统节日"为依托，向儿童展现节日的习俗的作品日益增多，"中国传统节日绘本"系列层出不穷，一些具有童真童趣的作品如《从前有个月饼村》《饺子和汤圆》等开始涌现。其次，近年来围绕大型工程进展、宇宙空间探索内容，表现我国科技实力的现实主义作品开始增多。透过《你好！空间站》《中国桥》《勇闯南极——中国南极科考队建站之旅》等作品，儿童不仅可以了解我国最前沿的科技发展，更可以感受到一个高速发展和拥有创新能力的中国形象。再次，少量作品开始表现出对中国教育文化的塑造。事实上较早的原创儿童图画书作品中就已经在一定程度上呈现了中国教育文化，例如 2012 年出版的《那只深蓝色的鸟是我爸爸》就以中国家庭中常见的辅导孩子写作业为故事主线，近年来《迟到的理由》《我叫小齐齐》《骑着恐龙去上学》等以学校生活为主题或情节的作品开始出现，但总体而言相较于国外大量以幼儿园和小学生活为主题和背景的绘本来说，我国原创绘本在教育文化的表现上有极大的发挥空间。而文化价值观念由于相对抽象，因此往往渗透在具体故事内容中，例如在《你好！空间站》等作品中就渗透了乐观、进取、合作的价值观念，《安的种子》则通过故事散发出淡淡的禅味，表达了东方智慧和价值观念。

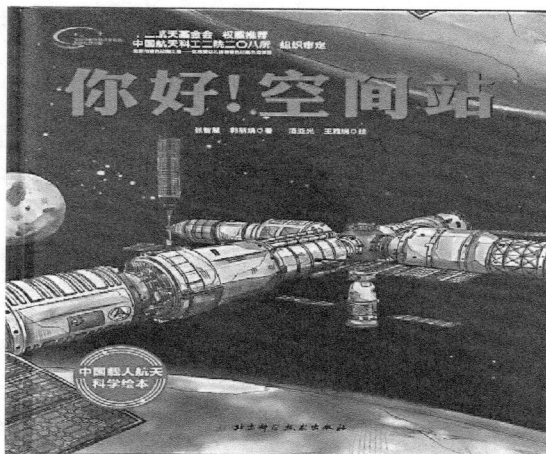

图6-7 《你好！空间站》封面

2. 展现出疆域幅员辽阔、物产资源丰富的国家地理形象

近年来，我国原创儿童图画书较好地在儿童心目中塑造出幅员辽阔、疆域广大、资源和生物丰富多样的国家地理形象。首先，原创图画书生动地刻画出疆域辽阔、气势恢宏的国家地理形象。例如《一条大河》以承载着中华民族精神的黄河为线索，展现了山脉、草原、沙漠、绿洲、峡谷等众多地貌，在气势恢宏的写实中又将磅礴大气的中国精神展现得淋漓尽致；以云南哈尼梯田为背景和主体内容的《盘中餐》，在细腻的景色描绘中向儿童展现了中国人民质朴、勤劳的精神特质；《敦煌》则不仅展现了雅丹地貌的奇异景观，还以此为线索向儿童展示了中国古代的政治、艺术和外交。"美丽中国·从家乡出发"系列图画书《中国正在说》等以中国各省、市、自治区为单位，向儿童全方位地展示了中国；《小小旅行家》原创人文地理绘本选取北京、上海、广州、成都、哈尔滨、西安六个典型城市，塑造出发展和活力的中国城市形象。其次，表现中国丰富的动植物等自然资源的原创图画书开始增多。其中一些图画书从"中国"这一整体概念出发，介绍丰富的自然和物产资源，例如《奇妙的中国植物》《中国古动物馆百科绘本》等；一些图画书则以特定地

域为背景，介绍特定的自然和物产资源，如《鄂温克的驼鹿》《草原上的小猎犬》不仅介绍了少数民族的风俗习惯、物产资源，同时也向儿童展示出中华民族的多元一体、和谐共处的文化风貌。

图 6-8 "美丽中国·从家乡出发"系列图画书

3. 透过勤劳、助人、创新的中国人民建构负责任的中国社会形象

国家社会形象往往与文化、地理、经济、政治存在极为紧密的联系，因此原创图画书对于国家社会形象的建构也往往与文化和地理形象表现相交织，而透过创造历史文化和现代科技的广大人民，通过他们身上展现的勤劳、坚韧、助人、创新等印刻在中华民族血脉里的品质，展现出"负责任的大国"这一现代中国社会形象。首先，具有勤劳、助人品质的中国人不仅创造了现代化的中国，也为世界人民的幸福生活做出了巨大贡献。例如，《铁路通车了》等作品不仅表现了铁路建设过程，而且通过中国工程师海外援建的客观事实有力地阐释了中国作为负责任大国的

国际主义精神；《等爸爸回家》《爷爷的 14 个游戏》等作品中真实地展现出中国人民为对抗世界性疫情所做出的牺牲和努力；《喜鹊窝》将大西北的风沙与儿童的日常生活联系在一起，让儿童感受到每位中国公民都可以成为生态环境的卫士的中国社会。通过这些原创儿童图画书作品为儿童展示一个致力于构建人类命运共同体的负责人的大国形象。其次，科学家故事中展现的中国人坚韧、创新等优秀品质，让儿童感知个人与国家的紧密联系。竺可桢、钱学森、何泽慧、吴征镒、刘东生、梁思礼、袁隆平、屠呦呦等优秀中华儿女的奋斗故事，可以让儿童深刻地感知到"少年强""中国强"，通过对中国人集体性格的认识建立对国家形象的认识。再次，近年的作品在展示现代城市生活的同时，也向儿童展示了留守儿童等社会现象，建构关注弱势群体的国家轮廓。例如《款冬的村庄》《脚印》均以留守儿童形象为主人公和核心内容，让儿童了解或与自己相似或与自己不同的童年，原创儿童图画书对弱势儿童群体的关注同样也在展现一个富有关爱情怀、具有社会责任感的国家形象。

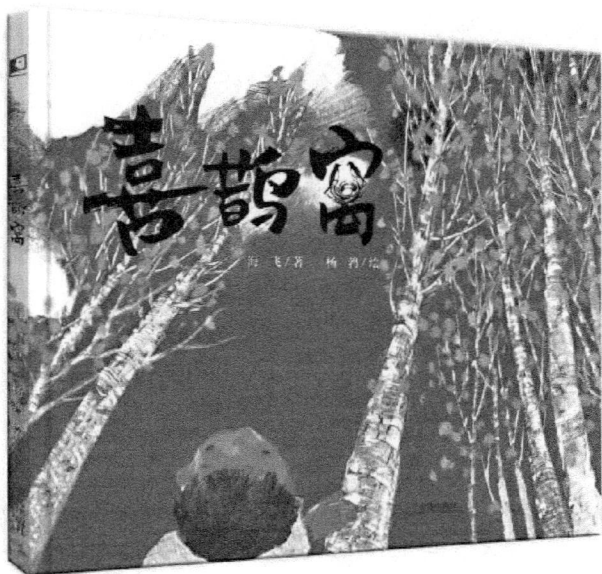

图 6-9　图画书《喜鹊窝》封面

4. 借助儿童能够理解的主题出版内容建构中国的政治和经济形象

一些面向儿童的主题出版读物，如《中国力量——营造希望的医院》等绘本，对于在儿童读者心目中建构良好的中国政治和经济形象起到了积极作用。儿童图画书的读者是儿童，其生活体验和认知经验有限，这类作品创作难度较大，也可能会超过儿童的理解力。但在一些以科技为主要内容的图画书中已经初步涉及了一些关于军事装备内容，如《航母，启程了！》《了不起的中国军事》等作品。

虽然儿童图画书的读者对象是儿童，但从题材上看，有越来越多的原创图画书开始关注现实问题。一些现实题材作品成功实现了版权输出，例如，《巴颜喀拉山的孩子》向儿童读者讲述了随着时代变迁，牧民在传统和现代之间的选择与内心冲突，引导儿童思考人与自然该如何更好地和谐相处。《建座瓷窑送给你》则描绘了当代工业文明下传统手工业面临的困境，让小读者在了解制瓷过程，感受到中国瓷都悠久的历史文化时，体会社会发展造成的传统与现代的隔阂。《垃圾分类科普立体绘本·地球环保大作战》则通过故事的形式和立体化的图书设计，引导小读者学习垃圾分类知识，感受环保的意义，在低碳时代这样的作品不仅具有现实意义，同时也向世界展示了中国社会的飞速发展和所面临的各类现实问题。但总体而言，富有趣味的，能够表现国家政治形象和经济形象的原创儿童图画书相对较少，这类童书在出版数量、品种、呈现方式等方面都有待进一步提升，为我国少儿出版工作者提出了富有挑战性和使命感的重要出版命题。

（三）原创儿童图画书对国家形象建构的特点

1. 从建构内容维度看：初步建构以文化、社会、地理形象为轮廓的国家形象

当前，我国原创儿童图画书在对国家文化、社会、地理和经济、政治形象的建构上呈现较为集中的趋势和特点。大量图画书展现了中华民族悠久的历史文化底

蕴，同时也开始对中国现代的科技、文化发展进行更多的描述，呈现了一个悠久历史与现代活力并存的发展中国家形象；关注我国的疆域、地理、生物等资源，为儿童建构一个疆域辽阔、富饶美丽的国家形象；重视对中国社会形象的建构，着力打造一个关注民生、和平发展的负责任的大国形象。总体而言，原创儿童图画书对国家形象的建构已经初见成效，为儿童提供了中国国家"画像"，在潜移默化中强化其爱国主义教育，增强国家对"小公民"的凝聚力和感召力。

2. 从建构均衡程度看：国家形象的各个内容维度存在一定的失衡现象

我国原创儿童图画书对国家形象的建构以文化形象为主，着力于挖掘中华民族历史文化底蕴，重视对现代工程和科技的描述，但对现代科技形象的介绍多集中于大型工程，对生活化的科技、文化的阐释不够全面。对我国丰富多样的地形地貌的描述仍然不多，类似于《奇妙的中国植物》对自然和生物资源、珍稀物种的介绍

图 6-10 《奇妙的中国植物》系列童书

相对较少。虽然大多原创儿童图画书开始关注中国社会形象的建构，但对于中国对国际社会的贡献、人工智能时代中国社会的新发展和新变化等方面的内容呈现略显不足，对在各自岗位上做出突出贡献的"普通人"的介绍仍然较少，鲜有像《驴子图书馆》一样既能反映普通人民的品格，也能反映社会形象的佳作。对比来看，国外儿童图画书经常通过直接表达或内容嵌入的方式向儿童介绍社会团体和国家领导人，如《好大一个喷嚏》《我不叫亚历山大》《爱看书的男孩：亚伯拉罕·林肯》等。

3. 从建构表达方式看：倾向以直描和叙事的方法展现表层的国家形象

国家形象既可以表现为对一个国家政治领域的直接"宣传型"符码表征，也可以表现为媒介领域的间接隐含型价值渗透，还可"镶嵌"于文学艺术之中"潜意识地劝导"和暗示。[1] 当前，我国原创儿童图画书对国家形象的建构方法多为"直接"和"怀旧"，大量作品为非虚构类作品，虚构类作品对国家形象的建构方面较为薄弱。原创儿童图画书需要在国家形象构建中谋求宏大的国家形象，并接近和匹配儿童读者的生活经验，最大限度地引发儿童的共情体验。在弘扬中华优秀传统文化的氛围下，大量图画书作品在挖掘我国优秀历史文化和传统方面表现优异，对于文化遗产和遗迹、节日文化传统的描述较多，采用现代叙事方法对当代社会发展变化和儿童现实生活进行深度挖掘的作品仍较为稀缺。

（四）对原创儿童图画书中国家形象建构的建议

1. 对国家形象进行科学凝练，提升原创儿童图画书出版境界

国家形象建构是一个国家在政治、文化和传播领域的重大问题，童书出版是社会教育的有机组成部分，同样承担着立德树人的重要使命。当前，我国原创儿童

---

[1] 刘丹凌. 论国家形象的三重内涵——基于三种偏向的分析 [J]. 南京社会科学，2014（5）：106-114.

图画书对国家形象的建构已经初露端倪，形成了符合我国国情的国家形象轮廓。未来，少儿出版领域需要进一步关注中国社会、经济、政治、文化、地理等多个方面的变化和趋势，并对这些趋势进行科学总结和凝练，指导原创儿童图画书明确选题读者定位、提升选题社会价值，助力全社会深入开展面向儿童的爱国主义教育。

2. 关注国家形象建构的维度均衡问题，展示全面、立体的国家形象

媒介是儿童社会化的重要影响力量，对儿童的国家认知和评价、儿童爱国主义情感的培养有着重要影响。因此，儿童图画书作为"儿童的第一本书"为儿童提供了关于国家的社会、经济、文化、地理等各方面内容的第一画卷，将在儿童的心目中构筑出一个"纸面上的中国"。我国儿童图画书在政治、经济等国家形象建构方面略显薄弱，因此要借鉴国际上许多优秀儿童图画书的出版经验，创新图画书的题材、体裁和呈现方式，为儿童展示一个更加全面、立体的中国国家形象。

3. 建立跨学科、跨领域的人才队伍，构建现代化、真实的国家形象

当前，我国儿童图画书表达的内容已经超越了文学、艺术等领域，表现为多学科的整合和对某些学科领域内容的系统性展示，这些图书的内容必须依靠专业化的人才队伍参与创作和指导才能完成。例如，广州地铁设计研究院编写的图画书《地铁是怎样运营的》，由参与建立南极中山站的中国科学院科学家创作的童书《勇闯南极——中国南极科考队建站之旅》，由中国国家博物馆的专家团队撰写的《我们祖先的餐桌》，由陕西历史博物馆官方出品的儿童科普绘本《唐妞带你游大唐》等，这类图画书需要特殊学科领域的专家、儿童文学作家及插画师或者摄影师共同完成。跨学科与跨领域的创作团队精诚合作，才能为儿童读者呈现中国科学、历史、文化的真实样貌，在儿童心目中建构真实、准确的中国国家形象。

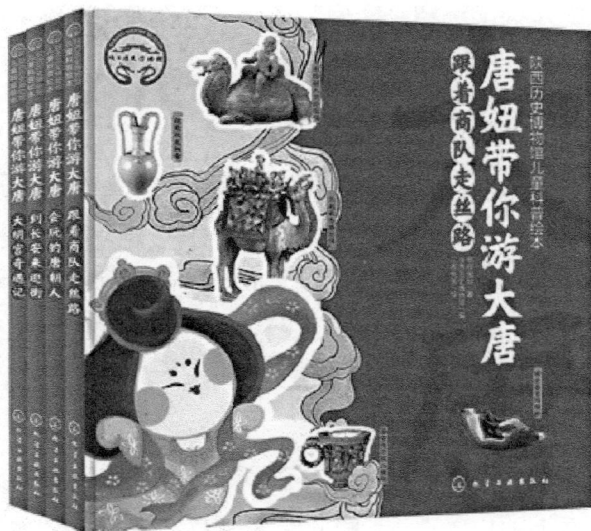

图 6-11 《唐妞带你游大唐》系列绘本

4. 重视儿童的兴趣和经验，提升国家形象建构的成效

国家形象的建构依赖于公众的认知基础、文化和身份背景、认知习惯、接受媒介形象信息的语境等。[①]儿童图画书建构的国家形象并不等同于儿童认知的国家形象，当图画书中的国家形象无法吸引儿童的注意力或超出儿童的认知经验时，就会导致国家形象不被理解和接受。当前，我国原创儿童图画书对国家形象的建构往往较为直接，是一种以传者为中心的表达状态，仍然缺少对儿童读者的兴趣和经验的探究。在国家形象的建构过程中，可以将之物化到建筑、风景、食品、特产、语言、家乡的文化艺术生活、风俗习惯等儿童可见、可听、可接触到的具体事物中，以利于儿童形成最初的爱国情感，站在儿童视角表现国家形象，提升国家形象的传播效果。

---

① 李道佳. 幼儿爱国主义教育的基本原则 [J]. 学前教育研究，1995（1）：14-15.

人类所处的世界是一个符号化的世界，符号孕育了文明，传承了文明，传播了文明。而分散于儿童图画书作品中的国家形象以文本和图像的形式呈现，能够通过文化符号的传播模式，潜移默化地向儿童讲述中国故事。2020年7月教育部组织编写了大中小学《习近平新时代中国特色社会主义思想学生读本》(以下简称《读本》)，经报中央批准，2021年秋季学期正式投入使用。幼儿园和中小学是"小课堂"，家庭和社会是"大课堂"，广大少儿出版工作者应该认真学习《读本》的出版理念，把握儿童读者按照从具体到抽象、从感性体悟到理性认识的认知规律，针对"大课堂"需求策划出版更多优秀的儿童图画书，为广大儿童读者建构多维度、立体丰满、真实温暖的国家形象，让高尚而伟大的爱国主义情感逐步浸润儿童心灵，一方面让每一个中国儿童成长为具有中国心和中国魂的时代新人，另一方面也让世界儿童感受到一个有温度、有担当的中国。

小结

"讲好中国故事"是在新形势下做好宣传思想工作，推进国际传播能力建设的基础性工程。本章认为"讲好中国故事，传播好中国声音"，向世界展现真实、立体、全面的中国，需要准确把握"讲好""中国""中国故事"三个关键词，要建立起童媒"讲好中国故事"的话语体系，把握童媒"讲好中国故事"的基本原则和传播路径。最后，文章还对童媒"讲好中国故事"过程中的中国国家形象构建进行了系统分析与论述。

第七章

童媒"讲好中国故事"的实践探索

一、"引进来"的畅销版童书如何讲好故事

二、从图画书思考童媒如何打造中国节日文化景观

三、原创科普童书如何"讲好中国故事"

习近平在第七十届联合国大会一般性辩论时的发言中指出："'大道之行也，天下为公。'和平、发展、公平、正义、民主、自由，是全人类的共同价值。"因此，中国童媒人、出版人应身体力行，在国际传播中树立开放包容的国际传播观念，既要倾听世界声音，也要讲好中国故事；既要站在中国看世界，也要站在世界看中国。因此，本章将通过对"引进来"的童书如何讲故事的方法进行研究，并在此基础上对我国原创图画书和科普童书讲故事的方法与效果进行分析，进而分析总结我国童媒"讲好中国故事"的实践探索和取得的成就。

一、"引进来"的畅销版童书如何讲好故事

他山之石，可以攻玉。"引进来"的童媒向中国儿童讲述了"美国故事""英国故事""日本故事""韩国故事"……深受儿童喜爱的"白雪公主"和"聪明的一休""小猪佩奇""哈利·波特""神奇的校车"等，陪伴着我国儿童的成长。对这些优秀的、具有代表性的童书进行研究，发掘其"讲好故事"的成功要素，能够为我国童书"讲好中国故事"提供借鉴，以尽快形成童书如何"讲好中国故事"的中国化的、民族化的话语体系。

（一）对研究作品的遴选方法及原则

网络购书已经成为当前童书消费的主要形式，长期以来当当网、亚马逊、京东商城三大图书电商在童书消费市场占有重要的地位，虽然近期三大平台受到直播等新型图书销售形式的冲击，但其近年数据仍具有一定参考意义。研究以截至2019年12月31日发布的2012—2018年3—6岁童书排行榜，共连续7年20个榜单（京东榜单为2013—2018）前20位的畅销童书作为研究样本。将重复上榜的童书合并，例如《神奇校车》图画书版多次上榜只统计1次；同一书名、系列的不同图书则分别统计，如图画书版和桥梁书版《神奇校车》《小兔汤姆系列》的第一辑和第四辑均分别统计，获得上榜童书共342套（册）。共获得引进版童书研究样本221套（册）。从童书主题、文学形式、价值传播方式三个维度对畅销的引进版童书进行分析。

其中对主题的分析中采用量化分析方法，借用2012年教育部颁布的适用于一

切对儿童施加教育和影响的相关业者的《3—6岁儿童学习与发展指南》（以下简称《指南》），明确了3—6岁儿童学习与发展的内容和目标包括健康、语言、社会、科学（含数学）、艺术五大领域的发展。《指南》同时还首次特别强调了为儿童终身学习与发展奠基，在五大领域之外，特别指出"学习品质"对儿童发展的重要意义。提出"儿童在活动过程中表现出的积极态度和良好行为倾向是终身学习与发展所必需的宝贵品质。要充分尊重和保护儿童的好奇心和学习兴趣，帮助儿童逐步养成积极主动、认真专注、不怕困难、敢于探究和尝试、乐于想象和创造等良好学习品质"。《指南》是根据儿童学习与发展的规律以及社会对下一代的期望，对3—6岁儿童应该知道什么、能做什么，大致可以达到什么发展水平的合理期望，它指明了当前我国儿童学习与发展以及儿童教育的具体方向。

研究以《指南》对儿童学习与发展领域以及具体内容与目标为基本依据，同时在童书样本的编码上，尽量尊重童书自身内容推荐上所定义的类别，例如一些童书在封面直接注明"情绪管理图画书"，则将其划分为"社会"维度下的情绪管理。部分童书并未对所属类别进行明确归类，编码过程由笔者根据其所反映的主要领域内容确定，部分童书存在跨维度的特征。例如《你看起来好像很好吃》虽然为"社会"主题，但同时包含着社会主题下的社会交往和情感教育两方面内容。在文学形式、价值传递方式两方面则采用质性的内容分析法，对畅销童书的文学形式和价值传播方式与特点进行分析。本章从上述三个方面分析引进版的畅销童书"讲故事"的特点，为我国童书讲好中国故事提供比较和借鉴。

（二）研究对象的成功要素分析

1. 采用综合性内容和引领性话题作为主题

根据编码原则对221个研究样本进行主题分析后，获得3—6岁畅销童书主题分类的具体信息与百分比。结果显示，社会、科学、学习品质三类主题的童书市场占有率最高，健康主题的畅销童书亦相对较多。社会主题的总体占比超过七成，社会主题中仅品格与情感教育主题的占比就超过畅销书总量的六成。科学和学习品质主题的童书同样较大，接近1/4，排在所有类别中的第二位，这一方面可以反映童书消费者对社会、科学和儿童学习品质的重视，同时也反映出引进版童书在主题上的特点与布局。

表 7-1　畅销引进版童书的主题分类及其占比

领域	频数 N	百分比	主题分类	频数 N	百分比（N=221）
语言	5	2.3	英语学习	5	2.3
健康	38	17.2	习惯养成	15	6.8
			情绪管理	17	7.7
			安全教育	7	3.2
			性教育	4	1.8
社会	160	72.4	社会交往	60	27.1
			品格和情感教育	133	60.2
			生命教育	12	5.4
科学	52	23.5	科普	43	19.5
			数学	34	10.9
艺术	2	0.9	绘画类	1	0.5
			手工贴纸类	1	0.5
学习品质	52	23.5	专注力等	52	23.5

（1）多领域的综合化主题特征

虽然引进版童书可以相对地划分为不同领域，但值得注意的是，绝大多数童书都具有跨领域的特征。由于儿童是在生活和游戏中获得发展的，日常生活情境往往并非分科的、单一领域问题，而是复杂和结构不良的多领域综合情境。因此，引进版童书的一个重要特征就在于基于儿童的认知与学习特点，围绕儿童的生活，综合化地渗透各个领域的信息，为儿童发展提供立体化的支持。例如，《好饿的毛毛虫》讲述了一只毛毛虫不停地吃东西最后变成蝴蝶的过程，不仅具有科学领域的内容，还渗透了数学教育中的计数和量词，同时又能让儿童感受生命成长的过程，学会关爱大自然；《鳄鱼怕怕牙医怕怕》讲述了小鳄鱼看牙医，形象地描述了小鳄鱼和初次给人看病的牙医的心理动态，既表现了社会领域的品格情感的目标——勇敢，也包含了健康领域保护牙齿的内容。这样的童书在畅销的引进版童书中占有绝对比例。

（2）具有前沿特征的引领性话题

畅销的引进版童书大多选择与儿童成长密切相关的主题，如爱、成长、交往、积极的情绪、认知发展等，体现了积极向上的正面教育特征。但是，在其中存在一个突出的特点，那就是回应儿童所感兴趣和想要了解的"禁忌"话题，选题更贴近儿童生活现实，例如体现"我从哪里来？""男孩、女孩的不同"等儿童所感兴趣问题的性教育内容，以及当"亲爱的人或身边的宠物离开了我"这样看似沉重的话题。虽然性教育主题和生命教育主题童书占比仅为 1.8% 和 5.4%，但却足以反映出引进版童书对儿童需求与发展的关照，同样也说明此类图书具有一定的市场需求。这就提出了一个原创童书发展中值得思考的问题——童书发展是简单的追随消费者需求还是应提供具有引领性的话题，引导儿童的发展。

童书出版是传媒的重要组成部分，且是儿童接受最多的传播媒介，童书通过文字、图像、符号等手段向受众进行精神表达。[①] 因此童书出版应基于儿童学习与

---

① 董中锋.论出版文化的传播 [J].现代出版，2016（2）：57-62.

发展的基本内容与目标，科学、合理地设置童书主题，以使童书内容与儿童的发展更为匹配，能够解决儿童学习与发展中面临的各类问题。不应拘泥于传统出版结构和主题，能够结合新时代儿童发展中所面临的新现象、新问题，有针对性地进行选题，成为儿童发展与儿童教育的引领者，塑造童书新形象。

2. 使用韵律、叙事、说明等多样化语言形式

文学语言是童书的灵魂，童书的语言形式多种多样，既有以韵律性语言写作的诗歌和童谣体作品，又包含以叙事性语言写作的故事，还包括渗透说明性语言或以说明性语言为主的虚构故事和纪实作品。明天出版社出版的《棕色的熊，棕色的熊，你在看什么？》就以极富韵律性的语言，巧妙地渗透了动物名称、颜色名称等，并最终通过"孩子们，孩子们，你们在看什么？"实现了童书与儿童读者的无缝对接，赢得了众多儿童读者的喜爱。

图 7-1　引进版绘本《棕色的熊，棕色的熊，你在看什么？》封面

原文	中译
Brown Bear, Brown Bear, what do you see?	棕色的熊，棕色的熊，你在看什么？
I see a red bird looking at me.	我看见一只红色的鸟在看我。
Red Bird, Red Bird, what do you see?	红色的鸟，红色的鸟，你在看什么？
I see a yellow duck looking at me.	我看见一只黄色的鸭子在看我。
Yellow Duck, Yellow Duck, what do you see?	黄色的鸭子，黄色的鸭子，你在看什么？
I see a blue horse looking at me.	我看见一匹蓝色的马在看我。
Blue Horse, Blue Horse, what do you see?	蓝色的马，蓝色的马，你在看什么？
I see a green frog at me.	我看见一只绿色的青蛙在看我。
Green Frog, Green Frog ,what do you see?	绿色的青蛙，绿色的青蛙，你在看什么？
I see a purple cat looking at me.	我看见一只紫色的猫在看我。
Purple Cat, Purple Cat, what do you see?	紫色的猫，紫色的猫，你在看什么？
I see a white dog looking at me.	我看见一只白色的狗在看我。
White Dog, White Dog, what do you see?	白色的狗，白色的狗，你在看什么？
I see a black sheep looking at me.	我看见一只黑色的羊在看我。
Black Sheep, Black Sheep, what do you see?	黑色的羊，黑色的羊，你在看什么？
I see a goldfish looking at me.	我看见一条金色的鱼看我。
Goldfish, Goldfish, what do you see?	金色的鱼，金色的鱼，你在看什么？
I see a teacher looking at me.	我看见一个老师在看我。
Teacher, Teacher, what do you see?	老师，老师，你在看什么？

原文	中译
I see children looking at me.	我看见一群孩子在看我。
Children, Children, what do you see?	孩子们，孩子们，你们在看什么？
We see a brown bear, a red bird, a yellow duck, a blue horse, a green frog, a purple cat, a white dog, a black sheep, a goldfish, and a teacher looking at us. That's what we see.	我们看见一只棕色的熊、一只红色的鸟、一只黄色的鸭子、一匹蓝色的马、一只绿色的青蛙、一只紫色的猫、一只白色的狗、一只黑色的羊、一条金色的鱼和一个老师在看我们。这就是我们所看到的。

生动的叙事性语言的故事语言则是童书作品中最为常见的语言类型，《彼得兔绘本全集：小兔彼得和他的朋友们》等众多故事通过优美的语言描述和故事线索，令儿童沉浸于童书所创造的想象世界之中，在阅读中自然而然地获得了语言的熏陶，掌握了优美的词汇和叙事的基本要素。

与诗歌语言和叙事性语言相对，特别值得一提的是引进版童书作品中对说明性语言的运用极具特点，而这些说明性语言由于被隐藏于儿童所喜闻乐见的故事之中，因而往往不易被察觉，甚至会被忽视。《蚯蚓的日记》用一只小蚯蚓的视角和口吻向儿童读者讲述了蚯蚓的生活，巧妙地传递了科学知识和信息，例如蚯蚓的头和屁股看起来一个样，它们吃报纸、喜欢钻地等等。整篇作品是以"日记体"呈现的，文中多处简明扼要地表达核心观点，表现出说明性语言的典型特征。

妈妈说，我应该永远记得三件事：

·地球给了我们需要的一切。

·我们钻地道的时候，同时也帮忙照顾了地球。

· 绝对不要在爸爸吃报纸的时候烦他。

——《蚯蚓的日记 3 月 20 日》

图 7-2　引进版童书《蚯蚓的日记》封面

《地图（人文版）》则直接采用说明性语言来进行表述，此外一些虚构类作品中也会隐藏和渗透着说明性的文字语言和图示。例如《牙齿大街的新鲜事》中就在故事中穿插了图示来说明牙齿上的细菌在自己的"房间"里如何不费吹灰之力喝到"可可可乐"。

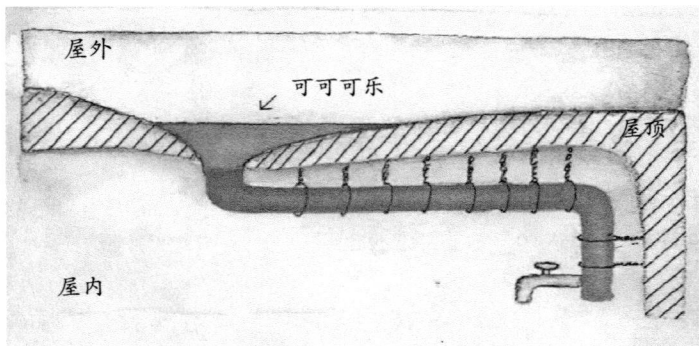

图 7-3　《牙齿大街的新鲜事》插图中的说明性图示

由此可以看出，引进版畅销童书在语言设计上极为巧妙，既重视用最能够被儿童所接受和喜爱的韵律和叙事性语言为主体进行创作，同时也在题材上兼顾科学知识的传递，且非常巧妙地在用叙事性语言创作的幽默和趣味故事中，通过文字、图画等形式，有意识地渗透儿童学习过程中接触最多的说明性语言，呈现出多样态的语言表现形式。

3. 社会共享价值与国家价值的共同渗透

畅销童书之所以赢得中国乃至全世界儿童读者的喜爱，受到市场的广泛认可，其根本原因还是在于这些作品所传递的主题大都体现了人类对"自我价值"和"和谐的人际、社会关系"等普遍价值和美学意境的追寻，体现了人与人、人与自然的和谐关系，以及独立、勇敢、友爱等人类社会的共享价值观。亲子关系、同伴关系、师生关系和儿童的自我认同往往是引进版畅销童书表现的核心主题，"大卫系列"、"我爸爸和我妈妈系列"、《逃家小兔》、《爱心树》就以表现温馨的亲子关系为核心；"维尼系列""神奇校车系列""长大我最棒系列""小狗安格斯系列""皮特猫系列"则主要表现了良好的同伴关系；其中"神奇校车系列"和"长大我最棒系列"还重点突出了师生关系；《小黑鱼》、《好饿的毛毛虫》、"皮特猫系列"故事会让孩子在阅读中感受到乐观、积极和自我肯定等正面品质。而《爱心树》《好饿的毛毛虫》等作品无一例外都体现了文学最基本的美学特征，能够带给儿童心灵的触动和震撼。

在人类共享价值观之下，引进版童书非常巧妙地通过细节，隐性地塑造和传递着国家形象与价值观。引进版童书重视儿童对细节信息的观察，擅于巧妙而隐蔽地通过背景和细节将具有象征性的文化信息传递给儿童。例如《我妈妈》中在表现我妈妈的不同职业和特点时，图画中的人物形象就巧妙地借用了"玛丽莲·梦露"这一典型的好莱坞人物。而代表美国文化的"超人"形象则更是多次出现，在《大卫，不可以》中大卫将自己装扮成超人在床上又蹦又跳，《我妈妈》中的妈妈形象也以超人的斗篷和经典动作为基本原型。此外在《我妈妈》中还隐含了美国阿波罗号登月等典型事件的象征，在表现妈妈是个宇航员时，就借用了这一场景。"小熊维尼系列"本身就改编自美国的迪士尼动画，而"迪士尼"则是美国《时代周刊》评选出的 21 世纪美国 20 大文化符号中的代表性符号，包括图书、音像制品、游乐设施、玩偶及周边产品在内的迪士尼文化输出是美国文化输出最成功的案例之一。除输出具有国家象征性的信息外，童书还通过描绘儿童的日常生活传递国家价值，善于在日常生活中渗透出特定的国家精神。例如，美国国球——棒球在儿童图画书作品中频繁出现，在"大卫系列"绘本中多次出现大卫在家里打棒球的桥段；"皮特猫系列"的《今天有场球赛》所呈现的就是滚石队和滚动队棒球比赛的场景，同时隐含着对棒球比赛规则的说明；而在"长大我最棒系列"的 15 册图书中则更是不遗余力地展示了美国的运动精神，大量图画背景的柜子上和玩具筐中都有棒球手套、棒球棍和棒球，更有大篇幅的场景描述棒球比赛。甚至在"长大我最棒系列"这套书中，主人公看的书的名字就叫 *BASEBALL*，在自我介绍时拿的画也是关于自己打棒球的画面。上述三套书中都出现了美国青少年流行的滑板运动，"长大我最棒系列"中也有大量图画绘制了美式橄榄球和篮球运动场景。马戏等大众文化生活内容也经常呈现在儿童图画书中，例如《逃家小兔》中小兔子就想要变成马戏团的空中飞人；《我爸爸》《我妈妈》中爸爸像马戏表演一样走"高空绳索"，妈妈则表演杂耍。"长大我最棒系列"也间或穿插了儿童扮演小丑的场景。"小熊维尼系列"在内容上，也涵盖着美国"爵士乐"和饮食等相应的大众文化。引进版童书在主人公个性形象的塑造上颇具文化色彩，在《神奇校车》中，就出现了打扮和举止都很中性化的女孩形象，对于科学教师"卷毛老师"的形象设定突破了一般的认识常规，正如书中孩子们见到老师后所想的，"居然是位女老师"，而且这位女老师还会不按照常理出牌，颠覆了人们对于教师形象的传统认识。在《我妈妈》中对妈妈形象的描绘更展现出多元的特征，妈妈既温柔又强壮，既能化妆又是大力士，还可以成为老板和宇航员。

这种外显共享价值、内隐国家价值的呈现手法，不仅易于为儿童读者所接受，而且体现了童书作为传播媒介对儿童读者价值引领方面的作用。后现代媒介理论大师鲍德里亚认为，以消费主义为特征的现代社会中传播媒介已经成为现代社会最大的权利工具。媒介通过其文化符号象征具体的事物，同时也通过具象化的符号表现抽象的习俗信仰和文化思想。儿童的社交和信息获取渠道相对较少，当儿童捧起引进版童书的那一刻，童书中的人物、历史、图腾、传说、信仰等信息就会在不知不觉中以巧妙和隐蔽的方式影响并塑造着儿童的价值观念、审美方式和思维习惯。

4. 全媒介渗透立体地构筑儿童的生活方式

信息化技术的发展与注意力市场争夺，对传统产业发展形成了极大的挑战。"朋友圈"冲击着传统的人际交往，电子阅读对传统阅读发起了挑战。在注意力经济之下，传统童书如何吸引儿童的关注，如何透过多元的信息在丰富的产品市场谋得一席之位，已经成为具有国际性儿童出版议题。习近平在署名文章中指出，要把握国际传播领域移动化、社交化、可视化的趋势，在构建对外传播话语体系上下功夫，在乐于接受和易于理解上下功夫，让更多国外受众听得懂、听得进、听得明白，不断提升对外传播效果。[①]

透过畅销的引进版童书可以发现，大量童书在移动化、社交化、可视化的号召下，已经走出单纯的纸媒出版视域，通过优质童书 IP 实现了与周边产业的协同发展。出版企业极为重视童书 IP 的孵化与运作。大众耳熟能详的哈利·波特（Harry Potter）、大红狗、玛德琳（Madeline）均起始于童书出版本身。一些出版企业从选题策划开始，就致力于打造 IP 运营的全产业链，从策划童书的不同版本，如纸质书、玩具书、游戏书等到儿童礼品和电子游戏、互动 APP、童装、玩具等，力求最大限度挖掘童书的内容价值和品牌价值，在图书利润薄弱的市场环境下，通过全

---

① 习近平. 加快推动媒体融合发展　构建全媒体传播格局 [J]. 求是，2019（6）：4-8.

方位、差异化的产品战略，开拓并拉动市场。例如，美国编年史出版社（Chronicle Books）在市场研究的基础上推出了深受儿童读者喜爱的"工地上的车"系列图书（包括 Good Night, Good Night, Construction Site）后，与美国著名玩具制造商 Kids Preferred 公司开发了一系列差异化的交互式玩具；在出版《好饿的兔子》（Hungry Bunny）后，授权美国 Merry Makers 玩具公司开发了兔子玩偶。美国童书出版巨头培生教育出版集团（Pearson Education）在成功推出玛德琳系列图书并荣获凯迪克奖后，又随之开发了《玛德琳的英语世界》等卡通片，同样获得了卡通片艾美奖、有线电视 ACE 奖等奖项；之后出版者将玛德琳商标授权予 Eden 玩具公司，生产了一系列玛德琳周边的玩偶、服装、游戏、玩具屋等产品，成功跻身为亚马逊商店的五星好评商品。通过童书 IP 授权，开发童书品牌的玩具、礼品、文创、服装等周边产品，已经成为国外童书发展的基本模式。《神奇校车》则凭借其天马行空的想象力和对卷毛老师这一儿童心目中理想教师形象的塑造，成功推出了系列卡通片和学校科学教育配套玩具。

图画书中著名的米菲、卡梅拉、彼得兔等形象，均摆脱仅仅出现在童书中的产品形式，衍生出了众多围绕儿童生活的文具、影视、服装等周边产品系列。童书与影视、文具、零食、服饰、玩偶、游戏等诸多产业的结合，形成了多方共赢的注意力经济，既有利于儿童感受并了解童书中的故事人物，又通过其全媒体的传播模式在儿童读者心中构建一种流行的、时尚的生活方式。

二、从图画书思考童媒如何打造中国节日文化景观

媒介传播过程中传播者和接收者的图像符号"密码本"是不同的，受众解码并获取信息的过程与传播过程的不对应是造成传播困难的根本原因。因此，童媒"讲

好中国故事"的关键就在于需要关注儿童受众对媒介信息认知和理解的"密码"。长期以来，人们往往习惯于使用"小儿科""稚趣""形象"等词语来描绘儿童受众的接受特点，因此常常认为儿童对"国家"等内容的理解居于"具象"和"表层"的形式符号阶段。但研究发现儿童能够借由符号的外在形式层面逐渐向理性层面推进，在一定程度上形成对国家和社会等文化内容隐蔽内涵的理解，建立对符号意象的认知。例如，儿童已经可以透过一些典型的春节文化符号，理解春节"祈福"的内涵，意识到"压岁钱""扫尘"等习俗背后蕴含着人们对于美好生活的企盼与祝福。儿童亦会主动地在节日图画书阅读后将自己理解的"春节是个祝福的节日"表现在绘画作品之中，通过食物、花朵等具象形象表达自己对去世亲人的怀念和祝福以及心向美好的节日期盼。

可见童媒不应满足于向儿童传递"中国"的表层和具象层面的信息，而需要关注到儿童对"中国"意义建构和阐释过程，在讲述中国故事的同时，注重通过文化符号与媒介内容的融合来表现中国气魄，传递中国精神。

2021 年 5 月 31 日中共中央政治局就加强我国国际传播能力建设进行第三十次集体学习，习近平总书记在会议中指出："要更好推动中华文化走出去，以文载道、以文传声、以文化人，向世界阐释推介更多具有中国特色、体现中国精神、蕴藏中国智慧的优秀文化。""要注重把握好基调，既开放自信也谦逊谦和，努力塑造可信、可爱、可敬的中国形象。"而近年来我国"走出去"的出版实践证明，图画书往往能够以小博大，它们作为儿童的第一本书，不仅对儿童的文化理解、文化认同产生着重要的影响，同时通过"后喻文化"形成从儿童到成人、从个体到社会的广泛传播力，是塑造可信、可爱、可敬的中国形象的有力途径。

节日题材的图画书往往是儿童的最爱，全球童书市场讲述圣诞节、感恩节、复活节、万圣节故事的图书不胜枚举。而中国传统节日是传统文化的标志，是中华民族世间理想与生活愿望极致的表现，是中华民族精神文化传统代代相传的重要途径。① 近年来我国原创图画书也同样涌现了大量以中国传统节日为主题和背景的作品，这些优秀的图画书为儿童所构筑的中华节日文化景观将随着走出去的步伐，影响世界儿童对于中国文化的知觉与喜爱，影响新生代对中国文化的理解和认同。春节作为中国最重要和最具喜庆气氛的传统节日，理所当然地成了童书构筑节日景观的典型代表，也是向世界儿童"讲好中国故事"的重要载体。可以说，原创图画书构筑的节日文化景观是面向国内、国际两个童书出版市场讲好中国故事，推动中华文化立体化传播的重要途径和手段。但媒介传播取决于媒介与受众的双向互动，因此儿童读者对图画书中节日文化符号意义建构特点，就成为提升图画书的文化传播效能的重要依据，只有当图画书的"节日书写"能够直击儿童的"文化感知"才能实现文化的有效传播。当前我国学者已经在春节文化传承及其与媒介关系方面做了有益探索，但是现有成果缺乏传播对象和用户方面的考量。②

图画书的读者对象主要集中在 3—8 岁的儿童范围，这个年龄段的儿童无论是身处哪种地域与文化环境，使用哪种语言，其阅读理解能力和阅读兴趣都具有很多共性，他们对于重要节日文化符号意义的构建都具有共同特征。因此儿童图画书阅读中的节日文化符号意义建构特点，可以为原创图画书面向全球儿童读者构建中华节日文化景观提供依据，助力提升我国童媒"讲好中国故事"的跨文化传播效能。

1. 儿童对图画书中节日文化符号意义建构的特点

儿童对节日符号的意义建构过程即儿童理解节日文化符号的过程，是儿童结合自身经验对节日文化符号所传递的意义、价值的基本认识，形成对节日文化符号个性化的解读的过程。

---

① 冯骥才. 传统节日，我们共同的日子 [J]. 民族研究，2015（1）：60-61.
② 张秀丽，李开渝，韩立新. 消费崛起与关系嵌入：社交媒体用户春节文化感知新向度 [J]. 当代传播，2021（2）：60-63.

（1）"生活经验"和"媒介信息"成为节日意义建构的两大来源

儿童思维发展特点决定了其对于事物意义的理解和建构更加依赖真实经历和亲身体验。研究发现，儿童对春节文化符号意义的建构也表现出同样的特点，儿童阅读图画书后的绘画作品大多表现其生活经验中的场景，他们常常结合自己生活经验对春节文化符号做出解释。对儿童的言语分析发现，他们建构春节文化符号意义主要基于三类生活经验：节日里自己与家人饮食、洒扫等生活互动经验；逛庙会等节日娱乐活动的经验；吃糖葫芦等节日饮食活动的经验。这些节日经验大多能够唤起儿童愉快、幸福的情绪体验，因此更容易被儿童深刻记忆，成为其文化符号意义建构的重要关联因素。

"每年过年都要扫尘，打扫的时候爸爸把我举得高高的，让我擦窗户，我好开心啊！""我们去庙会，庙会上有狮子妈妈和狮子宝宝，一个大一个小，跳来跳去的！""过节的时候我可以到外面买糖葫芦，还可以全家人吃饺子，吃年夜饭。"

"年夜饭有菜有肉，好开心。""妈妈教我包不同形状的饺子，我好开心。""过年能吃火锅，能和小朋友玩！"

但研究同时发现，随着人工智能深入嵌入大众生活，儿童所接触的媒介信息越来越多元，智能音箱、手机APP在听读、阅读中的应用也越来越广泛。媒介信息已经成为影响儿童文化符号意义建构的重要来源，儿童会谈到在新年广告《奇遇新年》里看过年兽，谈到在其他故事里读到过年兽，在"小爱同学给我讲的故事"中听到过年兽，在妈妈的手机里听到过年兽的故事。媒介信息对于身为"数字原住民"的儿童群体理解节日、认识文化已经产生了重要的影响。"生活经验"和"媒介信息"已经并行成为影响儿童节日文化符号意义建构的两大重要来源。

（2）儿童能够超越节日文化符号的"符号形式"阐释"符号意象"

儿童已经可以透过一些典型的春节文化符号，理解春节"祈福"的内涵，意识到"压岁钱""扫尘"等习俗背后蕴含着人们对于美好生活的企盼与祝福。儿童亦会主动地在节日图画书阅读后将自己理解的"春节是个祝福的节日"表现在绘画作品之中，通过食物、花朵等具象形象表达自己对去世亲人的怀念和祝福以及心向美好的节日期盼。

"奶奶会给我们做很多好吃的东西。我最喜欢吃奶奶给我炸的面点。爷爷奶奶在家门口种了很多花，风吹的时候我能闻到花香。奶奶去世了，但是爷爷也一直照顾着那些花。我看见花就想到了奶奶。我好想奶奶能回来和我一起过年。"

其中离异家庭的儿童基于自身对春节"团圆"特性的理解，表达出内心的情感。"画面上的小女孩是姐姐，而我是那只小狮子。我想逗姐姐开心，你看小狮子和姐姐笑得都非常开心。我爸妈离婚了，我跟爸爸在一起，姐姐跟妈妈在一起。他们平时不让我和姐姐见面，只有春节的时候我才能和姐姐在一起。我特别想过春节，因为过节就能和姐姐在一起玩。我最喜欢姐姐了，和姐姐在一起很开心。我给姐姐准备了新年礼物。不知道爸爸妈妈为什么要离婚？为什么一家人不能在一起？"

图 7-4　幼儿绘画：我化身小狮子和姐姐一起过春节

可见图画书不应满足于向儿童读者传递节日的表层特征，而需要关注到儿童读者对节日文化的意义建构和阐释过程，在表现节日文化符号的同时，更要注重通过文化符号与故事内容的融合来传递中华民族的节日精神，表现节日背后隐藏的情感依托和家国情怀。

2. 当前原创图画书对中国节日文化的表现特征与不足

在少儿出版"走出去"政策的带动下，一批以中国传统节日为主题和背景的图画书作品登上国际出版舞台。但相对于占全球人口1/4的华人群体和亚洲众多与中国有着相同节日传统的国家来说，中国传统节日主题图画书的创作和出版规模仍亟待扩大，国际化程度和影响力仍有待进一步提升，原创图画书在对中国节日文化的表现上仍存在一定的不足。

（1）全面地展现中国节日风俗，但缺乏对中国节日精神的凝练

中国节日内涵丰富，这为我国原创儿童图画书表现多样化的节日风俗提供了重要基础。当前原创儿童图画书对节日风俗的描绘就极为丰富，既有普遍的习俗，也有对地域习俗的介绍。《团圆》《斗年兽》《回老家过年》等作品讲到了年俗的由来，介绍了我国南北方、不同省份的春节习俗；《小粽子，小粽子》《伊伊，端午节快乐》等作品让儿童亲近多样化的传统饮食……这种基于真实世界所描绘的丰富、多元、全面的中国节日风俗，可以让读者全面地认识中国节日，但过于分散的信息传播导致读者难以形成对中国节日的整体印象。尤其是对于注意广度有限、缺乏中国节日体验的外国儿童来说，这种大而全、多而散的节日表现方式使其难以把握中国节日的核心特征。除此以外，当前原创儿童图画书在对中国节日风俗的表现上常常着力于外在特征的描绘，如表现饮食、庆典等，缺乏对中国节日背后所蕴含的祈愿丰收、敬老孝亲、祝福平安等节日精神的表现，使得中国节日在以"娱乐化"为特征的全球化节日传播中难以突出重围、独树一帜。

（2）偏重于对于节日传统的表达，但忽视传统习俗与现代儿童的呼应

发端于传统的中国传统节日，反映着几千年来我国农耕社会和人民生活的基本节律。这种节日特点对原创节日图画书的创作产生了重要影响，受到创作者经验和节日传统等诸多因素的影响，我国原创儿童图画书在节日文化符号的表现上极为丰富，但同时也呈现出"传统"有余，而"现代"不足的特点，倾向于一种节日的"历史"叙事。这种在题材选择和情感表达上更偏重于成人的世界的特点，对于缺乏相关生活体验的儿童来说，比较难以理解和引起共鸣。[①] 事实上，中国传统节日已经在代际的传承基础上不断发生着演进和发展，从"包红包"到"抢红包"的变化说明传统习俗已经发生了现代性的转化。但当前我国原创儿童图画书往往较多地表现传统习俗，对现代儿童生活方式和节日经验的关注略显不足。本研究发现，那些与儿童生活经验息息相关的符号更易被幼儿识别，而少部分符号由于超出了儿童的经验，几乎完全无法引发他们的知觉和注意。因此，原创儿童图画书在对中国节日的表达上必须与时俱进，着力探索国内外儿童读者的共同经验，让传统习俗与现代儿童产生共鸣。

（3）节日图画书表形式较为单一，尚未突破纸媒营造立体化的节日空间

信息技术驱动不仅使"图书"的概念已经发生了重大变化，同时也使传统节日发生着重要的变化。图书不再是单纯的印刷品，而是与技术密切相关的综合化产品，传统节日也逐渐走出旧有习俗，实现节庆载体和庆祝形式的新变化。因此，无论从儿童图画书出发，还是从节日出发，都需要突破纸媒，实现对传统节日空间的立体化营造。但当前我国原创儿童图画书对节日的表达仍然偏重于纸面，对立体化、技术化的表现方式重视程度不足。事实上，扫码听书、扫码读书、**AR/VR** 早已成为新时代儿童图画书的重要标志，传统图画书与新技术的融合已经成为与人工智能时代的"数字原住民"进行信息沟通的重要手段。因此从原创图画书对节日的表

---

① 岳亚平，刘琦. 儿童视角下中美幼儿绘本的比较 [J]. 学前教育研究，2020（7）：64-72.

现形式也应突破纸面，通过跨媒介的联合叙事营造立体化的节日空间，使儿童读者更加真切地感受节日。

3. 对构建中华节日文化景观、"讲好中国故事"的思考与建议

语言是文化的载体，儿童阅读图画书的过程就是借由语言接触、理解、认同并传承文化的过程。然而文化的传播从来不是单向的过程，即便是年龄最小的儿童也有主体选择性。因此，我国图画书实现成功走出去的关键在于，是否对中华节日文化的书写能够充分重视儿童读者的理解和接受特点，避免成人视角下"一厢情愿"的灌输。基于儿童对图画书中节日文化符号意义建构特点的分析，有利于图画书出版业者深入理解儿童的接受特点，从而更好地透过图画书为儿童构筑适宜的中华节日文化景观，对内提升传统文化的凝聚力，对外提升中华文化的亲和力，在内外"双循环"市场实现高质量的文化传播。

（1）把握传播定位：图画书中华节日文化传播中突出"中国情"

任何节日文化符号都包含符号形式和符号意象两个层面，前者是符号的物化载体，后者则是符号所象征的精神文化内涵。节日文化符号本身追求的就是"形"与"神"的统一。但长期以来受儿童身心发展特征的影响，人们容易将儿童图画书与"浅显""小儿科"等词语联系，甚至等同起来，导致儿童图画书创作与出版中特别关注外在的"符号形式"部分，弱化了对节日文化符号背后的精神文化内涵的表现。而本研究发现儿童在图画书阅读过程中已经能够关注节日文化符号的象征意义，关注并理解春节蕴含的亲情关系和家国情感。而这正是传统节日的意涵所在，传统节日是活跃于集体交流关系中的一种活动。民众以某一人物、某件物品或者某类事件，以及讲述与之相关的"故事"，在生活关系、社会关系作用下实现传统记忆与

现代文化的交流、祖先生活与当代人实践的互融，[①] 从而使传统节日在历史与现代不断得到丰富和发展。儿童对节日文化符号的意义建构同样展现出对"关系"与"情感"的关注，无论是节日里与家人的互动、节日文化娱乐活动，还是节日里的团圆饭，都反映了一种与亲人间的亲密"关系"，表达出对于国泰民安的一种期盼，而无论是过节时的开心，还是对于故去或分隔两地的亲人的思念，也正是亲密"关系"基础上萌生的"情感"，是"中国情"的集中展现。

在传播学看来，动情的呼吁较之逻辑的劝说更可能导致态度的改变。亲情和对家庭的依恋是全世界儿童共通的心理需求，是具有世界性的儿童语言，因此"中国情"具有成为中华节日文化的传播特征的充分条件。相较于西方圣诞节、万圣节等节日在文化传播中主打"娱乐性"的特征，强调个人情感的充分表达，鼓励人们纵情狂欢，[②] 东方文化往往更含蓄，在节日文化的表达上往往表现为"有节制的快乐"。亲情关系和家国情感不仅是儿童共通的情感需要，而且符合东方文化"有节制的快乐"这一特质，更是中国节、中国情的精神内涵。因此，在铺天盖地涌来的娱乐化节日传播背景下，向儿童读者所普遍需要的情感诉求倾斜，建立以"中国情"为特征的中华节日文化传播基本定位，不仅符合中国气质，而且可以产生差异化的传播效果，符合一些西方国家倡导让儿童了解文化多样性的教育理念，有利于推动更多高质量的原创中华节日文化绘本类选题成功实现版权输出，从而推动中华节日文化实现全球范围内的传播突围。

（2）关注传播受众：着力以家庭中心打造儿童读者的节日"共同经验"

文化信息只有实现心理层面的共享，才能真正被赋予和实现意义。传播过程的传受双方必须拥有共同的经验范围，否则传播过程本身就不能成立，或传而不通。[③]

---

① 王丹 . 传统节日研究的三个维度——基于文化记忆理论的视角 [J]. 中国人民大学学报，2020（1）：164-172.

② 匡野，陆地 . 西方节日在我国有效传播的归因及规律研究 [J]. 现代传播，2016（4）：87-90.

③ 郭庆光 . 传播学教程 [M]. 北京：中国人民大学出版社，1999：6.

就图画书阅读过程而言，与儿童经验之间鲜明的断裂和矛盾导致本可以引起儿童好奇的陌生元素，因为缺乏足够的意义支持和经验生长的衔接点而引不起他们的任何兴趣。[①] 图画书的节日文化符号表达也必须重视成人作者与幼儿读者的"共同经验"，提高文化传播的效果，避免由于缺乏与幼儿经验的衔接点而成为自顾自的"独白"。本研究发现儿童对图画书中节日文化符号意义建构往往以家庭为中心，基于家庭成员之间的互动、家庭文化娱乐活动和饮食活动理解图画书中的符号和意义。这种基于家庭的经验往往是跨越中外儿童，跨越国家和民族的。因此，图画书中的节日文化符号书写首先需要重视对节日文化符号的甄别与选择，最大限度地使图画书中的节日文化成为世界范围内儿童读者的节日"共同经验"。

中国节日的符号往往具有复合型和多样化特征，表现为"符号群"。因此长期以来，中国节日符号的表达如何在丰富和多样的基础上提取出最鲜明、最有代表性的节日符号，就成了一个重要议题。[②] 而基于儿童对图画书中节日文化符号意义建构特点的分析可以发现，那些与家庭生活联系密切，表现家庭成员间的互动、家庭文化娱乐活动和节日饮食活动的符号更容易被儿童所理解和喜爱。因此，我国原创图画书中的节日文化符号表达应站在中华节日文化传播战略的高度，着力以家庭生活经验为中心构筑图画书中的节日文化景观，重视儿童读者对于"快乐"节日的诉求，重视那些能够唤起儿童积极情绪和参与热情的文化符号，让世界各国的儿童读者能够通过阅读以中国节日为主题的绘本，真正参与到对中华节日文化的审美体验之中，帮助他们熟悉中华节日文化、喜爱中华节日文化，逐步把春节等中国节日也当作和圣诞节一样约定俗成的世界性节日，从而推动在全球范围内实现中国节日文化的现代传承与发展。

---

① 郑新蓉，张越. 图像解码与乡村儿童的生活经验 [J]. 西北师大学报（社会科学版），2017（2）：45.

② 王文章. 弘扬传统节日文化现状与对策——中国传统节日文化调研实录 [M]. 北京：文化艺术出版社，2012：63.

（3）创新传播策略：跨媒介联合叙事立体呈现中华节日文化景观

儿童的发展是一个社会建构的历程，他们学习语言、阅读图书、参与生活、观看电视、收听广播……这些媒介和活动成为儿童获取知识和信息的重要源泉，帮助他们逐渐感知和理解文化，成长为真正的社会个体。从纸质阅读到数字阅读，再到移动阅读和智能阅读，满足个性化阅读需求即需要实现阅读场景与用户阅读需求的即时匹配已经成为出版发展的重要趋势。[①]

儿童对图画书中节日文化符号的认识虽然主要来自生活体验，但不容否认的是，电视和新兴媒介已经对他们理解文化符号产生了重要的影响。儿童对电视广告中年兽形象的认识，对智能音箱和手机 APP 中的故事内容的理解，正是对这一特点的最佳诠释。媒介产品是造成价值观改变的主要文化产品。[②] 当前我国少儿出版也已经受到新兴媒体发展的冲击，一些出版机构也在谋求跨媒介的联合，但当前我国图画书的跨媒介联合叙事能力依然不强，且大多是对影视 IP 形象的纸媒转化，受制于资金、技术、人力等多方面因素，出版本身的 IP 跨媒介转化力较弱，鲜有类似于"大红狗""玛德琳"的图画书 IP 实现跨媒介的成功转化。新媒介技术对图画书出版形成挑战的同时，也在为我国以节日为主题的原创图画书出版提供了新的机遇，中华节日文化具有超越时代和跨越民族及国家边界的魅力，新科技、中华传统文化精髓、世界儿童阅读流行元素相统合的创意策划为打造能够在世界童书出版舞台大放异彩的中国节日主题童书提供了可行性和必然性。从为儿童构筑适宜其学习和理解的节日文化景观这一视角来看，我国图画书出版迫切需要走出纸媒限制，亟需走上一条依靠科技赋能实现跨媒介联合叙事的创新发展之路，从而通过文字、图画、音频、视频、AR/VR、动漫、游戏等富媒体表现方式帮助世界儿童全面了解、认识和体验中华节日文化景观。

---

① 方卿，王欣月，王嘉昀. 智能阅读：新时代阅读的新趋势 [J]. 科技与出版，2021（5）：12-18.
② 郭石磊. 文化认同视角下的媒介使用与西方节日庆祝行为 [J]. 河南社会科学，2018，26（5）：108-112.

童年是以学习阅读开始的。在童书出版领域,以图画书为代表的原创童书应该如何通过文化符号面向我国国内儿童构筑中华节日文化景观;面向国外儿童讲好中国故事、传播好中国声音,为他们埋下了解中华文化、热爱中华文化的种子,是一项非常值得深入探究的应用型研究议题。为此我们有必要做好"节日文化符号"和"儿童读者理解"两方面研究,通过深入理解儿童读者的阅读认知特点,为世界范围内的儿童读者讲述和呈现其易于理解和喜爱的中华节日文化故事和文化符号,进而潜移默化地成功构建中华节日文化景观。在国际出版舞台,小童书能做大文章,围绕节日童书主题,以理论研究和实践创新摸索出适合国际传播的独特话语表达方式,有利于打造更多童书精品,提升我国少儿出版的文化传播效能,更是向世界展示丰富多彩、生动立体的中国形象,讲好中国故事的必由之路。

三、原创科普童书如何"讲好中国故事"

内容是童媒传播的核心和关键。近年来我国科普童书出版数量逐年提升,出版质量逐步提高,产生了一大批可圈可点的原创优秀读物。但比之美、英、德、法、日等国家的科普童书精品,我国原创科普童书的全球竞争力依然相对较弱,优质科普童书供给与我国儿童科普阅读需求之间仍不平衡。事实上,进入 21 世纪以来,我国的公众理解科学运动,已经逐渐由科学普及迈向科学传播,[①] 重视科普过程中传者和受者的双向互动,强调只有被传播了的科学才是完成了的科学。应该看到,当前我国相当一部分原创科普童书还有很大的提升空间,需要克服常常采用资料汇编形式编写,呆板生硬地简单介绍各个知识点,重视知识点的灌输却不重视内容的分层拓展、深度互动和科学素养培养等一系列问题。有些科普童书的创作理念严重滞

---

① 赵致真 . 中国科普与新世纪 [M]. 北京:中国科学技术出版社,2001:96.

后于科学传播时代儿童科普的需要和要求；有些科普童书的内容总是在重复已有的成果而不重视介绍我国最新科技成果和中国新一代科技人才。

党的十九届五中全会明确提出了到 2035 年建成文化强国的远景目标，并对国家"十四五"时期推进社会主义文化强国建设进行了战略部署。文化强国体现出文化与科技发展的紧密结合，体现出文化与教育事业和人才培养的紧密结合。科技发展是国家发展之基，科技人才是科技发展的核心，而人才的培养必须从幼儿园、小学、中学的基础教育阶段抓起。习近平总书记 2020 年 9 月 11 日在科学家座谈会上的讲话指出："好奇心是人的天性，对科学兴趣的引导和培养要从娃娃抓起，使他们更多了解科学知识，掌握科学方法，形成一大批具备科学家潜质的青少年群体。"2021 年 6 月，国务院印发了《全民科学素质行动规划纲要（2021—2035 年）》（国发〔2021〕9 号）明确提出要"深化科普供给侧改革，推动科普内容、形式和手段等创新提升，提高科普的知识含量，满足全社会对高质量科普的需求"。科普童书是科普供给侧的重要组成部分，是提升儿童科学兴趣，培养具有科学家潜质的科技人才，建设社会主义文化强国的重要支持力量。科普童书也是向全球儿童受众开展科学传播，讲述中国故事的重要媒介，尤其现阶段中国在很多科学技术领域，已经走在世界前列，我们的科学家、科学精神、科技成果，完全可以通过童媒实现国际传播。

1. 科学传播为科学普及工作带来的思想变革

科学传播（Science Communication）是伴随 20 世纪上半叶科学社会学研究产生的概念，在 20 世纪下半叶走向发展成熟。科学传播在我国的发展历史不长，在 2000 年 5 月召开的武汉电视台"科学之光"栏目开播五周年纪念大会上，北京大学教授吴国盛做了"从科学普及到科学传播"的发言，明确提出用"科学传播"这一概念来代替科学普及概念。[①] 他提出，科学传播是科学普及的新形态，是公众理解科学运动的扩展和延续。科学传播具有三个典型特征：第一，由科学普及的单向传播过程走向双向互动过程，强调公众参与科学知识的创造；第二，科学传播的目的是公民文化建设，通过全体人民的参与来决定科学怎么造福我们的民族，怎么样决定我们的发展方向和发展速度；第三，科学传播过程是科学与人文交互融合的过程，强调科学传播与公众日常生活和日常感觉经验的弥合，有利于受众更好地接受科学。[②] 这一概念和观点也成为影响我国科学传播思想的基础。

毋庸置疑，科学传播概念的产生源于人们对传统科学普及概念的反思，更是结合传播学理论对这一概念和科学普及行为新的理解和更高要求。虽然人们仍然在讨论究竟由谁来传播、通过什么路径和方式传播、传播什么内容以及向谁传播四个基本问题，但更加关注整个传播流程中的"交流""共享""互动""应用""创新"，强调传播者和受众在传播过程中应该突破单向、线性的传统传播模式。

（1）传播过程具有双向互动性

科学传播与传统科普最大的差异在于对"有效传播"的关切。传统科普认为公众不接受科学主张的原因在于缺乏科学信息或对科学的充分理解，因此传统科普是科学的通俗化过程，是"由懂的人告诉不懂的人"的过程。但现实情况是受众可能已经理解了科学家的科学主张，但并不认同或者并不采取与科学相一致的行为，不将科学作为自身决策的基础，[③] 从而导致传播无效或效果不佳。因此科学传播需要改变传统科普传递过程的单向思维，重视受众在传播过程中的主观能动性，重视与受众的对话，从而使科学传播具有与公众双向互动的特质。

---

① 吴国盛. 当代中国的科学传播 [J]. 自然辩证法通讯，2016，38（2）：1-6.

② 吴国盛. 从科学普及到科学传播 [N]. 科技日报，2000-9-22（003）.

③ 美国国家科学院、工程院和医学院. 有效的科学传播研究议程 [M]. 王大鹏，译. 北京：科学出版社，2019：4.

（2）受众在传播过程中发挥重要作用

意义的生产与其说是传输模式，不如说是对话模式，[①] 因此，科学传播需要传播者充分关注和了解受众想知道什么，需要知道什么，以及关于这一内容他们已经知道了什么等等，需要与公众进行充分的对话；同时科学传播中没有谁是绝对的传播者和受众。因此传播需要充分尊重受众参与科学传播的互动能力与需求差异，通过 "受众细分" 使传播内容、传播方法与受众需要高度契合，从而提高传播效果。

（3）传播目标由传递知识走向公民文化建设

科学传播重视对公民的文化建设，科学传播的目的是提高包括科学知识、科学方法、科学精神和科学思想在内的公众科学素养，使公众面对社会公共问题和重大问题时具有科学的决策能力，关注人类命运共同体面对的共性问题，通过提升公众的科学素养和科学人文精神影响国家的前途和人类的命运。

（4）传播内容由单一知识认知走向复合知识认知

科学传播理念在 20 世纪下半叶得到了发展，这一时期美国的科学教育改革也因此发生了重大转向，认为科学教育的目标应该将科学看作了解世界的方式，而不是掌握大量的科学事实。[②] 这与信息管理思想家罗素·艾可夫（Russell L. Ackoff）提出的应用于信息技术的 DIKW 知识金字塔模型不谋而合。艾可夫认为，智慧是知识的最高层级，而每个层级都包括在其下的类别。[③] 这就使人们意识到科学传播应不再仅仅关注是客观、静态的知识体系，公众需要关注信息技术下知识的多层级形

---

① Gay P.D. Production of Culture/Cultures of Production [M]. Los Angeles: SAGE Publicaitons, 1997: 110.

② 朱晶. 科学教育中的知识、方法与信念——基于科学哲学的考察 [J]. 华东师范大学学报（教育科学版），2020，38（07）：106-116.

③ Ackoff R.L. From Data to Wisdom [J]. Journal of Applied Systems Analysis, 1989,16 (1): 3-9.

态，突破单一的知识认知模式。

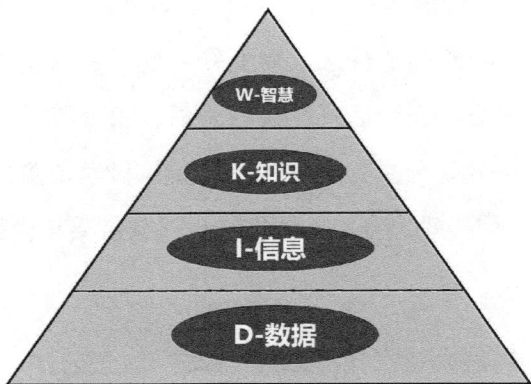

图 7-5　DIKW 知识金字塔模型

2. 科学传播视角下科普童书发展的国际趋势

科学传播的发展促成了一系列具有国际影响力的重大科学教育改革和科学运动。美国 20 世纪末进行的"科学脱盲"教育改革运动中发表了"2061 方案"，旨在提高未来公民的科学、数学和技术素养，使其适应 2061 年彗星再次临近地球的那个时期科学技术和社会生活的急剧变化，使他们能够紧跟世界发展形势，大致知道自然和社会的转行情况，批判性地和独立地思考，对事件的不同解释加以辨认和权衡并提出协调方案，敏锐地处理那些有关证据、数字、模型、逻辑推理和不确定性的问题。[①] 这一举措极大地推动了世界范围内包括科普童书出版在内的儿童科学传播事业的发展，科普童书出版在理念、内容等诸多方面也随之发生了变化，形成了科普童书发展的国际趋势。

"科普童书"这一概念实际上是基于传统"科普"思想形成的概念。科普，即"科学普及"的简称，属于一种社会教育，需要以浅显易懂、容易理解和参与的形

----

① 美国科学促进协会 . 科学素养的基准 [M]. 中国科学技术协会，译 . 北京：科学普及出版社，2001.

式向公众介绍自然科学知识，推广科学技术，传播科学思想，弘扬科学精神。因此，科普图书可以解释为与自然科学知识有关的出版物，科普童书则为向少年儿童普及有关自然科学知识的出版物。关于"科普童书"的概念界定和分类，我国相关研究还比较模糊，"科普""百科""科学"等概念在图书出版中往往混用或存在交叉，而"知识图画书""科普图画书""信息类文本"等内容层面的概念也存在混用的现象。落实到具体的出版和推广实践中，当当网和京东图书关于"科普图书"分类也存在巨大差异。当当网关于"科普/百科"可以分为：自然探秘、宇宙星空、百科全书、地理旅行、历史人文、动物世界、数理化、实验、生活常识。而在京东图书"科普/百科"的分类为：数理化、宇宙探索、生物世界、人文地理、人体奥秘、历史读物、科学技术、生活常识、百科全书。对"科普童书"的概念界定并非本书阐述的重点，本书倾向于使用出版领域较为常用的"科普童书"概念，将有利于儿童获得科学探究兴趣、获取科学知识信息的童书均看作科普童书。

（1）科普童书的创作目标：传递科学知识，更传递科学的人文关怀

科普童书的创作理念应秉持最核心的科学精神，科学不应该仅仅告诉儿童"是什么"和"为什么"，更应该告诉儿童自己可以和应该做什么，让儿童具有面对真实的世界做出科学决策和选择的能力。科普童书在向儿童传递科学基础知识的同时，更加重视传递科学的人文关怀，致力于帮助儿童认识和理解科学对个体、社会和人类的影响。

科普童书传递科学的人文关怀主要表现在两个方面。一方面在主题上特别关注自然、环保、未来命运等关系着人类命运的话题。例如《我们能和老虎共享地球吗？》等作品中就向幼儿传递了"世界很大很大，人类的生存空间却越来越小"的客观现实。另一方面在呈现科学知识的同时，也将科学的人文关怀有机地蕴藏其中。以新冠疫情期间由澳大利亚作家、历史学家、生态学家杰姬·弗兰奇创作的童

书《大流行》为例，在讲述 1918 年大流感的科学史实时，通过祖母和孩子给隔离的人们送食物的故事，让儿童读者理解即便是弱小的孩子也可以有强大的力量，认识到人与人、人与历史和社会的关系。

图 7-6　绘本《大流行》封面

（2）科普童书的知识呈现：传递科学知识，更重视培养科学素养和科学能力

国际科普童书不仅仅讲授科学知识，更重视对于知识的深层次理解、认知以及运用知识的能力，也就是重视传递科学思想，培养小读者的科学素养和科学实践能力。

以数据类科普童书为例，国际科普童书的创作出版中普遍表现出对儿童"数据素养"的重视和关注。首先，一些专门性的以数据为主要表现内容的科普童书大量涌现，例如西班牙童书《我和世界：用大数据带孩子秒懂世界》、美国童书《动物大数据》《一秒有多长》等以数据作为基础表达方式的童书受到普遍欢迎；其次，这些童书通过严谨的基础数据，向儿童呈现饶有趣味的知识，童书中配合饼状图、气泡图、散点图、树状图等多样化的数据呈现方式，让儿童潜移默化地认识到数据是什么、数据就在我们身边以及数据的意义；再次，大量科普童书在创作中都将数据作为重要的表述语言，例如美国童书《什么比猎豹的速度更快？》当中就用奔跑的孩子、鸵鸟、猎豹、游隼、飞机、火箭、流星、光的速度作为基础数据，计算上述事物从地球到月球需要多久，从而帮助幼儿以自身为参照去理解世界，将抽象的数据变得形象和生动。

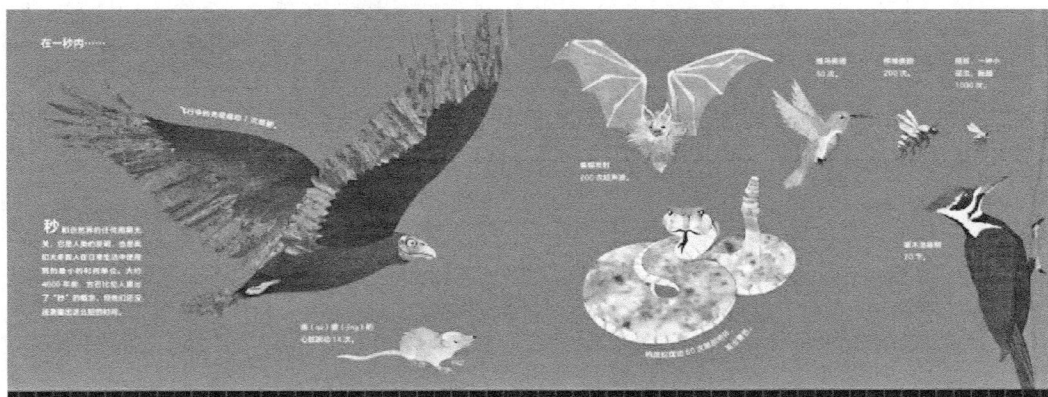

图 7-7　绘本《一秒有多长》正文

观察能力、动手能力、实验能力、思考和判断能力是培养儿童科学能力的重要方面，一些国外出版的科普童书充满创意，让纸质童书充分动起来，让小读者玩起来，从而使孩子们不但学习书本上的科学知识，更能够一边读书思考，一边动手去做，去参与其中。小读者们可以把纸张和图片作为动手操作的素材，在阅读中培养动手能力，同时对科学知识有了感官认识，能够形成自己的判断和思考，自然而然对各种看起来比较深奥的科学知识有了更加全面和深入的了解。例如，2019 年，湖南少年儿童出版社出版了《剪了这本科学书》系列图书，这是英国布鲁姆斯伯里出版社《做了这本科学书》的少儿科普版系列。该套丛书分为《剪出无限宇宙》《剪出人体世界》《剪出生物王国》三本书。这一系列图书的宣传语为："这是一本可以剪裁、折纸、画画、玩游戏、做实验的科学书",从中不难看出该系列读物打破了传统图书是用来阅读和收藏的理念,积极提倡以"破坏"的方式,将图书剪裁、折叠、粘贴、涂鸦……做实验,鼓励孩子用图书玩出科学知识。

而近年来这类图书在中国童书市场可谓层出不穷,小猛犸童书引进的"以科学之名破坏这本书"(全4册)包含《以科学之名破坏这本书·跟着爱因斯坦玩物理》《以科学之名破坏这本书·跟着毕达哥拉斯玩数学》《以科学之名破坏这本书·跟着伽利略玩科学》《以科学之名破坏这本书·跟着毕加索玩艺术》,同样是类似思路,通过涂鸦、剪切和折叠等手工操作来"破坏"一本书,构建孩子对数学、物理、化学、生物、艺术等知识点的全新认识,在玩中学,不仅满足了幼儿对科学知识的好奇,而且可以有效地将阅读与游戏、动手与动脑有机地结合起来,促进儿童创造力的发展。

立体思维

如果把本页撕下揉成一团，它会变成什么样子？

A）立方体形　　　　　B）球形　　　　　C）猫形

在想象物体被折叠、扭曲或旋转后会变成什么样的时候，你的大脑是非常聪明的。科学家把这种空间推理能力称为立体思维。这种能力对于阅读地图、建立模型、做运动，以及避免撞到灯柱上都很有用。你可以用下面这个拼图，来测试你的朋友和家人的立体思维。

额外工具：

· 剪刀　　　· 胶水　　　· 薄卡纸

怎么做：

1. 剪下第21页上的圆形模板和挂锁形状的模板，再依次剪下三个圆环，将挂锁形状的模板粘在一张薄卡纸上，等胶水干了后，再把它剪下来。不要让别人看到你的做法！

2. 按照下图所示，按步骤把这些模板拼在一起。

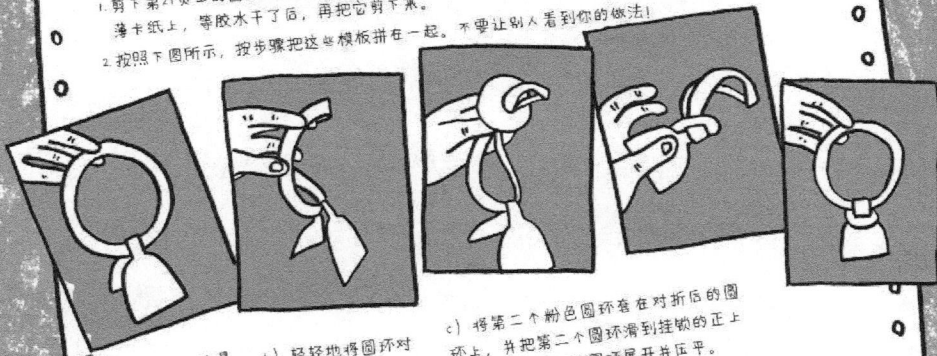

a）将挂锁悬挂在最大的粉色圆环上。

b）轻轻地将圆环对折，不要有折痕。

c）将第二个粉色圆环套在对折后的圆环上，并把第二个圆环滑到挂锁的正上方，然后将最大的圆环展开并压平。

3. 找一个人让他挑战一下，在不剪开纸、不让纸变形的情况下把各部分分开。他能多快解决这个难题？

图 7-8 《剪了这本科学书》书影和内页

图 7-9　引进版《以科学之名破坏这本书》系列读物

（3）科普童书的表现形式：重视儿童生活体验并通过多媒体实现交流互动

科普童书内容创作应首先关注幼儿的科普阅读需求，充分挖掘幼儿生活中常见的动物、植物内容，关注幼儿日常生活的生活情境，在情境中延展选题内容，实现生活逻辑与科学逻辑的有效对接。同时，更应该通过媒介融合，运用富媒体出版方式实现儿童在阅读中的参与、体验和创新。

国际科普童书在编撰中就体现出对儿童读者生活经验和兴趣的关注，例如以讲解简单机械为例，并非直接地向儿童灌输有关机械的常识，而是通过《怎样撬起一头狮子？》这样一个儿童视角的问题；《瓢虫究竟有多重？》在讲述重量和测量时也采用了与儿童互动的角度，向儿童读者提出"一只瓢虫站在电子秤上重量显示为零，是否意味着瓢虫没有重量呢？"这样的科学问题，调动儿童读者的好奇心和经验进行主动思考；通过站在儿童的经验和思考立场上讲述科学，提升科普亲和力。

图 7-10 绘本《瓢虫究竟有多重?》封面

除此以外，通过运用媒介融合的方式，一些科普知识能够由被"讲解式"走向"互动"和"操作"。例如《神奇校车》《群鸟出没》等大量科普童书就通过跨媒介的整合打造科普 IP，通过科学动画、操作玩具、实验教具、手机下载 APP 等弥补纸媒互动性的不足，即通过媒介融合、立体化的出版方式帮助儿童打通线上线下阅读，实现场景式阅读和体验，促进科学传播价值的最大化。

3. 科学传播背景下我国科普童书出版的本土道路探索

近年来，我国科普童书出版品种迅速增长，精品频出，在少儿类图书中市场占比超过 20%，且未来这一数字有望得到进一步提高，科普童书已经成为名副其实的出版黑马。但相关数据显示引进版科普童书仍然位于销售前列，[①] 畅销的原创科普童书依然是凤毛麟角。因此，基于科学传播的基本理念，明确科学传播为科普工作带来的深刻变革，在对国际科普童书发展趋势进行客观分析的基础上，本研究认为我国科普童书出版需要立足本土，放眼国际，在促进原创科普童书高质量发展的基础上，才能够走出去并承担起"讲好中国故事，传播好中国声音"的童书出版使命。

（1）指导思想：以构建地球生命共同体理论指导科普童书发展

2021 年 10 月 12 日，习近平总书记在《生物多样性公约》第十五次缔约方大会领导人峰会的主旨讲话中号召，"让我们携起手来，秉持生态文明理念，站在为子孙后代负责的高度，共同构建地球生命共同体，共同建设清洁美丽的世界！"这是为未来全球生物多样性治理所提出的中国方案，体现了中国智慧，充分展现了中国——一个发展中的负责任大国的良好形象。长期以来我国科普童书的发展是在"科学普及"思维指导下开展的，具有成人世界对儿童世界的"俯视"特征，科普童书往往被认为是"小儿科"。但随着时代环境的变化人们已经意识到儿童作为科学传播的受众和未来社会的主人，应该得到充分的尊重和重视。科学传播不仅向儿童传递科学知识、科学精神以及科学给人类社会带来的重大贡献，更要帮助儿童意识到科学在促进人类发展的同时，也会对人与自然、人与人关系造成破坏，从而能够做出合理保护地球生命和资源，更有利于人类社会发展的理性判断。这种科学传播思想与"地球生命共同体"的价值理念具有内在的一致性。

中国科普童书应当以"构建地球生命共同体"为新的指导思想，积极融入中国生态文明建设和全球生物多样性治理的伟大事业中，将生物多样性保护理念融入选题策划、内容编写、编加制作和营销推广的全过程，以童书为媒介向中国小读者和

---

① 刘蓓蓓. 少儿科普图书增幅明显的背后 [N]. 中国新闻出版广电报，2020-10-19（007）.

海外小读者"讲好中国故事，传播好中国声音"。2021 年 6 月，一群来自西双版纳国家级自然保护区的亚洲象出现在了中国媒体和大众的视野之中。直至 8 月，在人类的帮助和保护下，"短鼻家族"返回传统栖息地范围内，顺利回家。这件事引发全世界专家和普通民众的瞩目，其中包括文艺创作者。2021 年 10 月，中国作家格日勒其木格·黑鹤和图书画作家九儿以"大象北上"事件为依托，联手创作完成图画书《大象的旅程》，由贵州人民出版社（蒲公英童书馆）出版。

格日勒其木格·黑鹤是我国蒙古族自然文学作家、儿童文学作家，曾获中宣部"五个一工程奖"、全国优秀儿童文学奖等；九儿是中国第一位入选国际儿童读物联盟荣誉榜单的女画家。二人联手创作的这部绘本生动地再现了"短鼻家族"的旅程以及人类为避免人象冲突所付出的努力，传递出中国人热爱自然、善待生命的价值取向。时值《生物多样性公约》第十五次缔约方大会开幕之际，习近平总书记提出："我们要深怀对自然的敬畏之心，尊重自然、顺应自然、保护自然，构建人与自然和谐共生的地球家园。"绘本《大象的旅程》应时而生，谱写出人类与野生动物和谐共处的动人故事，不但让更多中国孩子了解人和动物应该如何共处，更向全世界人民讲述中国如何保护野生动物，如何以实际行动践行"构建人与自然和谐共生的地球家园"的大国情怀和大国理念。国际儿童读物联盟主席张明舟在国家动物博物馆和蒲公英童书馆联合举办的发布会上致辞中表示，亚洲象一路向北的旅程中，我们采取的理念、方式，赢得了全球野生动物保护相关组织与专家的一致认可，不仅向世人展示了中国的科技实力、中国速度，还传达出中国人热爱自然、善待生命的文明价值取向和真挚情怀。他希望这本书能够被中国及世界的小朋友所喜爱。[①]

（2）创作模式：由"理解科学模式"走向"共同生产模式"

我国传统科普童书创作是以向儿童传递知识为基本模式的，表现为自上而下

---

① 新华网．绘本《大象的旅程》讲述亚洲象"短鼻家族"的故事 [EB/OL]．（2021-10-11）.[2021-11-19]. http://www.xinhuanet.com/politics/2021/10/11/c_1211399730.htm.

的知识传递，意图让缺乏科学经验的儿童更好地认识和理解科学，可以概括为一种"理解科学模式"。但科学传播理念指出受众在科学传播中并非是被动的接受者，科普童书作为传播者需要与儿童受众进行互动，关注儿童受众的兴趣、需要，形成一种双向互动的"共同生产模式"，从而使科普童书的选题、内容和呈现方式全面地与儿童读者同频共振，提高科学传播的精准度和有效性。

我国相关研究证明，即便是年龄最小的幼儿也具有独特的科学好奇心和理解能力，生活和游戏经验是幼儿科学问题的触发器，而这些问题同样也服务于儿童的生活和游戏，而且他们具有质疑与批判的科学精神，提出的问题往往蕴含着深刻的人文、社会、哲学意味，能够在"电车很环保，人们为什么还开汽油车？"的问题中提出对于社会发展现实的困惑。这也就说明当前我国科普童书发展具备从以成人单向主导的"理解科学模式"走向双向互动的"共同生产模式"的基础。2020年9月第十五届文津图书奖揭晓，由中国科学院物理研究所通过解答微信公众号读者提问后结集出版的《1分钟物理："中科院物理所"趣味科普专栏（第1辑）》成功获奖。这也就意味着只要作者和出版机构真正走近儿童，基于儿童的视角并结合已有的创作经验为小读者们生产适宜的科普童书产品，创新互动性科普童书阅读体验，就能够逐渐为儿童读者建构一条具有鲜明参与式特征的科普童书创作路径。

（3）内容表现：从阐述"科学事实"向展示"数据"和"智慧"两端发展

长期以来我国科普童书中较多地呈现科学事实和科学结论，对于"数据—信息—知识—智慧"这一知识金字塔层级两端的数据和智慧关注不足。数据是发现科学事实和得出科学结论的基础，数据素养包含了从意识到知识与能力再到思维的能力发展要求，对于数据的使用体现了"数据—信息—知识—智慧"的升华，数据有助于儿童认识和改造世界、利用数据创造性地解决问题的能力，从而培养儿童在智能时代所需的创新创造能力。① 而智慧则是让儿童基于数据生成的信息和知识进行自我的抉择和判断，是不同于成人直接"讲道理"的道理的分析和领悟过程，体现了儿童高级思维能力的发展和价值判断能力的发展。而儿童对"智慧"的获得不仅是科普和科普童书发展的目的，更是国家发展和社会进步对未来公民的基本要求。

原创科普童书的未来发展需要走出喜欢"摆事实""讲道理"的基本模式，让"数据"讲出事实，让儿童分析"道理"，而不是掐头去尾地对于知识的片段化的呈现。通过合理规划科普童书知识呈现的形式和内容为儿童全面地、系统地展示"科学观点"得出的全过程，展示知识的本来样貌。知识是有保鲜期的，但智慧永不过时。科普童书更需要让儿童理解知识的推导和对知识的思考，通过科普实现儿童真正的"知行统一"。

（4）科技赋能：以富媒体产品形态推动科普童书提升科学传播效能

长期以来，我国原创科普童书与美、英、德、法、日等国家相比，具有一定差距。随着我国数字出版技术的不断成熟和发展，科技赋能科普童书产品的媒介融合向纵深方向发展，越来越多的富媒体科普童书以文字、音频、视频、动漫、游戏、AR/VR 等多种形式帮助儿童在阅读中学习、娱乐、体验和互动，提升了科学传播的效能，也使中国科普童书迎来了追赶、超越国际优秀科普童书的契机。例如《艾布克 AR 科学馆》丛书，就是一套能够让小读者边读边玩的原创科普童书，这套读物是我国科普童书的佼佼者，引领了我国科普童书未来的发展方向；还有《科学跑出来》系列图书，是一套结合了 AR 技术和科普知识的儿童读物，由中信出版社旗下的童书品牌"小中信"引进出版。从 2016 年 1 月起在国内上市，半年的总销量即超过 50 万册，成为一本"现象级"童书产品，这也是一套全球儿童读者都喜欢的

---

① 惠恭健，曾磊. 智能时代的数据素养：模型构建、指标体系与培养路径——基于国内外模型的比较分析 [J]. 远程教育杂志，2021（4）：52-61.

科普图书。小读者把手机和平板电脑等移动设备的相机镜头,对准《科学跑出来》系列的《恐龙跑出来了》实体书,不同种类的恐龙顿时活生生地出现在你面前,会奔跑、打架、发出嘶吼的咆哮;相机对准《太阳系跑出来了》这本书,八大行星就可以放在手上转动,还能操控火星车,发射激光枪;相机对准《龙卷风跑出来了》则带你身临其境地感受沙尘暴、海啸、地震、龙卷风等极端自然现象。

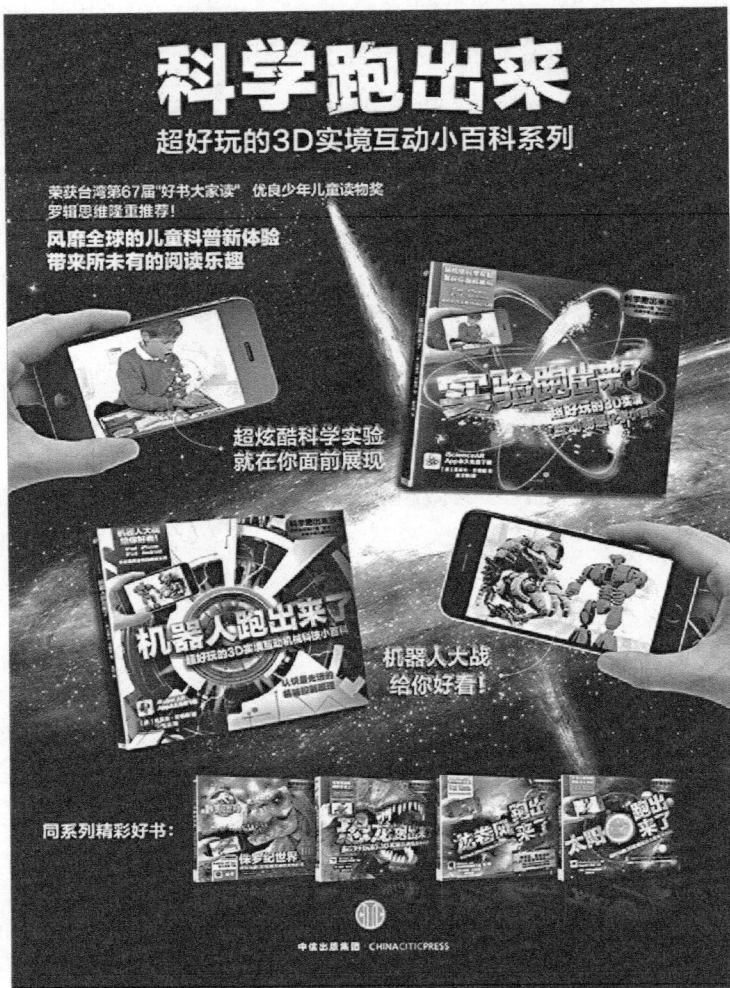

图 7-11 《科学跑出来》丛书的宣传海报

科学传播的宗旨在于向公众普及科学文化知识，激发公众对科学的兴趣和热情，提升公众参与社会生活的能力。儿童是未来社会的主人，是国家科技发展和未来人类世界的主导力量，我们必须重视面向儿童群体的科学传播，既要把世界最优秀的科普童书"引进来"，更要让我国原创的优秀科普童书"走出去"。加强科学传播是推动我国早日实现文化强国，通过科普童书这一重要的儿童媒介工具向世界儿童展现日新月异的中国国家形象，使绿色、和平的中国发展理念深入世界儿童的内心。作为儿童科学传播的最重要媒介之一，科普童书的发展不仅需要遵循科学传播的基本规律，也需要把握国际科普童书发展的基本特点和主要趋势，在分析、对比、研究中思考中国科普童书发展的思想变革问题，创新中国科普童书发展的创作模式，探索对于多元化的知识内容的合理表现和基于新技术的多种媒介形态的有效运用，从而形成一条体现中国智慧、展示中国最新科技成果，在形成具有国际竞争力的科普童书发展的本土化道路的同时，以科技为抓手讲好中国故事。

小结

本章研究的核心内容是童媒如何在实践中"讲好中国故事"。首先，本着他山之石、可以攻玉的思想，本章对引进版畅销童书如何讲故事和讲好故事的成功要素进行分析总结；其次，从图画书思考童媒如何打造中国节日文化景观，原创科普类童书如何"讲好中国故事"，童书如何通过"讲好中国故事"构建国家形象三个方面进行深入研究。本章所研究的主题博大精深，童媒依托"传统中国"丰富多彩、丰厚深沉的文化底蕴和"现代中国"日新月异、朝气蓬勃的发展现状去"讲好中国故事"，要讲述的内容太多，要讲述的内容太精彩，既需要对国外成熟的经验和方法进行借鉴和学习，更需要不断突破创新，走出中国童媒"讲好中国故事"的中华之路。

第八章

如何打造"讲好中国故事"的
全球化超级童媒 IP

一、全球化超级童媒 IP 概念及其内容特质

二、全球化超级童媒 IP 产生的内在动因及发展模式

三、我国童媒 IP 的发展现状

四、如何打造中国的全球化超级童媒 IP

我国童书出版要实现由"走出去"到"走进去"高质量发展的新境界，有两个维度的思考值得关注：一是追求高度，对标获得国际童书出版大奖的作品，争取有更多的原创作家作品能够荣登国际安徒生奖、凯迪克和纽伯瑞等大奖榜单；二是追求宽度，对标具有全球竞争力的超级童书 IP，成功打造一大批原创跨媒介、跨产域的童书 IP，彰显我国在国际童书出版领域的市场竞争力。成功的童书 IP，必然拉动儿童动漫、游戏、影视、线上节目等相关童媒产业的发展，进而也能够打造 5G 时代创新型童媒产业链，走出我国本土童媒国际化发展的中国道路，在"十四五"期间实现中国童媒产业高质量发展。

一、全球化超级童媒 IP 概念及其内容特质

对童书出版而言，提升高度和拓展宽度二者并不矛盾。一些具有很高文学艺术水准的少儿出版物往往拥有超级 IP 基因，但是由内容到产品需要成功的商业转化，这个过程是有规律可循的。童媒 IP 能够受到全球儿童受众的深深喜爱，故事内容是决定其成败的关键性要素。超级童媒 IP 在内容方面具有共同特质，优质的童媒内容是引爆媒介形态扩展的直接原因。

（一）什么是全球化超级童媒 IP

有研究者认为，IP 出版是一种融合各类媒介形态并实现 IP 价值最大化的新兴出版模式。[①] 这一概念简明扼要地从内容载体、商业目标和出版模式三方面归纳出 IP 出版的内涵。

也有研究者认为，IP 是知识产权（Intellectual Property）的简称，但它并非著作权中所说的知识产权，而是一种产权和品牌的结合体，是有特定的内容、一定的知名度、相应的粉丝群体的文化产品。[②]

还有的研究者认为，IP 是 Intellectual Property 的缩写，即知识产权，"特指那些具有核心创意和广泛受众，能够为全媒体时代文化内容产业吸纳的著作权载体"。IP 可以是一首歌、一部小说、一部动画片、某个形象，甚至可以是一个名词、一个

---

① 陈守湖 . IP 出版与产业创新 [J]. 中国出版，2016（8）：51-54.

② 许航 .《熊出没·原始时代》：国产动画 IP 的"逆袭"与成长 [J]. 电影新作，2019（2）：103-107.

符号、一种价值观等。①

笔者认为，IP 一词，来源于英文"Intellectual Property"的缩写，即知识产权，其核心是作品著作权人对其智力劳动成果享有的财产权利。IP 一词起源于日本的动漫产业，为实现产品知识价值最大化，产业将优秀 IP 在漫画、动画和视频间成功转化，从而形成了以内容为核心的跨界生产链。究其本质，童书 IP 是对优质的内容进行多样化加工，以内容（故事和形象）为基础向外围做儿童生活、娱乐、教育领域的多种媒介形态和其他载体的延伸。IP 的价值在于它并不局限于某一种媒介，而是从诞生之初，就为在不同媒介间的转化做好了准备，以实现商业价值的最大化。②

童书 IP 具有多种形式，有以故事和人物形象形成的 IP，如"神探狗狗系列""卡梅拉系列""小猪佩奇系列""神奇校车"等；有以作家或者媒体人等姓名命名的 IP，比如"宫崎骏动漫作品系列""曹文轩作品系列""凯叔讲故事系列""杨红樱作品系列"等；还有以品牌或者人物形象命名的 IP……

童书 IP 的产品形态可以分为出版产业内 IP 和跨产业 IP。出版产业内 IP 运营重点是策划同名书的差异化，比如出版签名版、插图美绘版、漫画版、周年版、双语版、注音版、主题组合套装版、珍藏版等，绘本《猜猜我有多爱你》《好饿的毛毛虫》就有很多充满创意的版本，在国际书展的展台出版商可能为同一本书设立专属 IP 展区。跨产业 IP 则会在童书基础上，通过联合开发或者版权转让，衍生出电影、电视、动漫、话剧、服装、食品包装、文具、游戏、主题乐园等，迪士尼的产品在这方面做得最好，为全球童媒 IP 的跨界发展做出了榜样。

全球化超级童媒 IP，是能够占领全球童媒市场，具有大品牌效应的、取得巨大

---

① 刘琛 . IP 热背景下版权价值全媒体开发策略 [J]. 中国出版，2015（18）：55-58.
② 齐迹 . 少儿 IP 类图书的现状与创新趋势——以迪士尼图书为例 [J]. 新闻研究导刊，2020（6）：176-177.

成功的童媒 IP。这类 IP 具有销量大、产值高、衍生产品丰富和品牌传播力强等特点。5G、AI、云计算、区块链等新技术，促进全球媒介融合向纵深方向发展，也给童媒跨媒介、跨产域发展带来新机遇，因此，针对儿童受众的各种媒介高度融合，拓维发展也成为必然趋势。全球化超级童媒 IP 在跨文化传播中独树一帜，能够通过各种儿童媒介在海外儿童及其家庭和社区、学校等系统构建中华文化、世界语言、国际表达的话语体系，突破中国童媒"走出去"却难以"走进去"的瓶颈问题，为中国在全球童媒市场争得话语权和影响力增加力量。

（二）全球化超级童媒 IP 的内容特质

2015 年被称作中国的 IP 元年，但是中国的 IP 出版起步稍晚。《人民日报（海外版）》把 IP 和知识付费等列入"2017 年中国出版十件大事"。由此可见，IP 出版在我国起步晚、发展快。IP 出版热引发了出版理念的革命，使得原创内容得到极大关注和热捧。中文在线集团董事长兼总裁童之磊认为，"好的 IP 首先必须有内容，有一个精彩的故事，能够引起读者的共鸣"[①]。优质的内容是 IP 出版成功的基础，更是实现知识产品多种媒介转化和价值最大化的根本保障。基于内容视角发掘具有全球竞争力的童书 IP 取得成功的内在机理，是打造超级童书 IP 最重要的一步。

笔者从产品销售量、辐射国家和数量、产生年代、品牌传播力、IP 来源等几个方面思考，选取典型的具有全球竞争力的童书 IP 作为研究对象，包括在全球热销近一个世纪的"常青树"品牌迪士尼系列产品、畅销 22 年的"哈利·波特"系列图书、"小猪佩奇"系列动漫绘本和当红漫画"神探狗狗"系列图书。这四种童书 IP 都具有销量大、产值高、衍生产品丰富和品牌传播力强等特点，都是被公认的具有全球竞争力的童书产品。同时，这些童书 IP 又具有读者对象、IP 形式与来源和品牌持久性等的差异。

---

① 童之磊. 努力开发超级 IP 促进产业融合发展 [N]. 国际出版周报，2019-09-09（013）.

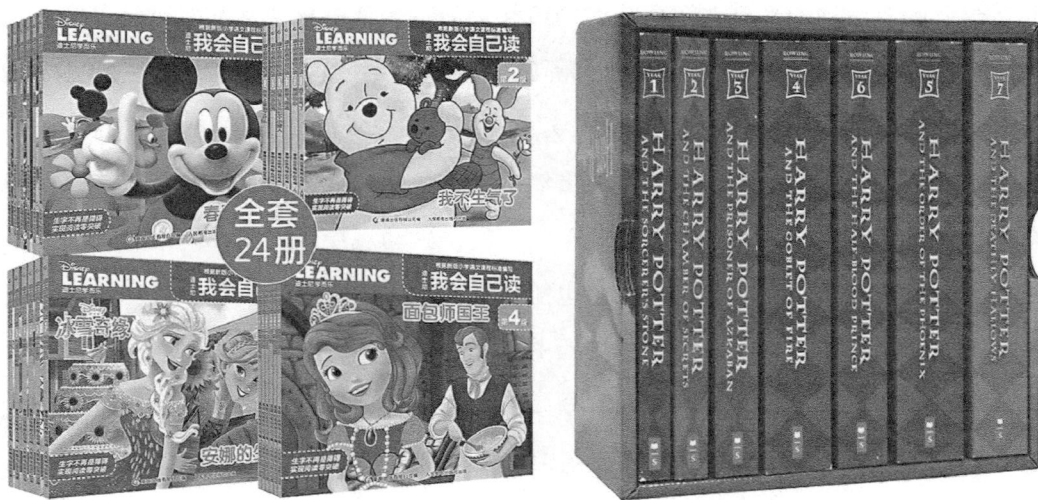

图 8-1　迪士尼系列童书和"哈利·波特"系列图书

图 8-2　"小猪佩奇"和"神探狗狗"系列童书

1. 原创性和独特性

童书 IP 内容不能是对其他作品的模仿和复制，其故事内容必须具有创造性和独特性，这是成为 IP 的最基本原则。原创意味着具有知识产权，是以内容为核心开展一切商业活动的基础；还意味着创造和创新，尤其在移动互联网时代，信息过剩导致注意力稀缺，只有充满创意和新鲜出奇的内容才能吸引受众的注意力。童书 IP 内容要在童书与小读者之间建立起新的情感连接符号，并形成特殊的话语体系。迪士尼和"小猪佩奇"系列童书虽然从出版角度来说内容并非原创，是动漫电影的衍生产品，但是其动漫故事是独一无二的，其动漫绘本的图画风格和人物形象同样具有独特性，即使两三岁的儿童也能够很快在众多动漫形象中找出唐老鸭、米老鼠、白雪公主和小猪佩奇、小羊苏西的专属形象。而"哈利·波特"的故事建立起一个庞大的魔法帝国，且不说人物众多、形象各异，其中的魔法道具就有 30 个、法术 23 个、魔法咒语 78 个、魔法药剂 12 个、神奇生物 26 个。[①]

2. 娱乐性和消费性

随着现代工业的发展和消费主义的蔓延，童书这一独特的知识产品也随之发生了悄然的转变。童书不仅是为渴望阅读的儿童创作的作品，而且是为作为顾客的孩子们而创作的产品。童书 IP 是否具有全球竞争力，从市场角度看有三个衡量标准。其一，是否进行实物出口或者将版权销售到全球多个国家；其二，是否成为超级畅销书；其三，是否实现跨界并产生多种衍生产品。在我国少儿图书市场，仅 2017 年，迪士尼超级 IP 在国内少儿出版板块就有约 5 亿销售码洋的产值，动销品种近千种。童趣和迪士尼合作二十多年，其销售的迪士尼童书早已经突破亿册大关，童趣也以大品牌运营商的独特姿态跻身少儿出版十强之列。[②] 2018 年 12 月，全球儿童出版、教育和媒体公司学乐（Scholastic）宣布《神探狗狗：野生的争吵》首次印刷 500 万册，这是戴夫·皮尔奇畅销系列的最新书籍。该书在美国、加拿大、英国、新西兰和澳大利亚同时出版。学乐还宣布，下一本书《神探狗狗：球为谁滚动》会

---

① 孙蓓. 当 IP 与童书合体 [N]. 新华书目报，2016-6-23（004）.

② 同上。

于 2019 年 8 月 13 日严格发售。由戴夫·皮尔奇创作的"神探狗狗"系列在学乐出版公司 Graphix imprint 下推出,迅速走红,并继续上升到史诗级别。《神探狗狗:跳蚤之王》是该系列中最新的一本书,于 2018 年 8 月 28 日发行,首次印刷 300 万册,占据了成人和儿童畅销书排行榜,并在《出版商周刊》和美国多家大众期刊畅销书排行榜上排名第一。"神探狗狗"系列 2018 年 12 月已被翻译成超过 23 种语言。[①]"小猪佩奇"2017 年在全球范围创造了 80 亿元人民币的零售额,通过了 800个 IP 授权。[②]

3. 发酵性和衍生性

优质的 IP 内容能够被孩子们所喜爱,并被谈论和传播,可持续创造话题。同时它具有从一个产品衍生成其他类别产品的优势和能力,这种能力也可以被称为"势能"。这种势能造就童书 IP 转化成电影、动漫、游戏和玩具等,跨入其他产业,并以其内容和形象为核心,形成品牌联动和产品方阵。比如,"哈利·波特"系列 7 本小说最初以英文出版,之后被翻译成 73 种语言,所有版本在全球总销售量超过 4.5 亿本。美国华纳兄弟电影公司把这 7 本小说改拍成 8 部电影,这些电影系列又成为全球最卖座的电影系列,总票房收入达到 78 亿美元。迪士尼的动漫 IP 从黑白两色的米奇老鼠动画,到现在的迪士尼娱乐王国,其 IP 与衍生产业的孵化路径是手绘动画、真人动画、计算机动画、真人版电影和主题乐园等,衍生产业包括电影、娱乐节目制作、特效制作、主题乐园、玩具、书籍、电子游戏等,具有极强的

① CISION News. Scholastic Announces 5 Million Copy First Printing For Dav Pilkey's Dog Man: Brawl of the Wild, The Newest Book In The International Bestselling Series In-Stores [EB/OL]. (2018-12-24) [2021-09-21]. https://www.prnewswire.com/news-releases/scholastic-announces-5-million-copy-first-printing-for-dav-pilkeys-dog-man-brawl-of-the-wild-the-newest-book-in-the-international-bestselling-series-in-stores-december-24-2018-300762603.html.

② 沈国梁. 品牌跨界 IP,需要开哪些脑洞 [J]. 中国广告, 2019(9):108-110.

衍生能力。①

4. 可期待性和产品黏性

一般超级 IP 都是由连续性故事组成，不断推出系列化新品，从而加深孩子对人物形象和故事内容的理解和期待，并使孩子建立起对产品的信任。迪士尼在 1927 年制作了《幸运兔子奥斯华》，在 1928 年制作了《疯狂的飞机》，在 1933 年制作了《三只小猪》，在 1998 年推出了《花木兰》，在 2002 年推出了《星际宝贝》，在 2014 年推出了《冰雪奇缘》……由此，迪士尼的童书 IP 也形成了一个 IP 方阵，每一个动漫电影推出一个故事和形象，组成一个个小 IP。米老鼠、唐老鸭、小鹿斑比、小熊维尼和狮子王辛巴等形象深入人心，伴随几代人成长，也成为全球不同种族、不同人的共同期待。

5. 思想性和共同价值观

童书产品要实现全球热卖，尤其要关注儿童成长中的共性问题，突出作品的思想性和人文关怀。② "小猪佩奇" 系列图书围绕佩奇与家人的愉快经历讲述了一个个幽默、温馨、平凡和有趣的简单故事，借此让孩子们感受真挚的亲情和友情，看过童书的孩子们仿佛被施加了不可抗拒的魔法，都迷恋上了粉红小猪佩奇。孩子们在阅读和观赏中深深浸润在人类美好的情感之中。每一种社会行为的表现和每一种文化形式，都或明或暗地涉及传播。根据跨文化传播的奠基者爱德华·霍尔的理论，文化具有多元性和差异性，因此立足全球发行推广的童书 IP 要充分考虑到跨文化传播中可能遇到的各种障碍。对文化同源性国家，童书 IP 可以考虑通过实物输出直接销售原版书；对文化差异比较大的国家，童书 IP 可以进行版权输出并允许购

---

① 苏浍漩，纪力文 . IP 热潮下的动漫 IP 与其衍生产业探究 [J]. 大众文艺，2019（18）：187-188.
② 刘晓晔，王壮 . 原创儿童图画书跨文化传播特点、影响因素与发展建议 [J]. 出版发行研究，2019（8）：85-88.

买版权方进行适当的删改,这样更利于童书 IP 的文化安全和广泛传播及销售。一个成功的童书 IP 作家必然要在作品中传输正能量,无论是迪士尼的 IP 作品,还是《哈利·波特》《神探狗狗》《小猪佩奇》,都体现博爱、尊重、平等、包容和正义战胜邪恶等思想,这是优秀童书 IP 的底线。

(三)全球化超级童媒 IP 的文化功能

1. 通过跨媒介叙事创造沉浸式儿童文化体验

超级童媒 IP 是"跨媒介叙事"的成功代表。"跨媒介叙事"概念最早由亨利·詹金斯在其著作《融合文化:新媒体与旧媒体的冲突地带》中提出:一个跨媒介叙事横跨多种媒体平台展现出来,其中每一个文本都对整个故事做出了独特而有价值的贡献。跨媒介叙事最理想的形式,就是每一种媒介出色地各司其职、各尽其责。[①] 跨媒介叙事是在媒介融合和产业融合的背景下产生的一种新的内容创作,同时参与同一故事的叙述,并根据各自媒介的优势发展出不完全相同却又彼此呼应的方式。它可以为受众创造完整的叙事体验,不同领域的创作者运用不同的媒介形式和传播渠道,通过暗示、关联、延展等形成"文本互涉",共同构建出丰富而无边际的故事世界,[②] 从而给受众带来沉浸式文化体验。因此,当儿童吃着海底小纵队标签的零食,穿着印着海洋标签的服装,看着相应的动画片,读着海底小纵队的童书时,关于人类对海洋动物的影响、人与自然和谐共处的文化体验便立体化地产生了。因此在童书出版中需要关注以下几个方面:首先,在观念上,出版机构需要从单一的图书产品生产者转变为文化生产空间的互动者和 IP 培育的研发者;其次,在图书内容创作过程中,作者和编辑要能够预设到图书内容在不同媒介平台上的延伸,尽可能地使图书能够囊括更大的世界架构;再次,不同媒介平台上故事的创作

① 王琳.基于"儿童本位论"的中国原创童话出版研究 [D].苏州:苏州大学,2018.
② 约翰·杜威.民主主义与教育 [M].王承绪,译.北京:人民教育出版社,2001:25-27.

要彼此独立但又保持联系，并突显媒介平台的特色优势；最后，跨媒介叙事理论要求受众能够广泛参与，形成文化社区，具体到少儿图书的出版和营销过程要注重发挥作者的能动性，作者可以在媒介平台或读者见面会、读书会等各种渠道中与小读者保持密切联系，引导小读者探索图书中的故事世界。

2. 通过 IP 传播满足儿童受众的多种需求

媒介传播在认知功能上具有难以替代性。媒介在创新与扩散的过程中，大众传播在开端的"获知"阶段比人际传播更重要，它可以将新信息迅速传至广大受众，改变其立场不稳的态度。这就如同一般的新闻获知一样，现代社会中绝大多数人是直接从媒介中获得大部分新闻的。因此，作为大众获知信息的主渠道，大众传播能在许多方面满足受众的各种需求。超级童媒 IP 作为一种复合型的信息传播方式，给儿童受众提供了更为广泛和多样的信息选择渠道，不仅有利于更为迅速、全面地向儿童受众传递信息，更有利于满足儿童多样化的感官需求，进而最大化地实现信息传播的认知效果。

3. 有助于通过认知、情感、行为全方位实现传播效果

传播效果是指传播对人的某些方面产生的有效结果，指用户接受信息后，在认知、情感、行为等方面发生的变化。其主要意味着传播活动在多大程度上实现了其传播意图。传播效果既是传播学研究的重点，又是人类传播活动的目的。传播效果研究主要分为四个研究阶段：第一阶段为强效果阶段（20 世纪 20 年代至 40 年代），如施拉姆提出的魔弹论；第二阶段为有限效果论（20 世纪 40 年代至 60 年代）如拉扎斯菲尔德提出的两级传播假说；第三阶段（20 世纪 60 年代至 70 年代）如蒂奇纳的知沟假说；第四阶段（20 世纪 70 年代至今）如卡茨提出的"使用与满足"理

论。[①] 传播效果并非"到达即产生影响",也无法通过输出数据、海外馆藏和版权贸易额等外在指标来直接判断。真实的传播效果必须通过其对受众观念和行为所产生实际改变来进行衡量,包括:认知层面,即引起受者知识、观念总量和构成的变化;情感层面,即引起受者情绪、态度、情感的变化;行为层面,即引起受者外部语言和行为的变化。而超级童媒 IP 恰恰可以在上述三个层面实现其影响力,全方位地实现媒介的传播效果。例如当提出迪士尼电影上映时,儿童很可能会因为品牌 IP "迪士尼"而产生一种观看的心理预期,产生情绪情感上的变化,儿童还会模仿这些 IP 中的某些人物和行为,在日常游戏中扮演小马宝莉、小猪佩奇、白雪公主等。可见超级童媒 IP 正在通过认知、情感、行为全方位地实现着其传播意图与效果。

二、全球化超级童媒 IP 产生的内在动因及发展模式

当今社会正处于泛媒介时代,信息技术驱动淡化了"媒介"与"非媒介"之间的界限,在"万物皆媒"的泛媒介时代,媒介融合向着跨行业、跨领域的纵深融合发展,不同的业务载体、行业、市场每天都在发生着融合。[②] 聚集市场吸引力的需求,媒体巨头纷纷将视角转向童书业,逐渐将童书出版作为媒介融合链条上的重要一环,谋求全媒体的融合。[③] 在这一背景下,虽然传统上童书被认为是严肃、富有教育意义的,在某种程度上,广泛开展的童书阅读体现了发达国家和一些发展中国家面向儿童的教育特征,但国际童书的跨领域发展日渐深入,已经开始形成童书出

① 周鸿铎. 传播效果研究的两种基本方法及其相互关系(上)[J]. 现代传播,2004(3):12-18.

② 徐桂权,雷丽竹. 理解"泛媒介"时代:媒介环境学、媒介学与媒介化研究的三重视角 [J]. 现代传播,2019(4):55-60.

③ Hade D., Edmondson J. Children's Book Publishing in Neoliberal Times [J]. Language Arts, 2003, 81(2): 135-144.

版业与教育产业结合、与娱乐产业协同发展、与零食和服装等儿童产业巨头进行品牌合作等多种发展模式，全球化童书 IP 也应运而生。尽管童媒可能最初产生于儿童动漫、玩具或者游戏等媒介形态，但是故事往往最具有核心价值，因此本节以童书为重点，探讨全球化超级童媒 IP 产生的内在动因及发展模式。

（一）全球化童媒 IP 产生的内在动因

1. 出版：由内容提供方向传播平台转向

传统出版以内容制造为核心优势，通过将作者创作的故事转化为儿童喜闻乐见的童书实现其价值影响力。但泛媒介时代，童书的媒介优势后来居上，童书出版已由单纯的"内容传播"向"媒介传播"转向。一方面娱乐 IP 向童书延伸的过程中，童书不再打造新的内容，大部分是对娱乐 IP 的二次加工和传播；另一方面零售产业将触手延伸至童书出版过程中，相对于内容而言更为看重童书的积极市场效应。因此，在这一过程中，童书本身的内容价值大打折扣，而出版作为一种媒介平台的宣传价值则受到了前所未有的重视。在跨领域的联合中童书是作为在儿童中最有影响力、最受认可的信息传播渠道得到重视的，童书出版的传播平台价值得以彰显。近年来席卷全球的低幼童书《好饿的毛毛虫》不仅出版了包括布书、纸板书等多种形式的童书，更是衍生出毛毛虫玩偶、各类益智玩具、餐具等实体产品，甚至还开发了儿童戏剧等多种儿童文创产品，同时更是以"毛毛虫"点读笔这一带有"毛毛虫"教育身影的产品形式，迅速占领了全球少儿英语学习市场。"好饿的毛毛虫"等众多童书品牌，不再是一本童书，更是印刻在商品上的"毛毛虫"标签。众多知名童书 IP 的发展历程显示出在内容优势基础上，IP 童书的传播锋芒正在崛起。

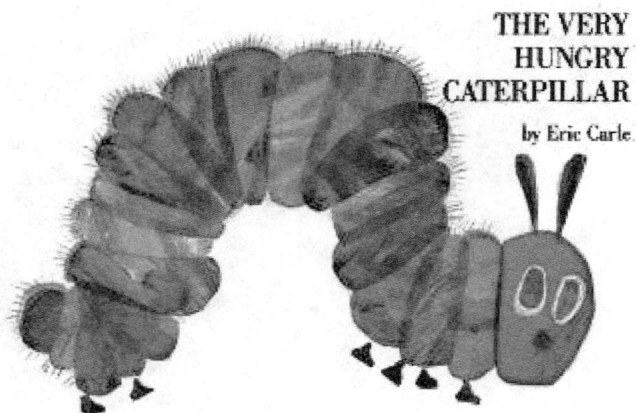

图 8-3 《好饿的毛毛虫》普通铜版纸绘本

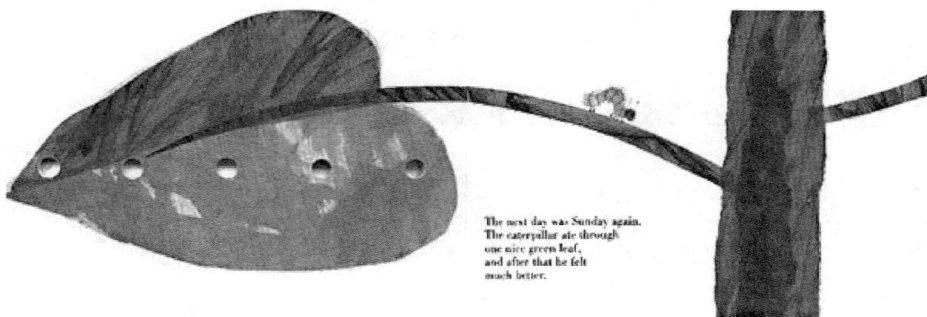

图 8-4 《好饿的毛毛虫》纸板洞洞书

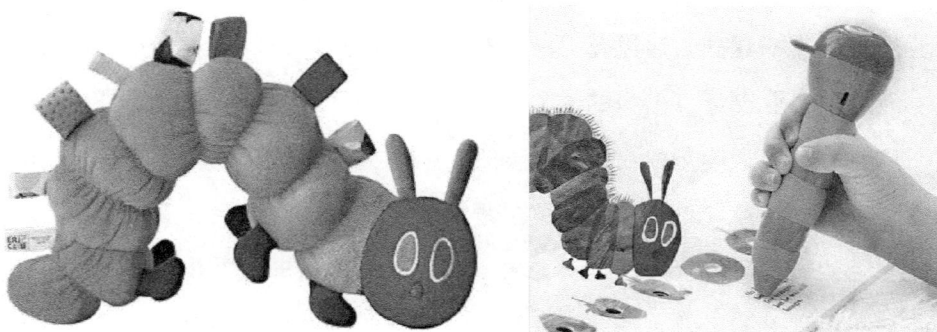

图 8-5 《好饿的毛毛虫》玩具和点读笔

图 8-6 《好饿的毛毛虫》绘本剧

2. 童书：具有显在的教育性和隐匿的商品性

影视、游戏等娱乐产品虽然已经广泛地进入人们的社会生活，但娱乐业与儿童之间具有天然的鸿沟。与成人广泛接触电影、电视、游戏等媒介不同，童书特有的"教育性""思想性"特征使其成为家长促进儿童认知发展的首选工具。相对于影视来说，童书暗含着教育儿童积极、向上和热爱学习的意义。因而泛媒介时代，童书必然成为相关教育、传媒产业和儿童消费品产业的宠儿，其显在的教育性也成了其他产业乐于合作的基础，通过童书的"教育性"塑造娱乐、零食等产业积极的品牌形象。而娱乐产业对童书出版的并购过程本身，除了建立全媒体的产业链外，意义更在于这种并购可以有效地提升儿童娱乐产业的积极产业价值。从这一意义上讲，虽然在跨领域发展并参与市场竞争的过程中童书本身就是商品，具有商品属性，但无论媒体巨头或是日常消费产业与童书出版的联合，并非意在依赖童书的商品性获利，而是利用童书的"教育性"来获得儿童和家长的认可，最终通过具有互补性的信息实现对目标受众的"信息轰炸"，从而突破媒介的简单叠加效应，通过媒介深度融合获取更高的影响力。

3. 读者：泛媒介时代的消费者和阅读者

童书跨领域发展的基本特征在于童书产业中核心要素身份与地位的变化。传统童书出版领域将儿童读者定位为阅读的主体，童书主要关注艺术性与思想性。但在这场品牌联合、跨领域发展的变革与竞争中，童书所承载的文学叙事、孩童间的友谊、各学科的知识无一不与商品和利润有了千丝万缕的联系。说到底童书开始由思想导向转向了利润导向。① 因此作为阅读者的儿童，身份也随之发生了变化，传统阅读中儿童只需要做好阅读者即可，但在童书的跨领域发展背景下，出版公司开始关注并重视儿童读者的消费者身份，关注儿童对于父母、家庭消费的拉动。近年来消费领域的大量研究发现，儿童对家庭消费的直接引导力正在迅速加强，因此不少公司已将儿童当成了主要消费者，致力于建立培养未来消费者和借助儿童通向家长的双重销售渠道。**McNeal & Kids** 儿童营销咨询公司与宝洁公司一项对 7 到 11 岁儿童家庭的消费调查同样发现，儿童对家庭日常消费具有极强的主导作用，女孩对点心、面包、衣物、糖果等常规消费品影响大，男孩则对玩具、游戏和影碟等消费品的影响较大。② 进而扩展为对家庭消费行为的深层次的影响，例如家庭会为了维系儿童的学业和友谊而选择学区房消费。③ 从研究的趋向可以看出，无论是娱乐产业 IP 向童书出版的延展，还是零食、服装等相关产业与童书出版的联合，无疑都关注了儿童消费者的注意力和影响力价值，力求透过童书增强儿童消费者对娱乐形象、零售品牌的好感度和品牌忠诚。

---

① Taxel J. Children's Literature at the Turn of the Century: "Toward a Political Economy of the Publishing Industry" [J]. Research in the Teaching of English, 2002, 37 (2): 145-197.

② McNeal J.U., Yeh C.H. Consumer Behavior of Chinese Children: 1995-2002 [J]. Journal of Consumer Marketing, 2003, 20 (6): 542-554.

③ Gronow. Deciphering Markets and Money: A Sociological Analysis of Economic Institutions [M]. Helsinki: Helsinki University Press, 2020: 48.

4. 市场：全球化和跨产业生态圈构建

进入全球化时代，世界上绝大多数国家的市场都是开放性的，这种开放性是双向开放，一方面本国产品能够走向世界其他国家，另一方面是其他国家产品能够进入本国市场。尽管各国关税限制和市场政策不同，但是市场的全球化已经成为常态。对于童媒产品而言，全球化带来的利好是在商业利益驱动下，世界各国儿童都有机会成为优秀作品的阅读者、观赏体验者和学习者，也就是那些最优秀的童媒产品的受众面辐射面广、影响深远。对于英国和美国这样老牌资本主义国家而言，一些传媒公司早已形成成熟的童媒产品生产制造与全球推广的成熟模式，建立起基于产品品牌或产品群品牌的生态圈。

众所周知，迪士尼是世界公认的第一大动漫娱乐帝国，它最有影响力的经营理念就是打造庞大的动漫 IP 生态圈并打通产业链。迪士尼具有完备的产业链布局——动漫策划制作、媒体网络、影视娱乐、消费品授权和制作、主题公园及度假村以及互动娱乐等多种业务板块，从而使迪士尼的动漫 IP 构建了能够流转、增值和不断创新发展的生态版图。但实际上，迪士尼的版图规划更为错综复杂，其目前呈现在人们眼前的状态是近百年的发展成果，让其他 IP 难以望其项背。①占领全球化市场和建立产业生态圈，其实是借助成功产品乘胜追击，扩大品牌影响力，降低推广成本，追求利益最大化。这也是童媒 IP 的商业魅力之所在。

（二）全球化超级童媒 IP 的发展模式

1. 童书出版与儿童教育的结合

媒介不仅仅只是一种物质形式，更是一种环境，每一种媒介都有不同的感知偏

---

① 程瑛瑛 . IP 生态圈视角下的少儿图书出版现状及分析 [J]. 传播与版权，2018（6）：43-44，49.

向和符号形式，不同的传播技术会产生不同的传播结果，[①] 而童书这一媒介从技术属性来看自带教育特征，无论是作为教育子女的重要素材，还是作为一种重要的传播媒介，童书阅读过程和媒介传播过程都同样隐含着社会对儿童成长的关注与期待，反映着社会对儿童发展的价值判断。因此教育产业就成了童书在泛媒介时代跨领域发展的不二选择，童书与教育的跨界结合已经成为国际童书业发展的典型模式。

全球最大的童书出版商和发行商学乐出版公司将企业定位于"国际出版和教育公司"，加强教育与出版的密切联系，为儿童读者提供满足其教育需求的图书。学乐从 2006 年开始每两年对本土和海外儿童家庭进行大规模的阅读调查，形成《儿童与家庭阅读报告》。[②] 该报告不仅对学乐的童书出版产生重要影响，同时也在全球童书出版中发挥着重要的影响力。早在 2017 年学乐的教育板块利润率（16.2%）就已比肩童书出版板块（13.6%），成为学乐的重要业务支撑。[③] 学乐依赖于其强大的英语童书出版优势，打造了全球化的少儿英语教育体系，通过 SWE、Explorer、Wizard 三个分别面向 4—9 岁、7—13 岁、10—17 岁儿童的课程，成功使学乐成为全球化的集出版与线上、线下教育为一体的童书教育出版企业。阅读产业与教育产业的跨领域结合正成为国际童书出版的一种重要生存模式。

2. 娱乐产业 IP 向童书出版延伸

"泛媒介"环境为"泛娱乐"的系统提供了更加游刃有余的条件，动画 IP 的发源、成型、演变、拓展的领域也不再只是局限于动画行业之内，泛媒介为跨领域的接轨和转换提供了重要的支持。[④] 在市场竞争和产业融合的双轮驱动下，娱乐产业与出版产业之间已经由单纯的竞争、对立关系走向合作共赢的道路，围绕统一的 IP

① 林文刚 . 媒介环境学：思想沿革与多维视野 [M]. 何道宽，译 . 北京：北京大学出版社，2007：30-31.
② 谷征 . 美国图书阅读调查主要机构及其调查方法 [J]. 出版发行研究，2019（2）：85-91.
③ 练小川 . 威利、学乐公布最新财报 [N]. 国际出版周报，2017-7-24（003）.
④ 薛峰 . 泛媒介中动画 IP 符号景观的构建 [J]. 当代电影，2019（2）：134-137.

内容实现的全媒体、多形态、跨行业运营成为传媒发展的重要趋势。^①而国外传媒产业的大规模并购直接加速了传统出版与相关产业的跨领域融合发展。随着知名传媒和娱乐公司对出版企业并购的加剧，或娱乐公司与出版公司建立稳定的优先授权关系，出版开始越来越多地服务于娱乐产业 IP，成为娱乐 IP 的重要商品价值延伸形式。

纵观国际大牌传媒服务公司的发展可以看出，传媒、娱乐、出版之间的整合已经成为传媒业发展的重要趋势。2001 年 8 月欧洲最大传媒服务供应商法国维旺迪环球公司（Vivendi Universal）收购美国最著名的儿童教材出版社霍顿·米夫林出版公司（Houghton Mifflin）及子公司克拉林出版社（Clarion Books），成为世界第三大出版集团，随后经过多次并购，成立环球集团的全资子公司埃迪蒂出版集团（Editis）。美国第三大传媒公司维亚康姆（Viacom's Rugrats Viacom）旗下不仅拥有派拉蒙影视（Paramount Pictures）、尼克国际儿童频道（Nickelodeon TV Channel），同时还将美国最大的童书出版社之一西蒙与舒斯特出版社（Simon and Schuster）收入麾下。迪士尼与华纳则采用优先授权的形式，通过与出版的共赢实现娱乐 IP 增值。这种传媒巨头的产业合并或娱乐巨头的产业联合战略，推动了出版公司以娱乐性主人公为原型开发童书衍生品，童书也因此成为娱乐 IP 实现其商业价值最大化的重要延伸载体。

3. 童书出版 IP 向周边产业授权

泛媒介时代最为突出的特征之一便是媒介互动更加频繁。在泛媒介的传播环境中，多种媒介对公众产生轮番轰击、挤压、烦扰、娱乐等综合效应，从而改变了文学的意义：一方面其正借助于影视、互联网和移动网络而获得极大伸展，另一方面

---

① 刘峰，任健. 基于媒体形态融合视角的传统文化 IP 出版策略探析 [J]. 中国编辑，2017（1）：13-18.

则被这些异质的媒介力量所"鼓胀"甚至"置换"。^①当谈及"哈利·波特"时，人们首先想到的不一定是童书本身，而很可能是电影；谈及"大红狗"时，则很可能首先联想到书包。国外出版企业极为重视童书 IP 的孵化与运作，从选题策划开始，就致力于打造 IP 运营的全产业链，从策划童书的不同版本，如纸质书、玩具书、游戏书等到儿童礼品和电子游戏、互动 APP、童装、玩具等，力求最大限度挖掘童书的内容价值和品牌价值，在图书利润薄弱的市场环境下，通过全方位、差异化产品战略，利用泛媒介时代的产品媒介属性和多种媒介互动对品牌影响力的立体构建，从而开拓并拉动童书市场发展。

美国编年史出版社（Chronicle Books）在市场研究的基础上推出了深受儿童读者喜爱的"工地上的车"系列图书 Good Night, Good Night, Construction Site 后，与美国著名玩具制造商 Kids Preferred 公司开发了一系列差异化的交互式玩具，在出版《好饿的兔子》（Hungry Bunny）后，授权美国 Merry Makers 玩具公司开发了兔子玩偶。美国童书巨头培生（Pearson）在成功推出玛德琳系列图书并荣获凯迪克奖，随后开发了《玛德琳的英语世界》等卡通片，同样获得了卡通片艾美奖、有线电视 ACE 奖等奖项，随后培生将玛德琳商标授权予 Eden 玩具公司，生产了一系列玛德琳周边的玩偶、服装、游戏、玩具屋等产品，成功跻身为亚马逊商店的五星好评商品。由我国麦田文化引进的芬兰国宝级畅销童书《塔图和巴图》，同样围绕深受低龄儿童最喜爱的人物形象，实现了从童书到戏剧、电影的转化，2016 年全球上映的喜剧电影作品 Kanelia kainaloon, Tatu ja Patu!（中译《大肚和帕图》）深受市场喜爱。通过童书 IP 授权，开发童书品牌的玩具、礼品、文创、影视、服装等周边产品，已经成为国外童书跨领域发展的基本模式。

---

① 王一川. 泛媒介互动路径与文学转变 [J]. 天津社会科学，2007（1）：87-90.

4.零食等产业巨头与童书出版的联合

在万物皆媒的泛媒体时代，包括人、物在内的所有连接点都能够成为发出信息、分享信息的中介，即通常意义上的媒体。因此在万物互联的背景下，媒介的概念早已超出传统信息载体，一切能够连接并提供服务的产业都有可能成为媒介。[①]在这一时代背景下，国外传统的儿童快速消费品企业将触手延伸至图书出版，通过图书出版作为市场宣传和扩展手段，出版公司甚至开始为奶粉企业量身定制了附赠童书产品。而随着儿童产业巨头对于自身品牌形象和 IP 经营意识的加强，开始形成以零食业为代表的其他消费品牌 IP 的童书研发路径。糖果、饼干、麦片等知名儿童食品公司开始量身为食品 IP 打造童书，充分利用家长对童书的"教育性"和"知识性"的认可，以及儿童对零食的喜爱，来增加零食的"知识含量"，提升消费者尤其是家长对零食的"好感度"。零食则同时作为最受儿童欢迎的"媒介"，使童书的传播更为广泛，不同产业的独特优势在相互结合的过程中均实现了最大化。

全球最大的上市食品公司美国通用磨坊食品公司（General Mills）通过与西蒙和舒斯特出版公司的合作将其产品延展至一个全新的领域，孩子们不仅可以吃甜甜圈，而且可以读"甜甜圈"The Cheerios Counting Book 图书，维亚康姆传媒也通过"甜甜圈"这一极为有市场冲击力的品牌形象，确立了"小西蒙（Little Simon）"童书的品牌形象。沿着这一产品思路，小西蒙出版社与美国零食巨头相继开发了《奥利奥数数书》（The Oreo Cookie Counting）、《阳光少女加州葡萄干游戏书》（The Sun Maid Raisins Play Book）等产品，既迅速地依靠儿童所喜爱的零食品牌赢得了童书市场份额，又将遭到学校排斥的零食品牌堂而皇之地带入了课堂。此外"好时"与学乐合作开发的 The Hershey's Milk Chocolate Bar Fractions Book 系列图书，全球最大的糖果生产企业不凡帝范梅勒股份有限公司依托"比巴卜"精灵形象开发贴纸

---

① 胡正荣，李荃.深化融合变革，迎接智慧全媒体生态 [J].传媒，2020（3）：9-11，13.

书。这些儿童快速消费品品牌巨头与童书出版的联合是对泛媒介时代的重要回应，以零食业为代表的相关产业巨头正在纷纷寻求与童书出版的联合，形成了童书跨领域发展的一道独特风景线。

（三）全球化超级童媒 IP 跨文化传播中的文化逻辑

"文化逻辑"概念由美国文化学家詹明信在《晚期资本主义的文化逻辑》一书中首次提出，尽管他并没有对"文化逻辑"给出明确的界定，但是这一名词却流传开来并日益为人们所广泛运用。本研究中的文化逻辑，是指针对童媒 IP 这一研究对象，从文化角度出发，以逻辑体系为基础所建立起来的思维方式与认知方式。文化逻辑是从事文化活动的中枢，制约着文化创造的进程，超级童媒所形成的形形色色的文化现象都与其深深隐藏其中的文化逻辑有直接关联。为了能够从更多层面认知超级童媒 IP 所具有的文化逻辑，本研究从文化传承、文化记忆、文化创新和文化杂糅四个维度构建其成功实现跨文化传播的文化逻辑体系。

1. 文化传承

世界文化具有多元性，世界文化交流是以文化差异性为前提的，每个民族的文化都是世界文化的有机组成部分。认识到自己民族文化的独特性和标示性，是文化传承和创新的基础，也才有与其他民族文化对话和交流的必要性。从文化角度看，超级童媒 IP 往往能够充分体现出对于本民族文化的承袭，体现出鲜明的国家或者民族特色。

希腊文化是西方文化的源泉，研究者认为，英国女作家 J. K. 罗琳所创作的"哈利·波特"系列体现出作家对希腊神话精神的传承，其中主人公哈利·波特的形象与古希腊神话中最伟大的英雄赫拉克勒斯的形象具有很多相似之处，虽然不能够说哈利与赫拉克勒斯的生平经历一一对应，但依然可以认为哈利是以赫拉克勒斯为原型创造出来的；而小说中的第一大反面角色，伏地魔与希腊神话中的妖怪形象是非常吻合的。① "希腊神话中集体无意识的原型是人类普遍心理经验的外显，仍支配着现代人的深层心理，并影响当今西方国家流行文化的发展。"②J. K. 罗琳生活在苏格兰的爱丁堡，这座城市以古堡群建筑为特色，中世纪文化氛围和异教巫术的气氛本身就十分浓厚，整个城市具有深厚的凯尔特文化传统。故事中神秘的巫术魔法知识，也来源于对家乡古老文化的传承。

我国形成品牌效应的动漫IP一般都具有鲜明的民族特色，从《西游记之大圣归来》到《哪吒之魔童降世》，孙悟空、哪吒都是具有国际影响力的中国传统神话故事人物IP。哪吒原是佛教密宗中的夜叉神，传入我国后成为各类神话传说和文学作品中的人物。他在明代小说《封神演义》《西游记》中曾"闪亮登场"，近年来又活跃于《哪吒闹海》《哪吒传奇》等动画作品和《封神榜》等影视作品中，是名副其实的"大IP"。③ 尽管新版动画片故事情节有所变化和创新，但是故事背景、人物形象、主题风格、价值观都是中国特色的，这些作品也将中华民族传统文化与现代技术完美结合，传承并发扬了中华传统价值观。

总之，当超级动漫IP充分传承本民族传统文化并呈现出鲜明的民族特色时，它在全球化语境下就会自然彰显出深层的文化品格和文化底蕴。

2. 文化记忆

在莫里斯·哈布瓦赫看来，作为一个社会单位，集体灵魂本质上由集体记忆所构成。④ 文化记忆理论奠基人杨·阿斯曼将哈布瓦赫的"记忆共同体"思想又做了

---

① 刘璐.哈利·波特的神话原型分析[D].喀什：喀什大学，2018（5）：14.

② 韩卓.希腊神话对西方流行文化的影响——从原型角度探讨[J].沈阳大学学报（社会科学版），2012（6）：125.

③ 李杰.国产动漫《哪吒之魔童降世》艺术形象建构研究[J].传媒论坛，2020，3（1）：128-129.

④ 莫里斯·哈布瓦赫.论集体记忆[M].毕然，等译.上海：上海人民出版社，2002：313.

推进:"回忆文化是一种普遍现象,我们很难找到一个不具有任何(哪怕是再弱化)形式的回忆文化的社会群体。"① 除了文化传承,超级童媒 IP 往往能够唤起受众的集体记忆,这种记忆不一定是年代多么久远的怀旧记忆,往往可能是对受众所熟悉作品的记忆勾连,因此这种记忆也会从其他作品寻找记忆源泉。

尽管 2019 版《哪吒之魔童降世》对"哪吒三太子"这个题材,既继承了故事原型,又对其进行了根本性的改造,但是影片借鉴了大量中国经典美术片的艺术符号,比如生辰宴上,混天绫化为火柴人舞起火尖枪,全部动作都来自《哪吒闹海》中哪吒舞枪的片段,背景旋律也直接使用了原版的民族风格浓郁的配乐。这种对经典作品的承接,让观众看到一个"似曾相识又未曾相识"的故事,让中国经典焕发出新的活力。② 同样,迪士尼的动漫作品,从 20 世纪四五十年代的《白雪公主》《小鹿斑比》《睡美人》……到 21 世纪的《冰雪奇缘》《灰姑娘》《疯狂动物城》,每一部作品都体现出同样的迪士尼风格,即主人公先是在挫折中自我否定(或自卑自怜,或自暴自弃,或玩世不恭等),然后在偶然或必然的目标实现过程中发现人生真谛,进而自我成长,充分肯定自我价值。这种"个人成长+共同价值观"的主题模式显然是典型的好莱坞工业化生产的路数,既蕴含丰富的人生哲理,又覆盖了各个年龄人受众的审美需求和精神满足。

3. 文化创新

文化在交流的过程中传播,在继承的基础上发展,文化创新伴随人类社会整个发展进程的始终,是推动人类文明向前发展的源动力。童媒 IP 的文化创新既可以是文本故事内容、艺术形式的创新,也可以是在原有作品传承基础上的创新;既可以是多种文化元素和多种功能结合的创新,也可以是传统故事和新技术表现形式相

---

① 杨·阿斯曼.文化记忆 [M].金寿福,等译.北京:北京大学出版社,2015:22.
② 陈小康.《哪吒之魔童降世》的 IP 改编策略 [J].电影文学,2020(3):94-96.

结合的创新；还可以是多种创新模式结合，形成多层次创新的童媒 IP……总之，既然是创新，就没有界限。

尽管在童媒 IP 大家庭中，已经有多种狗狗 IP，迪士尼的史努比、学乐出版教育集团的大红狗等都已经家喻户晓，但是凯迪克大奖得主戴夫·皮尔奇创作的"神探狗狗"系列漫画，在中国市场刚刚推出中文版，原版童书已经开始在各大电商平台销售。这套书已经覆盖近 40 个国家和地区，创造了持续热销的畅销传奇，是一个正在冉冉升起的 IP 新星。有小读者评价这套书最大的特点就是搞笑、轻松、好玩，有代入感，让儿童读者融入故事中，和充满正义感和喜感的狗狗侦探及聪明机智的坏猫一起 High 起来，不断制造麻烦，不断解决问题。融合多种儿童喜爱的畅销元素，同时加入阅读代入感，都是"神探狗狗"童书 IP 的创新之处。2019 版《哪吒之魔童出世》具有传承基础上的创新风格，人物性格和形象颠覆传统文本的限定，比如哪吒父亲托塔天王李靖被塑造成充满父爱、对哪吒无限包容的人物形象，把中国的民族文化与精神风格和现实生活很好地结合起来，取得了改编成功，赢得观众认可。《哪吒之魔童降世》是中国动画电影中里程碑式的作品，它巧妙的 IP 改编策略使其在人物形象的塑造、叙事模式的建立、故事内核的发掘以及影视符号的使用上有创造性的突破。[①] 文化创新为超级童媒的成功注入活力要素，也是童媒 IP 成为全球超级 IP 的引爆点之一。

4. 文化杂糅

20 世纪 80 年代，后殖民理论家霍米·巴巴提出文化杂糅理论。巴巴认为，既然民族的混杂性不可避免，文化上的身份认同也不例外，文化身份之间并非互相排斥分离，而是在交流碰撞过程中相互杂糅。文化杂糅也可以理解为是文化呈现混杂

---

① Greene N.From Fu Manchu to Kung Fu Panda: Images of China in American Film[M]. Honolulu: University of Hawai'i Press, 2014: 264.

性。随着全球化的人口和商品的交流越来越频繁，文化混杂现象具有普遍性。从某种意义上讲，混杂也是全球化的必然趋势。大众传媒作为文化传播的主要载体，已经成为文化混杂化的重要通道和推手。在全球化时代，童媒 IP 的文化杂糅不可避免。

1998 年，美国迪斯尼公司依托中国古诗《木兰辞》的故事内容，改编制作了大型动画故事片《花木兰》。影片中，中国传奇女英雄花木兰被塑造成了一个长着东方面孔的活泼少女。除此而外，影片充满中国山水、长城、亭台楼阁、中国功夫、中式服饰、中国美食等中华文化元素，获得了西方观众的喜爱。由于影片制作团队主体是美国人，因此故事依然遵循着迪斯尼童话的主线发展。故事的主人公对现在的生活感到失望，于是踏上了寻找自我的旅途。作为影片的高潮，主人公必将经历一系列挫折，最终她实现了自我价值，也在这个过程中寻找到真爱。[①]《花木兰》成为典型体现中西文化杂糅的代表作，是迪士尼童媒动漫 IP 的新尝试。

我国学者章旭清在《〈熊出没·原始时代〉：好莱坞套路下的格局、软肋和硬伤》一文中，对我国超级童媒 IP "熊出没"系列的《熊出没·原始时代》提出严肃批评。章旭清认为，《熊出没·原始时代》秉承了之前《熊出没》系列大电影一贯风格，在技术呈现、艺术创意乃至叙事模式上处处流露出学习好莱坞动画的印记。这种印记使得"熊出没"系列的作品格局得到显著提升，也一年比一年更具有"国际卖相"，同时也正因为太过于依赖好莱坞，加上自身功力不足，难以触到其精髓……[②]作者还从角色设计、场面设计、情节设计三方面详细列出了这部动漫电影对好莱坞《功夫熊猫 3》《疯狂原始人》《冰河世纪》《风中奇缘》等影片的借鉴和模仿。笔者认为，中国童媒 IP 正处于模仿、创新、超越的发展旅程中，《熊出没·原始时代》对

---

① Greene, N.From Fu Manchu to Kung Fu Panda: Images of China in American Film [M]. Honolulu: University of Hawai'i Press, 2014, 264.

② 章旭清 .《熊出没·原始时代》：好莱坞套路下的格局、软肋和硬伤 [J]. 当代动画，2018（9）：24-29.

于好莱坞动漫大片的模仿和借鉴，可以看作是追求产品国际化，通过文化杂糅，实现冲击全球动漫市场的目标。实践证明，"熊出没"系列是我国能够被称之为全球超级童媒 IP 的唯一代表，《熊出没》品牌影响力现已覆盖超过 100 多个国家和地区。与此同时，墨西哥、土耳其等国正在上映的《熊出没》电影票房成绩屡创新高，熊大熊二光头强成为当地观众的热议话题。《熊出没》品牌持续全球热播，向国际传播中国文化，得到海外观众的喜爱。[①]

在国际上，这样体现文化杂糅的超级童媒 IP 的例子还有很多，从正面角度看，文化杂糅也许正是打造国际化品牌产品的必由之路。

（四）全球化超级童媒 IP 跨文化传播中的商业逻辑

商业逻辑（business logic）一般指企业运行并实现其商业目标的内在规律。商业逻辑不等同于商业模式，商业模式与商业逻辑是棋谱与棋理之间的关系，一个浮于外，一个藏于内。本研究中商业逻辑特指超级童媒 IP 商业运作的规律和思维方法，研究将按照商业娱乐、商业衍生、商业黏性和商业价值四个逻辑维度展开。

1. 商业娱乐

古典幼儿教育派代表人物福禄贝尔指出，"游戏是儿童的真实生活，是现实；就儿童的本性来说，他们不是在破坏和捣乱，而是在探索、发展和建设"。享誉全球的意大利幼教专家蒙台梭利也认为，"3—6 岁是玩的年龄"。实际上，爱玩，喜欢有趣，享受娱乐是孩子的天性，也是大人的天性，只不过成人压抑了自己的这种天性。童媒 IP 首先要保证产品好玩、好看，把产品的娱乐属性摆在第一位。

---

① 中国日报网.中国动画《熊出没》海外热播 全球传播中国文化 [EB/OL].（2018-05-22）[2021-08-12].
　https://baijiahao.baidu.com/s?id=1601139463284293932&wfr=spider&for=pc.

世界优秀的迪士尼动画片，如《狮子王》《飞屋环游记》《疯狂动物城》等，在目标人群的定位上，始终关照成人和儿童的共同欣赏乐趣和观影审美：儿童醉心于影片中那令人匪夷所思的想象力，魅力十足的造型，令人忍俊不禁的幽默桥段和妙趣横生的情节结构；成人则可以从影片中得到丰富的回味，如关于梦想的力量、关于人的成长，对现代社会的隐喻式书写、对现代人生存状态的寓言化表达，等等。① 超级童书 IP"神探狗狗"得到孩子们厚爱的首要原因是好玩，能够和书的主人公一起玩起来，而且在每一本书中都玩得兴高采烈。《小猪佩奇》更是边看边玩。有一集故事讲述佩奇踩水坑的故事，引起儿童雨靴热卖，在很多城市小区，孩子们兴高采烈踩水的情景成为一道美丽的雨后风景线。

保持商业娱乐性，让儿童受众觉得好玩、有趣，永远是童媒 IP 成功的第一要素。

2. 商业衍生

跨越媒介形态和产业边界形成衍生产品群，是 IP 的一个基本商业特征。很多童媒 IP 通过衍生产品实现了商业增值和品牌效力叠加，甚至衍生成一个以 IP 故事、人物形象等为核心的小型产业链。童书 IP 的产品形态可以分为出版产业内 IP 和跨产业 IP。出版产业内 IP 运营重点是策划同名书的差异化产品，比如出版签名版、插图美绘版、漫画版、周年版、双语版、注音版、主题组合套装版、珍藏版等。跨产业童书 IP 则会在童书基础上，通过联合开发或者版权转让，生产出电影、电视、动漫、话剧、服装、食品包装、文具、游戏、主题乐园等。

例如，"哈利·波特系列"起源于第一本儿童小说《哈利·波特与魔法石》的成功，之后英国作家 J. K. 罗琳就一发不可收拾，连续创作了《哈利·波特与密室》《哈利·波特与阿兹卡班的囚徒》等七部作品，形成全球现象级童书 IP。童书

---

① 龚金平. 国产动画片"儿童趣味"与"成人寓言"的交融——以《哪吒之魔童降世》为例 [J]. 电影评介，2020（3）：11-15

IP "哈利·波特系列" 在小说基础上，华纳公司投巨资将 "哈利·波特系列" 搬上银幕，部部精彩，全球热播。玩具、电脑游戏、手表、文具用品等周边衍生产品也随之在全球大卖。

又如，近年来席卷全球的低幼童书《好饿的毛毛虫》不仅出版了包括布书、纸板书等多种形式的童书，更是衍生出毛毛虫玩偶、各类益智玩具、餐具等实体产品，甚至还开发了儿童戏剧等多种儿童文创产品，同时更是以 "毛毛虫" 点读笔这一带有 "毛毛虫" 教育身影的产品形式，迅速占领了我国少儿英语学习市场。"好饿的毛毛虫" 等众多童书品牌，不再是一本童书，更是印刻在商品上的 "毛毛虫" 标签。众多知名童书 IP 的发展历程显示出在内容优势基础上，IP 童书的传播锋芒正在崛起。国外童书出版企业十分重视对童书 IP 的孵化与运作，从选题策划开始，就致力于打造 IP 运营的全产业链，从策划童书的不同版本，力求最大限度挖掘童书的内容价值和品牌价值。

在商品利润日趋薄弱的市场环境下，全方位、差异化产品战略，利用泛媒介时代的产品媒介属性和多种媒介互动对品牌影响力的立体构建，也就是衍生产品的开发，能够成为开拓并拉动童媒市场发展的有利推手。

3. 商业黏性

对于那些最吸引人的游戏，很多人为了能够解锁新挑战或购买升级装备而愿意在游戏上花很多钱，大型多人社交游戏开发公司 Kabam 的联合创始人 Holly Liu 表示："一款伟大的游戏不仅仅在于分数、徽章和排行榜。"Holly 表示，真正优秀的游戏设计师会专注于 "核心循环"，这才是游戏的核心焦点。① 一般超级童媒 IP 都是由同一（同一群）人物形象或者同一主题类型等的连续性故事组成，不断推出体

---

① 36氪. 如何让产品变得更有 "黏性"？ [EB/OL]. (2017-11-05) [2020-08-28]. https://baijiahao.baidu.com/s?Id=1583217816122822863&wfr=spider&for=pc.

现"核心循环"的系列化新品,从而加深孩子对人物形象和故事内容的理解和期待,并使孩子建立起对产品的信任与期待,这就是制造商业黏性。

迪士尼在 1927 年制作了《幸运兔子奥斯华》,1928 年制作了《疯狂的飞机》,1933 年制作了《三只小猪》,1998 年推出了《花木兰》,2002 年推出了《星际宝贝》,2014 年推出了《冰雪奇缘》……由此,迪士尼的童书 IP 也形成了一个 IP 方阵,每一个动漫电影推出一个故事和形象,组成一个个小 IP。米老鼠、唐老鸭、狗狗布鲁托、小熊维尼、白雪公主和狮子王辛巴等形象深入人心,伴随几代人成长,也成为全球不同种族、不同人的共同期待。同样,日本的儿童动漫 IP 的编创团队也是制造商业黏性的高手,其"哆啦 A 梦"系列动漫电影,从首映 2007 年获得2240 万的票房纪录,到最近一次 2019 年放映获得 13039 的票房纪录,一直受到中国儿童、部分青年和成年人的厚爱。(见表 2)

表 8-1　日本童媒 IP "哆啦 A 梦"系列多年票房统计 [①]

影片名称	中国上映时间	票房
哆啦 A 梦:大雄的恐龙	2007/7/19	2240 万
哆啦 A 梦:大雄的新魔界大冒险	2008/1/22	1450 万
哆啦 A 梦:大熊与绿巨人传	2009/8/4	590 万
哆啦 A 梦:伴我同行	2015/5/28	53032.4 万
哆啦 A 梦:新大雄的日本诞生	2016/7/22	10364.3 万
哆啦 A 梦:大雄的南极冰冰凉冒险	2017/5/30	14889.6 万
哆啦 A 梦:大雄的金银岛	2018/6/1	20928.7 万
哆啦 A 梦:大雄的月球历险记	2019/6/1	13039.8 万

由此可见,优秀的童媒 IP 依托商业黏性带来强大的市场价值,但是"天下没

---

① 中国票房网. 内地票房总排行榜(数据整理)[EB/OL].[2020-08-10].http://58921.com/alltime/2017?page=3.

有不散"的宴席，商业黏性一方面需要童媒 IP 一直保持和品牌影响力相一致的优质内容和艺术制作水准，或者说保持"核心循环"；另一方面也需要在商业运作方面与时俱进，创新营销模式。随着全球市场优质童媒 IP 的推陈出新、"后浪"辈出，新品牌产品更需要营销创新，让产品质量和营销模式都把商业黏性做足，才能长久实现商业成功。

4. 商业价值

商业价值是指事物在生产、消费、交易中的经济价值，通俗而言，就是盈利能力。相对于事物的本体价值，"商业价值"是一个更窄的概念，比如一个童媒 IP 产品在市场上所创造的利润，不能包括它所具有的文化价值。哈佛大学商学院教授迈克尔·波特于 1985 年提出了价值链理论，说明互不相同但又相互关联的生产经营活动，构成了一个创造价值的动态过程，即价值链。成为全球超级童媒 IP 的一个重要标志是是否能在全球市场赢得受众喜爱，通过受众消费最终赢得巨大利润；而是否能够盈利，整个 IP 项目管理过程，尤其是营销推广过程，决定了项目成本占比，以及是否能够首先让受众认知产品，其次才能形成消费。

随着现代工业的发展和消费主义的蔓延，童书这一独特的知识产品也随之发生了悄然的转变。童书所承载的文学叙事、孩童间的友谊、各学科的知识无一不与商品和利润有了千丝万缕的联系。说到底，童书开始由思想导向转向了利润导向。[①]对于童书 IP 而言，在跨文化传播过程中，实物出口和版权贸易是打开全球市场的两种途径。因此出口额和版税收入最终决定童媒 IP 是否具有盈利能力，是否具有重要商业价值。法国儿童文学作家克里斯提昂·约里波瓦和画家克里斯提昂·艾利施共同创作的系列图画书《不一样的卡梅拉》，最初 6 册童书被我国二十一世纪出

---

① Taxel J. Children's Literature at the Turn of the Century: Toward a Political Economy of the Publishing Industry [J]. Research in the Teaching of English, 2002, 37(2): 145-197.

版社引进版权，市场销售平平。但是二十一世纪出版社不但在当当、大 V 店等网站对产品进行大力营销，而且把"小鸡卡梅拉"系列作为 IP 打造，不断补充引进这套童书的系列产品，如今卡梅拉已有 100 个图书品种，包含手绘版、动漫绘本、合集版、珍藏版、低幼版、英文版、纪念版、注音版和立体绘本，同时也配有在线听书、线上课程和线上 32 集儿童动画片。截至 2018 年 10 月，这个童书 IP 在中国市场销售量超过 8000 万册，估算销售码洋超过 8 个亿，连续五年稳居当当网童书销售排行冠军，并被评为当当网首部"终身五星级童书"。"小鸡卡梅拉"的成功，为作者和原国外出版公司带来巨大商业利润。而且童书 IP 因为受众是儿童，一旦成为经典品牌，一代代成长中的儿童都会阅读这一品牌产品，会形成持续 5 年、10 年甚至几十年畅销不衰的情况。

英国著名经济学家、哲学亚当·斯密（Adam Smith）在《道德情操论》和《国富论》中提出"看不见的手"这个隐喻概念，后来在商业领域人们用来形容市场秩序所具有的巨大力量。任何全球超级童媒 IP 都必须经过市场这一"看不见的手"的考验，能够被受众接受，成为超级畅销书、赢得高票房，被全球很多国家国民所接受，赢得了巨大商业利润并取得巨大商业价值，才能够名正言顺成为超级童媒 IP。我国原创童媒"熊出没"系列能够销售覆盖 100 多个国家，在欧美及很多"一带一路"国家热播，在土耳其成为票房第一的动画电影。"小猪佩奇"2017 年在全球范围创造了 80 亿元人民币的零售额，通过了 800 个 IP 授权。[①] 巨大的市场竞争力，商业运营的整体成功，赢得巨额商业利润，是超级童媒 IP 的重要标志之一。

故事是终极"信息技术"，故事化沟通是传递信息最有力的形式，因为故事最适合人类心智，伟大的故事有力量改变人们对现实的认知，故事化的真理建立了数亿人追随的文明和信仰。[②] 全球超级童媒 IP 的成功并非偶然，是具有共性的文化逻

---

① 沈国梁. 品牌跨界 IP，需要开哪些脑洞 [J]. 中国广告，2019（9）：108-110.
② 罗伯特·麦基，托马斯·格雷斯. 故事经济学 [M]. 陶矇，译. 天津：天津人民出版社，2018：12.

辑和商业逻辑相互叠加产生物理反应和化学反应共同作用的结果。全球超级童媒 IP 能够起到头部引领作用，把本民族的优秀故事，讲述给世界各国儿童受众，并辐射到各个家庭、社区、学校的受众人群。因此中国原创超级童媒 IP 能够成为"讲好中国故事，传播好中国声音"的重要媒介形态，更可以拥有改变一些西方国家民众对中国"不友好""扭曲化"甚至"妖魔化"认知的力量，帮助一些"一带一路"国家民众更加熟悉中华文化、热爱中华文化，乐于追随中华民族的先进文明。

三、我国童媒 IP 的发展现状

具有全球竞争力的引进版童书 IP 在我国市场同样是超级畅销书，能够引爆童书消费市场。中国改革开放以来，出版、广播电视、报刊、动漫及游戏等传媒产业都积极引进国际优秀童媒作品，这种"引进来"的童媒 IP，尤其是那些具有全球竞争力的引进版童媒 IP，对我国的童媒 IP 的发展带来很大启发，为我国童媒 IP 走向世界提供了样板和丰富的经验。同时，除了童书出版业，我国的儿童动漫和儿童游戏等童媒相关产业也共同呈现蓬勃发展态势。

（一）打造我国优质童媒 IP 的现有基础

1. 强化引进版童媒 IP 的内容特质

我国少儿出版机构大力度引进具有全球竞争力的童书 IP 项目，一方面，依照国际超级童书 IP 的成熟出版发行模式在我国市场积极运营整个项目；另一方面，结合我国童书市场特点运用中国智慧创新经营模式。童趣出版有限公司、二十一世纪出版社、安徽少年儿童出版社和吉林美术出版社等出版机构分别争取到迪士尼、"卡梅拉"、"小猪佩奇"和"精灵宝可梦"等童书 IP 产品的版权。这些出版机构一同围绕这些超级童书 IP 出版了图画故事、科普、涂色、游戏、贴纸、拼插、漫画、立体书、分级读物、矩阵学习类系列书等丰富多彩的 IP 童书。[①] 有些童书 IP 经过我国出版机构的再设计和创造,将引进版童书 IP 的内容特质通过多种载体形式进一步强化,为生产我国自己的优质童书 IP 打下基础。

2. 成功打造一批具有我国本土市场竞争力的优质童书 IP

虽然截至到目前,我国还没有产生热销全球的超级童书 IP,但是我国原创童书 IP 一直在孕育和成长中,有些童书 IP 在我国图书市场成就斐然。国家政策支持为我国童书 IP 的成长壮大起到了保驾护航的作用。1995 年,新闻出版署和中宣部出版局等单位决定制定和实施"中国儿童动画出版工程",其中,部分图书获得了"五个一工程奖"和国家图书奖,有的还被拍成了动画片,初步形成了出版和影视相结合,这是我国早期童书 IP 的雏形。[②] 2003 年 6 月,童趣出版有限公司(以下简称"童趣")与中央电视台合作推出抓帧版图书《哪吒传奇》,开创了影视互动图书的先河。该图书销量高达 700 万册。2009 年,由新闻出版总署组织指导并委托中国出版科学研究所承办的"原动力"中国原创动漫出版扶持计划,至今已经连续举办了10 年,推动了我国原创动漫 IP 的发展。

除了依靠政府力量,出版机构也应积极行动起来,主动出击。2007 年初,童趣获得动漫电视《喜羊羊与灰太狼》图书的出版发行权,该童书销量突破了 1600 万册,除了图书与动画片的结合,游戏公司也开发了玩偶、舞台剧和手机游戏等多种相关产品,创造了我国少儿卡通品牌史上的辉煌。2012 年,中国少年儿童新闻出版总社推出网络游戏的同名童书——《植物大战僵尸——武器秘密故事》。该作品由国内著名儿童文学作家联手创作,赋予游戏人物全新的个性与生命力,加入更多

---

① 程瑛瑛. IP 生态圈视角下的少儿图书出版现状及分析 [J]. 传播与版权,2018(6):43-44.

② 司徒舒文. 为新世纪奠基——"中国儿童动画出版工程"概况 [J]. 中国出版,1998(6):5-7.

IP 元素，提升了童书 IP 的内容质量，实现了游戏资源、娱乐资源向教育资源、阅读资源的转化。①动画片、游戏与衍生童书的互动，有利于聚合两重媒介的品牌传播势能，并迅速扩大品牌的知名度和影响力，使得 IP 的价值被放大。我国著名儿童文学作家杨红樱的"马小跳系列"、曹文轩的"大王书系列"都成为 IP 开发母体，让优质内容发挥出了更大的 IP 价值。

3. 作者和出版机构共同进行原创童书 IP 的全版权开发与合作

少儿出版历经多年的发展，俨然成为出版业举足轻重的板块，被视为出版业"金矿"。当前，新媒体发展势头迅猛，少儿出版的市场环境发生了革命性的变化，读者的阅读习惯、阅读兴趣、阅读途径也发生了较大改变，阅读需求日益多样化。②在我国，童书 IP 的概念已经深入人心，童书出版机构纷纷尝试对明星儿童 IP 进行立体式开发，在图书、动漫、电影、游戏、网络等多领域发力。随着传统媒体与新媒体融合的进一步深化，让具有优质内容的童书实现 IP 化运营越来越成为可能。经过几年的发酵，从童书纸质版权发展到数字版权（音频、视频、动漫制作、游戏、网络产品等的版权）、品牌授权，IP 运营的理念已渗透到版权运营领域，IP 开发在童书出版领域呈现遍地开花的态势。作者与出版机构的合作，经常会由单纯的纸质图书版权合作，转向全版权或多版权的合作，这种情况已经成为图书出版的新趋势。

2012 年，四川少年儿童出版社出版了《米小圈上学记》，作品一经问世便深受小读者喜爱。2016 年，四川少年儿童出版社从产品战略高度制定了"米小圈"IP 经营规划，围绕"米小圈"形象又推出了"米小圈脑筋急转弯"和"米小圈漫画成

---

① 付国乐，梅进文，高洪波，等.镜与灯，作家、批评家的双重建构——《植物大战僵尸》畅销背后的学术研讨 [J].出版广角，2012（12）：55-58.

② 王太星.泛娱乐环境下少儿出版 IP 开发浅析 [J].出版广角，2019（2）：37-39.

语"系列丛书。由于"米小圈"作为人物形象具有鲜明的性格特征，已经成为一个标志性的儿童文学形象，打造周边产品顺理成章会受到儿童读者的喜爱。目前，"米小圈"纸质化的 IP 周边产品包括徽章、笔记本、卡片等已经全线开发出来。IP 化思维开发跨媒介衍生品，延长图书生命周期。

2017 年，二十一世纪出版社的少儿原创漫画图书《大中华寻宝记》被改变编成同名动画片；2018 年，该部作品又被改编成动画电影。由一套童书到多系列童书，由童书到纸质周边产品，由童书到动画片、动画电影……我国童书出版社在对原创童书 IP 进行大胆尝试和不断创新。这种 IP 全版权开发合作也成为我国童书"走出去"的一大趋势，比如接力出版社就期待与"一带一路"上的东盟各国出版机构合作，在 IP 产业链的延伸层面有更多尝试与创新。

4. 一些童书出版机构出重拳打造童书 IP 方阵

在国际上，迪士尼公司以制作 IP 方阵而久负盛名，公司不断推出各种儿童 IP 动漫故事和动漫形象，形成了米老师、唐老鸭、白雪公主、小鹿斑比、人鱼公主等系列 IP，形成了"永不谢幕"的 IP 方阵，成为全球打造儿童 IP 的典范。

我国的四川少年儿童出版社最初依靠引进外版产品体会到童书 IP 的文化价值和商业价值，初次涉水 IP 就拿下了经典动画《小羊肖恩》在中国大陆地区的独家图书出版权，发掘了作品的 IP 潜力，取得了不错的市场成绩。接着，四川少儿出版社又一举拿下国内原创热播动漫《熊出没》童书出版权，在市场上取得良好的业绩。此后，这家童书出版社又引入《小花仙》《兔子帮》《神偷奶爸》《侏罗纪世界》系列童媒 IP 版权，通过组合构建了其以童书为核心的 IP 产品线。童趣也是迪士尼在中国大陆最重要的出版类授权商。童趣作为中外合资童书出版机构，不但长期引进大量迪士尼 IP 产品和形象，进行了本土化改造，更拥有"宝莲灯""蓝猫淘气三千问""哪吒传奇""喜羊羊与灰太狼"等大量本土品牌；与"孩之宝""美泰"等诸多优秀授权商长期保持着良好的战略合作关系，拥有"天线宝宝""托马斯""芭比"等众多国外品牌，形成国外引进、国内原创并驾齐驱的儿童 IP 品牌方阵。

5. 少儿出版领域数字出版走向成熟，为打造童媒 IP 奠定基础

数字化浪潮推动了少儿出版的变革，数字出版已经成为传统出版业的战略性发展方向。对传统出版企业来说，要想谋求长远发展，就必须响应国家号召，不断推动传统与数字的融合发展。随着出版手段和载体更新越来越快，不少少儿出版机构开始实践全媒体出版发展路径，探索突破平台、资本、人才、版权保护等发展瓶颈，走上跨媒体经营之路。例如，中国少年儿童新闻出版总社依托长期以来积累的出版优势，不断尝试全媒体出版发展路径，逐步走上跨媒体经营之路，并取得了明显成效。总社相继推出了"少儿快乐阅读平台""中少数字图书馆""网上书店""中少在线""中少作文网""虫虫阅读网""红袋鼠亲子平台"等几大系统。"中少数字图书馆"广受全国各地少儿图书馆和省市级公共图书馆欢迎，与地方 30 多个公共图书馆有合作关系。总社也积极推动纸质少儿报刊走向媒介融合发展之路，采取全刊铺码、增加点读功能、提供动画光盘等方式，助力纸刊多媒体化。

在我国，越来越多的少儿出版社或者拥有少儿产品的出版机构，都建立了复合型电子出版产品链，打破"纸质书 + 电子书"的内容供应模式，基于内容建立多元、丰富的电子图书表现形式，积极开发电子图书、音视频图书、互动电子书等不同的媒介，为不同内容找到与之匹配的产品形式和传播平台。例如教育科学出版社的《幼儿学古诗》系列就可以通过扫描书中的二维码听到配乐朗读，在笛声、箫声和水声、风声中引领幼儿感受诗歌的意蕴和传统文化之美。安徽少年儿童出版社的《故宫里的大怪兽》则精选书中章节录制音频，在"学习强国"学习平台推送，吸引了一大波的小听众，平台与纸媒的结合同样也带动了纸质图书的销售。

总之，在我国童书出版领域，数字出版正在逐步走向成熟，为打造具有全球影

响力的童媒 IP 做好了准备。

6. 跨界营销日臻成熟，为参与全球竞争奠定基础

习近平总书记在十九大报告中提到："要善于运用互联网技术和信息化手段开展工作。"近年来我国童书出版企业开始广泛探索跨界营销，充分利用互联网、直播平台、微信社群，甚至与相关行业开展合作，逐步升级童书营销的模式和手段，在童书营销策划过程中积极使用多媒体营销手段延伸品牌影响力，运用互联网思维开辟新渠道。例如不少童书品牌与肯德基小书迷王国开展合作，实现零食产业和童书产业的跨界合作，将童书营销推广介入人们日常生活不可或缺的餐饮业，大大增加了童书的曝光率。

跨界营销先锋童书出版人颜小鹏团队早在 2016 年就将蒲公英童书馆倾心打造的两个产品《地图·人文版》和《神奇校车·手工益智版》分别推送到必胜客、肯德基这两个世界餐饮大咖级别的餐厅。他们通过策划"吃必胜客套餐送《地图·人文版》"等活动，同时辅以线上线下阅读分享与读者互动，成功地将《地图·人文版》推广成为现象级畅销书。《神奇校车·手工益智版》已有多年的人气积累和品牌知名度，又开发出新品"手工益智版"与肯德基联手推广。不仅举办好玩的活动，将真实的校车开到读者面前，还研发出 APP 游戏，使得这一场场营销活动成为孩子们的阅读狂欢活动。①

（二）打造具有全球竞争力童书 IP 的困境

在跨媒介传播时代，童书的竞争已经不止于出版业的竞争，童书作为媒介与多样化的各类媒介共同竞争儿童有限的时间，因此在视听化、动漫化、虚拟化媒介层

① 单定平，张文红. 我国少儿类畅销书的规律分析——基于近两年开卷少儿类畅销书排行榜数据 [J]. 出版广角，2018（14）：32-34.

出不穷的时代，童书IP必须要能够把图书、游戏、视频、音频、动漫充分结合起来，一个故事，一个品牌，能够跨媒介和跨产业打造多种产品，形成产品集群。正是引进童书IP具有这样的文化传播魅力和商业魅力，所以打造具有全球竞争力的童书，是全球所有出版企业的战略目标，也是所有童书出版人的追求与梦想。

但是，打造具有全球竞争力的童书IP，对我国出版业仍充满挑战。其一，首要问题是缺乏优质原创内容。有些专家和童书出版业内人士认为，IP运营是以优质、精品的原创内容为基础的，IP的本质就是优质的内容。目前，国内少儿出版产业中成熟的品牌形象并不多，形成产业规模的品牌形象几乎没有。① 其二，出版机构还无法得到全版权授权。按照当前惯例，作者对出版机构会保留影视改编权、游戏改编权及周边产品开发权；面对动漫影视机构会保留出版权及周边产品授权。权力分散造成IP内容缺乏品牌推广、跨界经营的顶层设计，阻碍超级IP的产生。其三，超级童书IP除了优秀的故事，还需要优良的视觉基因。由于影视动漫投入高，出版产业经济规模小，很难具有跨界运营的实力。超级童书IP的打造需要不同行业的优秀企业及人才的通力合作。

"熊出没系列"是目前我国儿童动漫领域比较有全球品牌价值的作品，这套产品的成功模式值得研究推广，在中国童媒产业发扬光大。优质的原创故事、拥有国际全版权授权、雄厚的资金支持、专业化和国际化的人才队伍、国家的政策支持及打造全球化超级童媒IP精品的理想和信念，这些都是打造全球化超级童媒IP的必要条件。笔者认为，突破瓶颈需要政府、企业和创作者的群策群力，更大的瓶颈还在于领军人才的产生和培养。

---

① 盛娟.童书IP时代何时能到来[N].出版商务周报，2016-2-28（011）.

四、如何打造中国的全球化超级童媒 IP

打造具有全球竞争力的童媒 IP 是向全世界儿童讲述中国故事、传递中国声音的最佳途径之一，也是我国推进童媒产业国际化进程的重要标志之一。尽管我国的儿童文学作家、儿童插画家、童书出版机构、动漫制作公司等都纷纷行动起来，大胆探索和尝试，在原创童媒 IP 的策划、组织、创造、制作方面都取得了长足的进步，也有具有童媒 IP 潜质的童书和动画电影成功走向了世界舞台，但是这类优秀童媒 IP 目前看数量还是凤毛麟角，没有形成稳定性、持续性、规模化的产品方阵。中华文化目前相对西方文化还属于"弱势文化"，一种传播意义上的"弱势文化"进入"强势文化"并非易事，"弱势文化"的传播劣势需要长期的努力和综合国力的实质性提升。截至目前，我们还没有生产出全球化超级童书 IP，因此如何打造专属中国的全球化童媒 IP 是我国能否成长为"童媒出版强国"的重点工作，也是难点工作，属于当前和未来我国童媒产业的"攻坚战"。

（一）重视关于全球化童媒 IP 研究的理论构建

"讲好中国故事"是文化产品"走出去"的主旨和灵魂，中国童媒在跨文化传播中承载着"讲好中国故事"的伟大使命，但是如何"讲好中国故事"和讲述什么样的中国故事一直是童媒理论研究和实践工作的重点、难点问题。2015 年被称为中国 IP 元年，超级童媒 IP 对于理论界来讲还是一种崭新的、有待深入观察研究的文化现象；而对于致力于打造超级童媒 IP 的企事业单位和各种相关团体而言，迫切需要具有实践指导意义的理论研究成果和切实可行的方法建议。笔者认为，上述重点、难点问题和亟需解决的问题具有密切相关性，构成了以"讲好中国故事"为主旨、以童媒尤其是超级童媒 IP 为对象进行系统、深入研究的理论框架，这一框架包括以下两方面议题：

议题一：主旨引领，加强童媒在全球语境下"讲好中国故事"的理论研究

2013 年，"讲好中国故事"的概念被首次提出并被上升到国家战略层面，成为我国对外宣传的重要工作内容。目前国内政界、学界关于"讲好中国故事"的相关研究主要从宏观层面展开，如《习近平讲故事》《向世界讲好中国故事》《如何讲述新的中国故事》等，此类专著从不同角度对讲好中国故事的意识、认同与建构进行了理论层面的思考。当代学者陈先红、王义桅、喻季欣等发表了系列学术论文研究"讲好中国故事"的国家立场、国家叙事、话语策略、传播策略和评价指标体系等。陈先红的观点比较具有代表性，她认为："讲好中国故事"就是要讲好全球化时代中华古老文明复兴、转型和创新的故事，在全球化背景下，我们应以"文化中国""现代中国""全球中国"为新时代中国的形象定位和核心叙事，针对不同的国际受众和话语空间，制定提升中国国家话语权和文化软实力的故事化传播战略。①

上述学者的研究成果对于中国童媒"讲好中国故事"的理论研究和实践应用研究非常具有启发意义。一些研究者对于成功"走出去"的童书、儿童动漫等从选题内容、故事内核、艺术设计、文化传承等角度就如何"讲好中国故事"进行了研究，但是研究成果缺乏系统性和深入性，有些研究内容是案例分享和经验总结。中国童媒在内容创作和产品生产过程中，不但要从成人视角深刻理解"讲好中国故事"所蕴含的丰厚内涵，更需要基于"儿童观"视角探索全球化语境下童媒"讲好中国故事"的话语体系和基本原则，详细探索"如何讲""讲什么"和"讲好中国故事"的评价指标体系等具体问题，形成具有针对性的、系列化的、能够真正解决实际问题的研究成果。

---

① 陈先红，宋发枝."讲好中国故事"：国家立场、话语策略与传播战略 [J]. 现代传播（中国传媒大学学报），2020（1）：40-46，52.

议题二：理论构建，继续强化关于童媒跨文化传播的系统性理论研究

目前我国关于童媒的研究成果比较匮乏，随着 5G 时代的到来，传统媒体和新媒体的融合发展已成为常态，不同媒介之间的转换和形成创新型媒介也成为必然。因此儿童图书、儿童影视和儿童动漫及游戏等媒介，正在以融合媒介的新形态创造国际、国内新型市场并形成新业态。从全球范围看，童媒受众之广、市场之大，决定其早已成为众多传媒巨头的商家必争之地。

从研究角度看，基于跨文化传播视角对于童媒和童媒 IP 的研究内容十分广泛，国际童媒产业研究、外向型童媒产品内容和国际受众研究、童媒产品国际推广渠道建设研究、全球超级童媒 IP 的孵化和生产机制研究等，都能够成为具有理论和实践应用双重价值的研究议题。这些研究应该从文化学、儿童发展心理学、传播学、出版学、影视学、管理学和国际贸易学等多门学科理论汲取营养，同时关于童媒的理论研究成果也能够为各个学科的理论建设做出贡献，尤其为中国文化"走出去"的理论研究开拓新的研究领域。

（二）重视对于打造全球化童媒 IP 的政策和项目扶持

在 2003 年的全国新闻出版局长会议上，中国出版"走出去"被首次提出。对于中国的出版业而言，这些中国出版国际化战略跨越"十一五""十二五"和"十三五"三个中国经济社会发展和出版业改革转型的重要时期。尤其在"十四五"阶段，中国出版业经历着全面贯彻落实党的二十大精神、决胜全面建成小康社会的关键时期。出版"走出去"是一种产业发展路径，也是推进中华文化对外传播的重要手段。为了全面推动这项战略，国家新闻出版总署统筹实施了经典中国国际出版工程、丝路书香工程、中国当代作品翻译工程，推动"走出去"内容创作扶持计划高质量发展。我国也在三大计划中，很多中国原创童书项目得到支持，并在"走出

去"方面取得了很好的效果。同时，在国家的各种出版大奖中，比如"五个一工程奖""中国出版政府奖""中华优秀出版物奖"等，对于原创童书也给予大力扶持。

优秀的文学作品，是一个民族的精神心理、文化特点、风俗习惯、社会关系等诸多方面的最生动、最丰富的体现，可以为外国人了解中国提供一个独特的视角。儿童文学作家曹文轩的作品帮助更多的外国孩子了解了中国和中国儿童。他的《红瓦》和《草房子》两部作品受到中国当代作品翻译工程的大力支持，对他本人来说意义非凡。"这项工程为中国当代作品能够顺利'走出去'开启了一个直通世界的通道，已经得益于该工程并发行于海外的作品都将为后续工程中的作品提供宝贵的经验，只有长此以往，才能让中国作品逐渐被世界认同。"曹文轩说。[①]实际上，曹文轩的品牌形成了中国童书作家 IP，他的作品受到全球很多国家孩子们的喜爱。得到政府的扶持、以作家为品牌的 IP 必然能够在全球实现更好的品牌传播。

由著名儿童文学作家高洪波、中国新生代儿童绘本画家李蓉创作的《快乐小猪波波飞》是中国少年儿童新闻出版总社的一套明星产品，荣获原国家新闻出版广电总局颁发的 2013 年第三届中国出版政府奖图书提名奖，版权还输出到了法国、韩国、越南等地。出版社对 24 册《快乐小猪波波飞》进行翻译并制作了英文样书，并邀请国际儿童读物联盟前主席亚当娜和安徒生奖评委会主席玛利亚·耶稣·基尔撰写推荐语，提高其国际知名度。在 2014 年的 11 月举办的第二届上海国际童书展上，中国少年儿童新闻出版总社举办了一场名为"好故事一起讲——中外儿童文学的共融"的主题活动，在活动上，中少总社与法国著名动漫公司达高集团签约，宣布双方将就"小猪波波飞系列"达成全方位合作，计划投资拍摄波波飞的动画片，并对衍生产品进一步开发。引进波波飞的法国著名动漫公司达高集团将与中少总社

---

① 新华社. 当代精品直通世界 文学翻译沟通心灵——中国当代作品翻译工程成效纪实 [N]. 人民日报，2016-01-11（003）.

进行对波波飞系列的 360 度全方位合作，让中国童书 IP 走向世界。①

党的十七届六中全会制定"加快发展动漫游戏等新兴文化产业"的重要部署，为了进一步加强原创动漫出版产品的创作、策划、出版及宣传推广，在扶持动漫产业发展部际联席会议办公室的支持下，2012 年开始实施"原动力"中国原创动漫出版扶持计划。截至 2021 年，该计划连续实施了 9 年，《小鸡彩虹》《叽里咕噜》《七彩诗经》《十二只小狗》《小小画家熊小米》《宇宙护卫队》《熊熊乐园环游世界》科学漫画（第一辑）等优秀原创动漫作品获得资金和政策支持，这些作品很多具有孵化成为优质童媒 IP 的潜质，也有些作品能够逐步成长为"走出去"的国际化童媒 IP 作品。

总之，政府的政策扶持和资金资助，能够成为推动中国童媒 IP 早日成长为全球童媒 IP 的有力推手，更是风向标，为更多的中国儿童文学作家、插画师、动漫创作者和童媒出版、制作机构指引方向，给予实现梦想的力量！

（三）重视打造全球化超级童书 IP 的产业链建设

IP 产业链建设中包含"IP"和"产业链"两个核心要素。IP 是价值核心，是整个产业链的价值发源地。而产业链则负责 IP 的价值增值与变现，在 IP 变现的过程中进一步丰富和巩固 IP 的内容，以追求长足发展。产业链分三段：上游、中游、下游，每个阶段都会通过其独有的方式得到一部分价值增值，并且随着产业链逐步延伸，这种效用会逐步放大。产业链上游主要负责开发和提供优质 IP，其吸引的版权收入的多少取决于该 IP 的粉丝基础和后期价值增值潜力；产业中游负责动漫 IP 作品的发行，发行中可以通过广告、内容付费等模式创造收入，例如爱奇艺的自制

---

① 中国新闻网 . 法国动漫公司引进中国动漫形象"小猪波波飞"[EB/OL][2020-08-05]. http://www.chinanews.com/cul/2014/11-22/6804694.shtml.

动漫《万古仙穹》，该动漫上线第一天所获得的 VIP 收入及 VIP 会员增长量登顶爱奇艺平台第一名，第一季第 4 集上线就凭借会员付费收回动画投资成本；产业链下游负责衍生产品开发与制造，我们在生活中随处可见的水杯、文具、服装等等一切用品都可以加入动漫元素，变为动漫衍生品进行售卖。产业链每个阶段责任分明，主营收方式各不相同。① 基于这一产业链建设思路，打造全球化超级童书 IP 的产业链建设需要着重于以下几个方面进行突破：

1. 重视全媒体传播，立体地构建儿童的生活方式

泛媒介时代的全媒体融合发展对传统阅读与出版形成了巨大挑战，童书出版同样必须思考新技术条件下"童书"以及"阅读"意义的变化。2020 年第十七次全国国民阅读调查显示有声读物、屏幕媒介等多样化媒介接触已经成为国民阅读的常态。② 儿童有声阅读、数字阅读相关领域研究也成为阅读研究的新热点，这些变化无疑意味着在新的媒介生态下，无处不在的信息、广告和各类视听媒介，已经打破了传统阅读的根基，儿童的阅读正悄然由传统纸书阅读向各类能够捕获其注意力的媒介渠道转向。阅读越来越成为途径，而不是目的，出版企业应该以用户为中心，不断开拓面向用户的个性化传播方式。③ 童书 IP 最大的特点是一个故事文本和形象能够跨越多个领域通过多种媒介载体形式呈现。童书的跨领域发展证明儿童不仅通过童书，还会通过影视、文具、零食、服饰、玩偶、游戏等多重媒体获取信息，感受并了解童书中的故事人物。此时的童书其出版目的则不仅仅在于阅读，而在于通过人物和故事所描述的情境，通过全媒体的传播，在儿童读者心中构建一种流行的、时尚的生活方式。

---

① 唐锦霞，王婧彤，魏士涵，刘兴瑞，高莉莉. 中国动漫产业"走出去"路径研究——基于新"IP + 产业链"模式的思考 [J]. 营销界，2019（13）：46-47.

② 李贝贝. 人工智能对阅读场景的重塑 [J]. 出版发行研究，2020（3）：77-82.

③ 彭兰. 视频化生存：移动时代日常生活的媒介化 [J]. 中国编辑，2020（4）：34-40+53.

产业链延伸得越远，原始 IP 的价值越高，而作为价值源泉的 IP 品会进一步推动产业链的延伸。"哈利·波特""小猪佩奇"等都有高达成百上千种授权商品，儿童购买这些商品的过程也是其理解故事内容，加深其对童书认识的过程，这些商品传播的范围越广，儿童的消费越多，就会愈发营造出"哈利·波特"及"小猪佩奇"文化，使之成为一个时代儿童的生活方式和价值观。5G 技术的广泛应用推动泛媒介的发展，万事万物的互联由此搭建起一个全新的传播网络，打破了线下平台之间的藩篱，带来信息与需求的连通，极大地延伸着信息传播的时空。① 因此在泛媒介时代，面对童书跨领域发展的浪潮，我国童书出版者首先需要跳出传统出版的固有思维，重新认识与审视童书出版的目标定位，在为儿童读者创作并出版高质量的、令其喜闻乐见的作品基础上，多渠道、立体化地塑造童书品牌或童书人物形象，将技术作为内容生产的有效手段，实现由简单的"童书 + 技术"向通过"技术 +"获取传播效益最大化的思想转变，从而能够使童书全方位地影响和塑造现代儿童生活方式，为打造由国内市场走向全球市场的大品牌童书 IP 打下基础。

2. 从阅读走向儿童，形成童书与儿童兴趣的紧密联结

泛媒介时代以不可抵挡的强劲之势构筑了媒介化的生存空间。媒介与日常生活的界限日益模糊，媒介化行为成为人们主要的生活方式之一。② 而对于儿童来说，媒介与其生活的融合实则更为紧密，儿童通过阅读获取社会知识和信息，从而逐渐实现由自然人向社会人的过渡，因而无论其阅读内容还是其阅读形式都更加贴近"万物皆媒"的基本特征，超市商品的标签、路边矗立的广告牌、服装上的字母、玩具的说明书无不是其阅读的对象。因而，在广泛的生活与媒介空间内，成功吸引并捕获儿童的注意力，就成为童书出版制胜的重要武器。虽然当前我国童书出

---

① 段鹏. 5G 技术驱动下媒体发展未来路向 [J]. 中国出版. 2022（22）：24-28.
② 赵睿. 全媒体传播格局下新型媒体集团产业格局与建设要义 [J]. 编辑之友，2020（4）：66-71.

版研究中重视对儿童读者的研究，但大量研究集中于儿童心理发展特点和图书阅读兴趣，对更广泛的社会生活中的儿童兴趣和注意力研究略显乏力。

我国过去十余年的媒介融合进程中，虽然已形成了一小批以传统媒体为核心的媒体集团，以及以多元盈利模式为支撑、以扩张主流价值影响力为目的的综合性媒体集团。① 但媒介集团的全媒体效应仍未凸显，在童书媒介中的显现力度仍然不足，儿童相关产业的媒介资源、生产要素的整合度依然不高。一些童书 IP 虽然也在尝试进行跨领域的产品线延展，但衍生产品多为基于传统纸质媒介的产品延伸。比如会延伸出 IP 形象卡片、涂色图书、练习册等等；一些童书 IP 也会延伸出零散的马克杯、亲子服装等周边商品，缺乏深度的产业布局。因而，泛媒介时代洪流中大踏步发展的我国原创童书需要及时超越对儿童读者阅读兴趣的研究，关注儿童在社会生活中的兴趣和注意力分配，在批判和借鉴国外童书与教育、娱乐、零食等产业合作发展之路的同时，真正地研究"儿童在哪里""读者在哪里"，从而准确地实现童书跨领域发展的触角延伸。

3. 把握童书出版的本质，稳扎内容优势领航跨领域浪潮

传统出版以文化传承作为自己的天然责任，追求人文性、历史感、价值度，而 IP 出版强调的却是商业性、现代感、传播度。这种由思想性向商业性的转变在泛媒介时代和国外童书跨领域发展的趋势下更趋明显。童书是传播媒介，而阅读则演变成了一门划算的经济。因此在这场跨领域发展浪潮中，我国童书出版面对西方商业化和品牌化的负面效应需要时刻保持警醒，一方面要意识到相关产业向童书出版抛出的橄榄枝看似扩张了传统童书出版的领地，但实际上却存在着内容被大大挤压的危险；另一方面更要意识到，童书本身蕴藏的教育价值才是其吸引众多横向产业跨领域结合的根基，童书对儿童发展的积极作用才是娱乐产业、儿童快速消费品产业

---

① 陈守湖. IP 出版的考察——流行文化、粉丝经济与媒介融合 [J]. 出版发行研究，2016（4）：19-22.

巨头合作的基础。在合作与竞争并存的泛媒介时代和跨领域发展进程中，必须以社会效益为优先，加强童书内容优势的研发，珍视儿童这一特殊的"阅读者"，意识到童书产生传播优势的前提是高质量的内容。意识到只有当儿童喜欢童书品牌系列故事的时候，童书 IP 和童书出版才具有市场价值。只有这样才能使童书出版免于成为传媒娱乐和产业巨头的附庸，使儿童成为真正的阅读者和思想者，而不是行走的广告牌。

4. 合作共赢，融合多种专业力量共同打造童媒 IP 精品

一些儿童喜爱的 IP 故事发端于童书，是典型的童书 IP，比如"马小跳系列"被拍摄成了电视剧和动画片连续剧，成为标准的童媒 IP，这个 IP 是从童书开始的；还有一些 IP 起源于动画片，比如"迪士尼系列"童书，最初的故事和各种形象都出自动漫电影。因此，更确切的表述应该是童媒 IP。童媒 IP 既然最大的特点是能够跨越各种媒介甚至产业形成产业链产品，而本章研究的重点是如何打造全球化童书 IP，因此这类 IP 的成功实际上是各个领域专业化人才组合成团队共同的进步。

文化 IP 的形成，并非一日之功。在童媒 IP 中，每一项不同媒介内容都为 IP 的打造贡献力量，才能创造出 IP 的"小宇宙"。IP 的内容需要通过多个媒介平台精彩展现出来，因此其中的每一个文本都对整个 IP 做出独特而有价值的贡献。童媒生产企业需要摆脱行业思维，建立媒介和媒体平台敏感度，例如腾讯、爱奇艺等视频公司已经开始利用自身的视频平台优势，打造内容产业链。爱奇艺在平台内布局 ACGN 内容生态圈，整合了轻小说、漫画、动画、真人剧、网文、游戏、衍生品等模块，通过自制动漫持续吸引动漫流量，采用"边看边买"的方式，开创衍生品盈利新模式。虽然这种模式与童书生产不完全相同，儿童文学作品的创作者往往不能以作者团队的形式完成，但是对于全球化童媒 IP 的故事角度、人物塑造、年龄定

位、插画风格、各种媒介制作的转换、跨文化元素、品牌营销、版权转让等方面，如果能够在基于项目前期调研、策划、论证，项目启动后组织、落实、提供支持、反复讨论和打磨，项目初步完成市场实验推广、后期整体布局授权跨媒介制作、全球推广等，组织各个领域优秀人才共同参与，能够在各种媒介平台都专业化、特色化、精品化地展示出童媒 IP 产品，形成品牌叠加效应，一个优秀的，具有全球传播美丽的童媒 IP 才能有机会成长为全球童媒 IP 产品。

5. 融合多种媒介，让立体化产品走向世界

媒介融合，是当前的热点，也是未来的发展趋势。绝大多数儿童并没有太长时间的忍耐力把精力集中在文字和插画上，音频、视频、动漫、AR/VR、人工智能及元宇宙等形成的不断变化和互动，强化了立体化阅读概念，能够极大刺激儿童参与和享受阅读。优质多元的 IP 资源打破了传统出版的壁垒，产生了更具有创造力和充满时尚感的童媒 IP 产品。

国外出版公司面对新技术带来的传播新形势，在版权授权方面更加灵活。比如我国长江文艺出版社得到迪士尼公司的产品授权，创造性地出版了《冰雪奇缘2·魔法之旅：3D 实境 AR 互动中英文对照故事珍藏版》，就是在纸质书中融入了AR 技术，使电影里的人物跃然纸上，小读者可以 360 度欣赏自己喜爱的动画人物，还可以在任何地方和这些动画人物合影。这增强了小读者阅读的愉悦感，对图书的价值体现和销售都起到了积极的促进作用。

当今社会，互联网发展已经到达了一个瓶颈期，"元宇宙"作为新兴概念方兴未艾。可以期待，未来元宇宙将对人类科技、政治、经济、文化、艺术和生活各个领域都会逐渐产生巨大的影响。在童书出版产业，元宇宙同样为我国本土原创作品的策划、创作和制作带来机遇和挑战。我国原创童书 IP 在技术运用上完全可以后来居上、大胆创新，让中国原创的引领型童书 IP 能够成功"走出去"，在世界童媒

产业大舞台更精彩地"讲好中国故事",更富有震撼力地"传播好中国声音"!

小结

超级童媒 IP 是"跨媒介叙事"的成功代表。本章从如何打造全球化超级童媒 IP 的研究视角出发,深入探索童媒 IP 的概念,分析总结超级童媒 IP 的内容特质及其跨文化传播中的文化逻辑和商业逻辑。在此基础上,本章还分析了我国童媒 IP 的发展现状及打造优质童媒 IP 的难点,构建理论研究框架,为如何打造我国原创全球化超级童媒 IP 提出建设性意见。笔者认为,我国童媒产业需要深刻认识全球媒介发展的现状与规律,审视自身的优势与不足,加强对儿童受众的阅读与消费心理研究,建立科学、合理的全媒体传播策略,牢牢把握"讲好中国故事"的传播宗旨,尤其要利用好元宇宙带来的创新发展机遇,以前瞻性的、创新型思维迎接未来全球媒介发展大变革。

附录1：图表索引

（由于研究展示需要，本书中部分图片来自百度 / https://image.baidu.com/，版权归原作者所有，如有使用不当之处，请与本书作者联系。）

附录 2：作者童媒研究相关学术成果

[1] 王壮，罗晓薇，王天娇．我国少儿数字出版走出去的价值创造与创新发展建议——基于价值链理论视角的分析 [J]．出版广角，2023（2）．

[2] 刘晓晔，孙维健．少儿主题出版的理念与实践创新——基于儿童阅读反应的分析 [J]．出版广角，2023（2）．

[3] 刘晓晔．文化教育的"自觉"与"知觉"——对通过绘本阅读进行传统文化教育的思考 [J]．学前教育，2022（8）．

[4] 李月珠，刘晓晔．幼儿对绘本中文化符号的识别和意义建构 [J]．学前教育，2022（8）．

[5] 卢明嘉，王壮，张轶錾．强化生命周期风险管理，为大型少儿出版项目保驾护航——以"剑桥双语分级阅读·小说馆"出版项目为例 [J]．出版广角，2022（7）．

[6] 王壮，刘晓晔．科普童书发展的国际趋势与本土道路 [J]．科技与出版，2022（02）．

[7] 于华颖，王壮．新时代外宣精品图书的选题策划与流程管理创新——以"外国人眼中的中国"系列图书为例 [J]．传播与版权，2022（01）．

[8] 刘晓晔，李月珠，王壮．立足少儿出版走出去构建中华节日文化景观——基于儿童对图画书春节文化符号意义建构特点的分析 [J]．科技与出版，2021（12）．

[9] 范中予，赵云杨，王壮．立足国际汉语教材出版，开展中华饮食文化精准传播——基于三套国际汉语教材饮食文化内容的分析 [J]．传播与版权，2021（11）．

[10] 刘晓晔，颜棱植，王壮．中国童书出版的特色化道路——基于我国儿童早期阅

读相关政策框架的分析 [J]. 出版广角，2021（17）.

[11] 王壮，王天娇，刘晓晔 . 讲好中国故事：童媒 IP 跨文化传播的文化逻辑和商业逻辑 [J]. 中国编辑（C 刊），2021（7）.

[12] 王壮，刘晓晔 . 我国原创儿童图画书中的国家形象建构研究 [J]. 出版广角，2021（15）.（人大复印资料全文转载）

[13] 刘晓晔 . 从趣味阅读迈向深度学习 [J]. 教育家，2021（32）.

[14] 刘畅，刘晓晔 . 优秀传统文化与幼儿园课程的结合——对幼儿园开展甲骨文活动的观察与思考 [J]. 早期教育，2021（08）.

[15] 刘晓晔，李叶兰 . 幼儿园儿童读物推荐的基本原则 [J]. 学前教育，2021（Z1）.

[16] 刘晓晔，王壮 . 基于传播游戏理论的童书文化教育功能创新——"嬉"性表达路径的建构 [J]. 出版发行研究，2021（06）.

[17] 张轶鋆，刘晓晔，赵敏亚 . 北京市幼儿家庭科普阅读现状调查及启示 [J]. 传播与版权，2021（01）.

[18] 王壮，王天娇 . 叙事研究视角下对童书出版"儿童性"的再认识——《〈木兰辞〉和〈小鼹鼠〉——婴幼儿家庭语言教育叙事研究》的启示 [J]. 出版广角，2020（23）.（人大复印资料全文转载）

[19] 刘晓晔，于婷，成利新 . STEM 教育理念下幼儿科普图书选题与内容策划——基于幼儿科学问题的调研分析 [J]. 科技与出版，2020（11）.（人大复印资料全文转载）

[20] 王天娇，钱思妍，王壮 . 突发公共事件背景下面向儿童的新媒体科学传播——以微信公众号为例 [J]. 传播与版权，2020（10）.

[21] 刘晓晔，李毅，王苗苗 . 早期阅读视角下 3—6 岁畅销童书主题结构分析与反思 [J]. 出版广角，2020（18）.

[22] 王壮，王天娇，孙碧涵 . 观察与洞析：中国童书出版产业热点及国际品牌体系构建——基于对 2019 年上海国际童书展的考察与分析 [J]. 科技与出版，2020

（04）.

[23] 刘晓晔，王壮 . 学前教育供给视角下幼儿期刊专业化发展路径 [J]. 中国出版，
2020（05）.

[24] 刘晓晔，王天娇，张桂玲 . AR 绘本的专业化出版路径探索——基于 AR 与纸质
绘本阅读中亲子互动的比较 [J]. 科技与出版，2019（11）.

[25] 刘晓晔，闫紫娟 . 论少儿出版"走出去"的选题创新——引进版传记图画书的
启示 [J]. 出版广角，2019（22）.

[26] 王壮，钱思妍 . 打造具有全球竞争力的童书 IP，推动少儿出版国际化进程——
对四大童书内容视角的分析 [J]. 出版广角，2019（19）.

[27] 刘晓晔，王壮 . 原创儿童图画书跨文化传播特点、影响因素与发展建议 [J]. 出
版发行研究，2019（08）.

[28] 王芳，刘晓晔 . 中、英文绘本亲子共读过程的质性分析 [J]. 教育导刊（下半月），
2019（06）.

[29] 王壮，于华颖，刘晓晔 . 儿童图画书读者接受与文化传承——从童谣图画书的
畅销和常销谈起 [J]. 现代出版，2019（03）.

[30] 戚德祥，王壮 . 供应链理论指导下的中国出版走出去国际物流体系优化策略 [J].
中国出版，2019（07）.

[31] 王壮，卢明嘉，何谨 . 基于供应链管理理论的出版社物流管理策略研究 [J]. 科
技与出版，2019（03）.

[32] 刘晓晔，陈思宇 . 早期阅读推广中的性别偏见现象及分析——对"男孩 / 女孩
必读绘本"的分析 [J]. 图书馆理论与实践，2018（12）.

[33] 刘晓晔，王壮 . 国际儿童图画书大奖评奖特征及启示 [J]. 编辑之友，2018
（10）.（人大复印资料全文转载）

[34] 王天娇，张轶鋈，王壮 . 跨文化传播视角下的少儿英语读物出版研究——以
"剑桥双语分级阅读·小说馆"为例 [J]. 出版广角，2018（13）.

[35] 朱霖，刘晓晔.美国蓝思分级阅读及其对幼儿园阅读活动的启示 [J]. 教育导刊（下半月），2018（10）.

[36] 刘晓晔，王天娇，王壮.文化符号在美、日两国儿童图画书中的表现形式与特征研究 [J]. 出版发行研究，2018（07）.

[37] 王壮，刘晓晔.中华文化符号在原创图画书选题中的应用研究——基于对五大华语图画书奖获奖作品的分析 [J]. 出版发行研究，2017（11）.

[38] 王壮，刘晓晔.我国原创儿童图画书的发展特色与趋势——基于对五大华语图画书奖项的分析 [J]. 现代出版，2017（06）.（人大复印资料全文转载）

[39] 刘晓晔，王壮.文化认同视角下绘本出版热的冷思考 [J]. 出版发行研究，2016（09）.

[40] 刘晓晔，王壮.儿童心理发展与幼儿绘本畅销元素 [J]. 现代出版，2016（04）.

[41] 刘晓晔.幼儿园早期阅读中应关注的几个问题 [J]. 福建教育，2017（Z3）.

[42] 刘晓晔，王壮.基于儿童发展观的少儿图书馆馆员职业素质研究 [J]. 图书情报工作，2016（12）.

[43] 刘晓晔，孙璐.增强现实技术应用于科普童书的优势与挑战 [J]. 科普研究，2016（06）.

[44] 刘晓晔，张征.家长对儿童图书馆的服务期望研究 [J]. 图书馆理论与实践，2016（11）.

[45] 王芳，刘晓晔.民营绘本馆发展现状研究——以北京市民营绘本馆为例 [J]. 图书馆工作与研究，2016（10）.

[46] 刘晓晔，孙璐，王苗苗.幼儿科学图书出版现状与发展方向——基于3～6岁童书畅销榜的分析 [J]. 科普研究，2016（05）.（人大复印资料全文转载）

[47] 刘晓晔，孙璐.儿童绘本的畅销因素分析——基于当当网客户匿名评论的研究 [J]. 出版广角，2016（03）.

[48] 刘晓晔，王芳，孙璐.民营儿童图书馆经营策略探析——以"第壹阶悦读馆"

为例 [J]. 图书馆理论与实践，2016（03）.

[49] 刘晓晔，刘佳 . 高校学前教育专业图书馆参与早期阅读推广的路径建构 [J]. 黑龙江高教研究，2015（12）.

[50] 王壮 . "双品牌"出版战略与"一带一路"国际汉语推广 [J]. 出版参考，2015，（14）.

[51] 王壮 . 版权贸易高层次人才职业素养结构初探 [J]. 中国出版，2009（05）.

附录 3：本书参考的主要网站

[1] 中华人民共和国人民政府网 http://www.gov.cn

[2] 中华人民共和国教育部网站 http://www.moe.gov.cn

[3] 新华网 http://www.xinhuanet.com

[4] 联合国儿童基金会网站 https://www.unicef.org

[5] 世界银行开放数据中心网站 https://data.worldbank.org

[6] 中国新闻出版广电网 https://www.chinaxwcb.com

[7] 中国上海国际童书展官网 http://ccbookfair.com

后 记

欣然落笔，意犹未尽！

"欣然"在于，经过近两年的辛苦耕耘，终于能够"暂时付梓"，向党和国家、向社会、学术界同行及相关领域的实践工作者们做一个汇报。我们两位作者从2016年开始合作，定位在研究童书出版"走出去"和儿童阅读与推广领域，陆续在核心期刊发表学术论文将近40篇，并于2020年4月出版学术专著《读图时代：童书阅读与出版研究》。本书稿是基于多年积累的研究成果，结合跨文化传播理论及传播学、国际贸易学、出版学、阅读学、儿童心理学、儿童教育学等相关学科理论，把原有的研究内容向童书的国际出版研究推进一大步，向5G、人工智能、云计算、大数据、物联网等新科技所推动的媒介融合纵深发展的新市场推进一步；更关键的是，本研究积极响应习近平总书记和党中央号召，在国际传播工作中要"讲好中国故事，传播好中国声音"。因此，就有了本研究的题目"童媒·跨文化传播·讲好中国故事"。

"意犹未尽"在于，"小童媒蕴含大境界"，以"讲好中国故事"为核心的童媒跨文化传播研究是一个大命题，需要做深入的理论学习和多维度的国际大市场研究，所以驾驭这样一个研究项目，笔者常常感到理论功底不扎实，对童书出版之外的儿童影视、儿童动漫、儿童游戏等媒介形态的实践工作了解不充分，对于新科技带来的童媒跨介质、跨产域研究不前卫，对于美国、英国、法国、日本、韩国等传媒产业发达国家的童媒发展情况掌握不充足，对于国外童媒研究的理论成果没有做系统梳理和深入借鉴……对于童媒"讲好中国故事"的研究，更需要做好大量"引进来"和"走出去"优秀童书案例的微型数据库建设，要基于文本研究、案例研究、对比研究等，从多角度探索如何"讲故事"、如何"讲好故事"、如何"讲好世界各国儿童喜欢的中国故事"……

为完成这部书稿，我们两位作者经常工作到凌晨 2 点左右，在静静的夜晚，聆听从窗外小区花园传来的阵阵蛙鸣蝉声，深深感受到大自然的生机盎然，在一天天的辛苦付出中，也更能够体味收获的甘甜。我们互相讨论大纲、标题、结论、案例、参考文献等，把不断修改和打磨的文稿通过互联网传来传去，也深深享受着合作研究、复合型知识交融所带来的研究激情和不断创新的成就感。我们深知，目前交付的研究内容，尚存在诸多不足，真诚希望能够得到专家们的批评和指教。不忘初心，学无止境，"小童媒要做大文章"，漫漫长路仍需上下求索！

2023 年 2 月 18 日北京